草原文化讲演录

CAOYUAN WENHUA JIANGYANLU

吴团英 ◎ 著

远方出版社
GUANGXI NORMAL UNIVERSITY PRESS

图书在版编目(CIP)数据

草原文化讲演录 / 吴团英著 . -- 呼和浩特：远方出版社，2016.6
ISBN 978-7-5555-0713-0

Ⅰ.①草… Ⅱ.①吴… Ⅲ.①少数民族 - 民族文化 - 中国 - 文集
Ⅳ.① K28-53

中国版本图书馆 CIP 数据核字 (2016) 第 140416 号

草原文化讲演录

作　　者	吴团英
总 策 划	苏那嘎
责任编辑	云高娃　刘洪洋
封面设计	徐俊霞
版式设计	韩　芳
出版发行	内蒙古出版集团　远方出版社（0471-2236471 总编室　0471-2236460 发行部）
	（呼和浩特市乌兰察布东路 666 号　邮编 010010）
	广西师范大学出版社
	（桂林市中华路 22 号 邮编 541001）
经　　销	新华书店　广西师范大学出版社（经销热线 0773-2282566）
印　　刷	内蒙古爱信达教育印务有限责任公司
开　　本	710mm×1000mm　1/16
字　　数	245 千
印　　张	29
版　　次	2016 年 9 月第 1 版
印　　次	2016 年 9 月第 1 次印刷
印　　数	1—5 000 册
标准书号	ISBN 978-7-5555-0713-0
定　　价	48.00 元

如发现印装质量问题，请与出版社联系调换

自 序

2013年7月,我应邀出席"中国道路与马克思主义哲学研究"理论研讨会暨中国马克思主义哲学史学会2013年年会并致辞。在致辞中,我围绕会议主题提出一个问题,即中国学术界如何催生属于自己的原生性理论。当时,我提出3条路径选择,其中一条就是"要重视和吸纳少数民族文化",并运用草原文化研究成果重点说明中国少数民族文化历来是构成中国文化的重要一极,总结中国知识、中国经验、中国智慧,任何时候都不能没有中国少数民族的文化,包括他们的传统知识、技能和智慧。

实际情况就是这样。我们这些年组织进行的草原文化研究,已经充分证实了这一点。比如说,以往人们总是认为,我们草原地区,自古以来是文化的沙漠地带;而我们的研究证实,中国北方草原地区,历史上包括整个蒙古高原在内,同黄河流域、长江流域同是中华文明起源的地方,发祥于这里的草原文化,同发祥于黄河流域和长江流域的黄河文化、长江文化,一道构成中华文化的三大源头。

以往人们总是认为,中华文化就是一种农耕文明,中国文化五千年的历史,实际就是农耕文明兴起、发展、演变的历史;而我们的研究证实,中华文化除了农耕文明之外,还有一个重要组成部分,这就是来自草原的游牧文明。虽然我们不认为,草原文化不单纯是由游牧文明构成的,草原文化也不完全等同于游牧文明,但游牧文明在很长一段历史时期内,始终是草原文化的基本主导形态。

以往人们总是认为,草原文化,特别是其中的游牧文明,对中华文化的发展,除了冲击和毁灭,没有多少建设性的作用。而我们的研究证实,草原文化是中华文化创新发展的重要动力源泉之一。用陈寅恪的话说,来自北方草原民族的文化,"注入中原文化颓废之躯,旧染既除,新机重启,扩大恢张,遂能别创空前之世局"[1]。

正因为如此,在我们组织实施的"草原文化研究

---

[1] 陈寅恪. 李唐氏族之推测后记[M]//陈寅恪. 春明馆丛稿二编. 北京:生活·读书·新知三联书店,2001:344.

工程"第一批研究成果问世后不久,全国哲学社会科学规划领导小组办公室主办的《国家社科基金管理工作简报》专门发一期简报,指出草原文化研究取得了"深入系统的开创性研究"成就,"开辟了中国文化和民族文化研究的一个新领域,使草原文化研究向理论化、系统化和体系化发展"。《光明日报》也发表述评文章指出,"草原文化研究工程""宣布了新的史学观:草原文化与黄河文化、长江文化一样,是中华文化的重要组成部分,是中华文化三大主源之一。这一论断具有划时代的意义,是我国文化史在进入21世纪最具突破性的理论创新成果。……站在当今世界经济一体化、文化多元化的大视野下研究草原文化,用大历史观认识看待草原文化,使草原文化上升到中华文化主源的层面,其'崇尚自然、践行开放、恪守信义'的核心理念,产生出无法估量的时代活力"[1]。

我们之所以能够突破世人的一些成见或模糊认识,主要缘于我们找到了适宜草原文化研究的独特路径和方法。

这里,我把它概括为如下三点。

一是把草原文化作为一个独立的研究对象,相继提出了草原文化的内涵、草原文化的发展脉络、草原文化

---

[1] 高平. 草原文化的"骏马效应"——看内蒙古如何推进民族文化大区建[N]. 光明日报,2009-07-13(01).

的区域分布、草原文化的发展规律等等一系列的学术命题和学术观点，为草原文化学科的建立提供了必要的学术支撑，并成功推动草原文化由课题研究迅速走上学科建设的道路。

二是把草原文化始终置于中华文化大框架之下进行研究，既确立了草原文化在中华文化发展史上的地位与作用，推动草原文化由地方知识、边缘文化转化为主流文化，又丰富了中华文化的内涵，拓展了中华文化的历史视域，使中华文化构成形态更加丰满、完整，对内凝聚力和对外影响力也得到双重提升。

三是把草原文化研究同自治区的文化建设紧密联系起来，提出"崇尚自然，践行开放，恪守信义"的草原文化核心理念，创新和拓展了社会主义核心价值观在民族地区的表达和践行方式，为自治区民族文化强区建设提供重要的理论和学术支撑。

这种新的研究方法和路径选择，实际意味着从游牧文化研究到草原文化研究，我们已经成功实现了一种学术范式的转换。这是我们顺应时代发展要求，坚持以问题为导向，坚持理论联系实际，着眼于解决实际问题的结果。

回想一下，在我们启动"草原文化研究工程"之初，作为民族文化大区建设的主打文化，草原文化只是游牧文化、塞北文化、马背文化等诸多选项中的选项之一。

所以,我在给一位中央领导座谈汇报时,将草原文化研究给我们的启示总结为如下几条。

一是创新话语体系,从中华文化源头、构成形态和区域分布上阐述草原文化在中华文化发展史上的地位和作用,有利于少数民族从心理和情感上增强对中华文化的认同。我们的研究证实,少数民族文化历来是构成中国文化的重要一极,在每一重要历史时刻,为中国文化焕发新的活力和生机提供不可或缺的道义和力量源泉。

二是弘扬草原文化,有利于解决民族认同和国家认同之间的关系问题。对于我们这样一个多民族统一国家来说,民族认同与国家认同实际是一个事物的两个方面,我们既不能用国家认同代替民族认同,又不能用民族认同冲淡国家认同。我们必须懂得,我们首先是中国人,中国是什么样,我们便是什么样;我们还要懂得,我们祖国是由56个民族组成的,56个民族是什么样子,祖国便是什么样子。坚持在中华文化构架下研究和弘扬民族文化,是促进两个认同有机统一的重要路径选择。

三是有利于处理民族因素与区域因素的关系。草原文化既是民族文化,又是区域文化,是民族文化与区域文化的统一。我们坚持弘扬草原文化,为认识和处理民族因素和区域因素之间的关系,既坚持各民族一律平等,又着力消除事实上的不平等,提供了新的话语权。

回顾草原文化研究历程,总结草原文化研究经验,不能不提到自治区两位领导人,一位是陈光林,一位是乌兰。这两位领导同志,在前后担任"草原文化研究工程"领导小组组长期间,不但直接领导我们组织实施研究工程,而且亲自撰写文章,指导和回答我们在研究过程中遇到的一些重大学术和实际问题。读者从他们发表的一些署名文章中,完全可以认识到这一点。

当然,我作为"草原文化研究工程"的首席专家和课题主持人,在做好工程的具体组织实施工作的同时,也积极参与到很多课题研究工作之中,主持出版了《草原文化研究》丛书,主持发表了若干系列论文和个人署名文章,并到北京大学、中央民族大学、内蒙古大学、台湾"国立"政治大学等高校和一些国际、国内学术论坛发表演讲,一方面试图解决草原文化研究和草原文化学科建设的有关实际问题;一方面积极宣讲草原文化研究成果,努力扩大草原文化的影响力。文章虽然不多,但都有很强的针对性,为草原文化研究深入推进发挥出应有的作用。现在,根据工程项目安排,正式结集出版。

需要说明的是,为做一种呼应,我把与草原文化研究相关的部分文化学、蒙古学和民族问题研究文章以及接受记者访谈的报道也收入本书中,请读者一并参阅。

目 录

自 序 　　　　　　　　　　　　　　　　　　　　1

继承与创新：草原文化与草原文化研究　　　　　1

草原文化的历史传承与创新发展　　　　　　　18

论草原文化的建构特征　　　　　　　　　　　27

草原文化与游牧文化　　　　　　　　　　　　35

草原文化区域分布研究　　　　　　　　　　　54

试论游牧民族与城市生活　　　　　　　　　　70

草原文化与草原文学　　　　　　　　　　　　85

草原文化对生态文明建设的启示　　　　　　109

略论草原文化研究的几个问题　　　　　　　119

关于草原文化研究若干问题的思考 **136**

草原文化符号体系研究与建构 **153**

谈谈构建草原文化学术话语体系问题 **170**
　　　　——从草原丝绸之路说开去

创新话语体系　增强"四个认同" **190**
　　　　——从草原文化研究谈起

崇尚自然　践行开放　恪守信义 **195**
　　　　——论草原文化的核心理念

草原文化创新发展的历程、表征及其路径选择 **204**

草原文化的历史集成 **220**
　　　　——一论蒙古族文化在草原文化发展史上的地位与作用

草原文化的拓展与创新 **248**
　　　　——二论蒙古族文化在草原文化发展史上的地位与作用

当代草原文化的发展方向与趋势 **265**
　　　　——三论蒙古族文化在草原文化发展史上的地位与作用

转换管理机制　推进学术创新 **280**
　　　　——兼论草原文化学科创建模式

内蒙古的"文化大区"建设应如何定位 **293**
　　　　——"民族文化大区"与"草原文化大区"概念内涵辨析

文化的春天 303
　　——学习党的十七大报告的体会

文化与文化的力量 313

试论和谐文化的内涵品质及功能 317

民族心理素质是民族最具有普遍性的特征 327

试论民族共同心理素质及其发展变化的特点 341
　　——兼同《中国大百科全书（民族卷）》商榷

谈马克思主义关于社会革命与民族问题关系的基本思想 348

关于推进蒙古学学科建构的若干思考与设想 356

试论蒙古族文化的基本特征及其在民族性格上的体现 368

关于设立敖包节的构想 383

关于狼图腾问题的几点讨论 390

拓展研究领域　创新学科建构　推动中国蒙古学研究事业
　　科学发展 400

保护母语：我们的态度与行动 423

附

以理论创新为目标　构建草原文化新学科 428
　　——访内蒙古社会科学院党委书记吴团英

中华一体多元共存不容破坏　　　　　　　　　　440

弘扬草原文化　构建和谐社会　　　　　　　　　444
　　——首届中国草原文化高层论坛综述

后　记　　　　　　　　　　　　　　　　　　　451

继承与创新：草原文化与草原文化研究

今天，很高兴有机会同区域文化研究专家探讨草原文化问题。下面，围绕草原文化和草原文化研究状况，主要讲三个问题。

一、草原文化研究的缘起及实施"草原文化研究工程"的基本情况

关于草原文化，我们注意到学界已经有一段比较长的研究历史。最早提出这个概念的可能就是文学艺术界。以草原为背景，以草原民族生活为题材的文学艺术作品，从20世纪50年代起就被誉为是草原文学、草原流派的艺术；哲学社会科学界大约从20世纪70年代末到80年代初开始关注草原文化并主要从民族学、人类学、民俗学等学科角度切入这一领域的。我们对草原文化的

研究主要是从2004年开始的。我们的研究跟过去相比最大的特点就是开始把草原文化作为一个学科研究对象，从整体上进行把握和研究。2003年，内蒙古自治区党委做出实施民族文化大区建设的重大战略决策，受到各界普遍关注和欢迎。但人们也提出一个问题：什么是民族文化，怎样建设民族文化？为了回答这一问题，学界也提出了一些不同的概括和主张，比如，有人提出用"游牧文化"来概括民族文化，有人提出用"草原文化"总括我们内蒙古文化，当时学界还提出过"马背文化"等等。后来，"草原文化"这个概念逐渐被接受。为了推动这项工作，自治区党委、政府还专门成立了草原文化研究工程领导小组，全面组织实施"草原文化研究工程"。这个研究项目的具体实施工作是由内蒙古社会科学院承担的。在讨论设计这个项目时，我们一开始就不是把它当作一般的科研项目对待的，而是把它定位到自治区大型的学术和文化建设工程来认识和设计的。由于定位比较准确，这一研究工程又得到中宣部和国家社科规划办的立项支持。实际研究工作是从2005年的1月份开始的，到2007年7月份结项。在两年半的时间内，我们前后召开了7次专题研讨会，其中2次是按国际学术会议组织的；出版了5辑《草原文化研究资料选编》、5辑《论草原文化》和3卷本《文化内蒙古》；最后作为这个工程的结项成果，出版了1部《草原文化研究系列丛书》，一共12卷。连同陆续发表的论文加在一起，该工程项目总记字数达1000万字以上。我们在《光明日报》发表的草原文化系列论文和《草原文化研究系列丛书》分别获得自治区政府第一、二届哲学社会科学奖一等奖。为推动草原文化学科建设，自治区政府把草原文化同蒙古学一并列为自治区两大人文学科，并在内蒙古社科院建立了草原文化研究基地；与此同时，内蒙古社科院还同中国社科院合作成立中国草原文化研究中心，努力把草原文化纳入国家层面进行研究。此外，我们还提出了"草原文化遗产保护日"的建议并得到自治区政府的采纳，使我们内蒙古成为在全国率先开始实施"文化遗产保护日"的省区。

这项工作开展以来，陆续得到学界和有关方面的关注与好评。例如，国家社科基金管理办公室发一期《管理工作简报》（2007年第19期），专门介绍草原文化研究状况，指出这一重要成果"开辟了中国文化研究和民族文化研究的一个新领域，使草原文化研究向理论化、系统化和体系化发展"，"形成了一个中国文化研究的新亮点、新学科"。

《光明日报》（2009年7月13日）在其述评文章中也给予草原文化研究高度评价，写道："'草原文化研究工程'课题组'宣布了新的史学观：草原文化与黄河文化、长江文化一样，是中华文化的重要组成部分，是中华文化的三大主源之一。这一论断具有划时代的意义，是我国文化史在进入21世纪最具突破性的理论创新成果'。"大致情况和主要成就是这些。这是我给大家介绍的第一个问题。

二、"草原文化研究工程"提出的主要学术主张和学术观点

我们提出的第一个学术主张就是要充分认识和把握草原文化在中华文化发展史上的重要历史地位与作用。首先，我们明确主张，草原文化是中华文化的三大主源之一。这一学术主张的意义就在于把草原文化从中国区域文化中的一般地域性文化提升到同黄河文化、长江文化一样的主流地域文化高度。那么，这个观点是基于什么根据提出的呢？最主要的一个依据就是草原地区的文化有很悠久的历史。中国北方草原地区自古以来就是人类活动的地方，有很多古人类生活、生产的遗迹。我们熟悉的大窑文化距今有50万到70万年的时间，萨拉乌苏文化、扎赉诺尔文化等等距今也有上万年的历史。特别是扎赉诺尔文化遗址出土的人头骨化石，清楚表明这里曾是形成中的蒙古人种生活的地方。从旧石器晚期到新

石器早期，在内蒙古广袤草原从东到西相继产生了兴隆洼文化、赵宝沟文化、红山文化、朱开沟文化等等，以各自的方式刻画出人类步入文明的脚印，证实这是中华文明曙光升起的地方。最早发现这一人类学重大信息的是我国考古学界著名学者苏秉琦先生。当时他研究的是西辽河文化，其所在范围就在我们研究的草原文化地域之内。经过研究发现，这一地区的文化，在很长一段时期内一直走在中原文化的前面。按苏秉琦先生的话讲，西辽河文化同中原文化以及中国其他区域相比，在中华文明起源史上处于"先走一步"的前导地位。

理解草原文化的重要历史地位，还须了解草原文化是中华文化重要组成部分的历史。从夏商周特别是秦汉以来，中国的历史主要是在中国北方和中原这两大区域文化相互联系、碰撞和互动中发展起来的。据专家统计，从秦朝统一到鸦片战争的2000余年间，中国古代历史的每一个重要发展时期，都伴随着草原民族的身影。草原民族在中原地区建立的割据王朝和统一王朝有20余个，统一时间累计逾1000年。这些政权有些属北方割据的，有些是入主中原的，有的是全国性统一政权。这就是说，当中原王朝建立统一政权的时候，北方草原民族也开始建立部落联盟，建立草原帝国，建立自己的统一政权。比如说，秦汉的时候有匈奴，隋唐的时候有突厥，南北朝的时候有鲜卑等等。其中，鲜卑人是中国北方历史上第一个入主中原建立割据政权的民族，它的首都最后迁到了洛阳，那是中原文化的核心地带。到了元、清两代，草原民族的优秀代表蒙古族和满族前后建立全国统一政权，推动草原文化与中原文化相互沟通、吸纳与共同繁荣，造就中华文化前所未有的壮阔与强盛，为草原文化谱写了新的伟大历史篇章。所有这些都证明，中国的历史在很大程度上是北方草原民族和中原农耕民族共同造就的结果。

草原文化的重要历史地位还表现在它是中华文化发展繁荣的动力源泉之一。对于这个话题，陈寅恪先生大概是第一个注意到并且有很深刻阐述的学者。他说，北方胡人文化"注入中原文化颓废之躯，旧染既除，新机重启，扩大恢张，遂能别创空前之世局"。这就是说，每当中原王朝处于腐朽之际，北方草原民族注入它新鲜血液，给它以新的生机，实现一个新的改朝换代的过程，中国历史就是在这种互动中一路走来的。我们研究草原文化以后也发现了这个规律。当代大学者费孝通先生也注意到这个问题，提出了一个著名的学说，叫作"中华民族多元一体说"，认为中华民族是一个多元一体的民族。我们研究发现，北方民族恰恰是中华民族多元一体中最重要的一元之一。我们知道，蒙古民族是从成吉思汗建立大蒙古国开始逐步形成的。而蒙古民族形成的过程从一定意义上说也是中华民族形成的一个重要阶段、重要历史时期，所以北方民族也为中华民族的形成发展做出了贡献。

以上就是我们整个"草原文化研究工程"提出的一个核心观点，也是最主要的一个学术主张。我们之所以坚持这一学术主张，就是因为我们始终把草原文化研究置于中华民族文化历史发展的大框架内进行研究的，并由此提出了草原文化在中华文化发展中的地位与作用问题。然而，这又引发一系列问题，如什么是草原文化，草原文化属于哪种类型的文化，草原文化有什么内涵和特征，草原文化的分布范围等等。这就涉及我们"草原文化研究工程"围绕草原文化学科建设提出的一些主要学术观点。

第一，什么是草原文化。这是我们一开始组织这个课题的时候就遇到的问题。这个问题，我个人认为，说它简单也很简单，说它复杂也很复杂。说它简单，我们可以用一句话来说，草原文化就是世代居住在草原地区的先民、部落和民族相继创立的与草原生态相适应的一种文化。说得更简约，就是草原民族创造的文化。说它复杂，我们出版了12部著作，这12部著作事实上都是在回答"什么是草原文化"这个问题，现在也不能说回答得很清楚。下面我接着要介绍的几个观点也是在回答这个问题。

第二，草原文化的类型。我们认为草原文化是一种生态类型文化。这是我们参照中原文化的类型划分提出的。著名学者张岱年先生主编出版了一部《中国文化概论》，他在这本书中把中国文化的类型定位为伦理类型文化。我们参照中国文化类型分类方法，把草原文化划为一种生态类型文化。因为这种文化，正如我在一篇文章中谈到的那样："从生活方式到生产方式，从观念领域到实践过程都同自然生态息息相关，融为一体，将人与自然和谐相处当作一种重要行为准则和价值尺度，一以贯之，使之能够在知、行统一上得到升华，甚至以敬畏和珍惜的心情对待自然，保护自然。"我们大家都比较熟悉的陈寿朋先生，2007年出了一本书叫《草原文化的生态魂》。他在这部著作中把生态观念、崇尚自然等等作为草原文化的一个核心内容加以阐述，很有新意，给人以很多启发。这个观点同我们对草原文化的类型划分比较接近。这也说明，大家对草原文化的生态类型是有一定共识的。

第三，草原文化的基本特征。关于草原文化的特征问题，学界提出了很多意见，大概有20多条。我们提出了这样4个特征，算是最基本的。一是历史传承的悠久性。说的是草原文化具有悠久的历史和历史的传承性。二是区域分布的广阔性。说的是我们研究的草原文化，是作为中华文化重要组成部分的草原文化，大致分布于长城以北的广大区域。三是创造主体的多元性。说的是草原文化是由草原地区多民族共同创造的，如匈奴、鲜卑、突厥、契丹、女真、蒙古等等。这种创造主体的多元性，是草原文化区别于中原文化的重要标志之一。四是构建形态的复合性。说的是草原文化是一种内涵丰富、形态多样、特色鲜明的复合型文化，是地域文化与民族文化的统一，是游牧文化与其他经济文化的统一，是传统文化与现代文化的统一。

第四，草原文化的历史分期。我们把草原文化的历史分为起源期、形成期、发展期和转型期这样四个阶段。起源期是从扎赉诺尔文化时期到朱开沟文化时期。这里为什么没有把比这更早的大窑文化等纳进来呢？因为从文化人类学的角度讲，对于大窑文化的创造主体，我们现在还只能认识到他们是我们的先民，这个先民是搞狩猎的还是搞游牧的、什么人种等等都说不清楚，所以把它纳入草原文化的历史分期可能还不太合适。而扎赉诺尔文化呢？我刚才说到，对于扎赉诺尔人我们已经能够考察到他们的人种学范畴了，而且其人种跟北方民族的人种是一致的，所以由此作为草原文化起源期的开端可能更为准确。那么，为什么到朱开沟文化呢？朱开沟文化是一个大的界线。因为朱开沟文化中后期是游牧文明兴起的时期，所以草原文化的起源期截止到这里，表明草原文化由此开始进入形成期。其形成期则大致在从朱开沟文化到公元前209年这段历史时期内。这主要是以匈奴族建立北方统一政权为标志的。因为研究人类文明史的时候，统一政权和国家的建立是一个非常重要的概念。恩格斯说过一句话："国家是文明社会的概括。"这就是说，国家的建立意味着人类真正进入了一个文明的时代。所以，我们把草原文化的形成期定位到匈奴建立统一政权这一历史时期。从匈奴建立统一政权一直到1919年之间，我们把它概括为草原文化的发展期，当然中间还细分为拓展期、丰富期等等，但这中间就是一个大的发展期。从1919年到1949年再到今天，即整个现当代是草原文化转型期。这一历史时期，草原文化面临重大挑战，也开始出现重大转型，其中城市文化已经成为草原文化非常重要的组成部分和特别重要的载体。我们不得不承认，现在我们很多的传统文化都要依靠城市这个载体得以生存和发扬，比如我们的那达慕，我们的各种节庆活动也开始在城市进行。这也不奇怪，城市毕竟是人们生产生活最集约、最经济的地方。无论哪个民族，只要他按历史规律和进程去发展，或迟或早，必然要走到这一步，这是历史发展的一种趋势。现在摆在草原民族面前的问题不是如何去回避城市化，而是如何学会城市化生存，如何在城市化生存方式中去传承、繁荣草原文化，这是草原民族与草原文化真正面临的时代课题。

三、草原文化研究中的几个热点、难点问题

到目前为止，我们围绕草原文化的内涵、类型、特征及其基本精神等草原文化基本问题展开了较为系统的讨论，也引起学界比较密切的关注。下一步，我们想主要围绕草原文化学科建设的一些重大学术问题，展开有针对性的研究。这里，我重点介绍如下5个问题。

第一个问题，草原文化与游牧文化的关系。我们开展草原文化研究以来，学术上受到的第一个挑战就是草原文化与游牧文化的关系问题。有些学者一开始就不承认草原文化，认为我们搞的草原文化实质上就是游牧文化。而游牧文化的研究已经有很长一段的历史，在国际学术领域也得到广泛认可，联合国教科文组织都成立了国际游牧文明研究院。在这种情况下，如果我们说我们的草原文化是游牧文化，那么搞草原文化研究就没有意义。如果说不是游牧文化，那么草原文化又是什么？其研究对象与创造主体同游牧文化重叠或相似，怎么解

释？这是我们在学术上遇到的第一个问题。我以为，这里头涉及文化学上的一个基本理论，即文化类型的划分问题。文化本身是一个复杂的概念，文化的类型划分也很复杂。我自己的概括，文化的分类大致有这样几条标准：一是意识形态的标准。文化它有意识形态的属性，意识形态在文化中占据核心地位，所以按意识形态来划分文化是一种常用的办法，比如伊斯兰文化、基督教文化、佛教文化、儒家文化、道家文化等等。二是社会制度标准。例如封建主义文化、资本主义文化、社会主义文化等，就是依社会制度划分的。三是生产方式标准。这是大家比较习惯的，如渔业文化、狩猎文化、农耕文化、游牧文化、工业文明、商业文明等等都是用这一标准划分的。四是地域标准。如西方文化、东方文化、两河流域文化、黄河流域文化，就是依文化的地域分布划分的。与此接近的还有国度标准，如中国文化、美国文化等。还有一个标准，是以文化创造主体来划分的，如达斡尔文化、鄂温克文化、鄂伦春文化等，就是从它的创造主体来划分的。我们知道，草原文化和游牧文化有很多相似、交叉的内容，但也有很多的不同点。其中有一个根本性的不同就是它们的划分方式不同，游牧文化是基于生产方式来划分的文化，草原文化是基于地域分布来划分的文化。当我们回顾草原文化发展的历史时，我们虽然肯定在草原文化的历史发展过程中游牧文明曾长期居于主导地位，但是游牧文明确实不能涵盖整个草原文化。比如我们讲的草原文化的起源期就没有游牧文明，更多的可能还是农耕文化的元素。比如我们内蒙古人常常引以自豪的红山文化就不属于游牧文明，而是农耕文明的结晶。当城市文化越来越成为草原文化的一个重要组成部分的时候，我们也很难用游牧文化来统领整个草原文化，这就引出了我们如何概括草原文化的问题。我们引入了一个地域的概念，这个地域就是草原。有一次，我在台湾演讲的时候也提到这个问题，我说对我们内蒙古地区的文化从古至今进行梳理、整合的时候，我们找到了一个地域的概念，只有用地域的概念去梳理、整合才能够把它完全联通起来。这就是我们提出的草原文化不同于游牧文化的根本点。草原文化同游牧文化的区别还表现在很多方面，如它的表现形态、历史分期、涵盖领域等等，这里就不多谈了。

第二个问题，草原文化与蒙古族文化的关系。这是大家比较关心的一个问题。一方面，我们认为蒙古族文化是草原文化的集大成，是当代草原文化的主要组成部分，同时也代表了草原文化未来的走势和发展方向，在草原文化中具有特别重要的地位与作用。一方面，我们认为草原文化研究为蒙古族文化研究提供了一种新的平台或参照体系。我个人一直认为,蒙古族是一个伟大的民族,是创造世界历史的民族。南开大学教授李治安先生就提出,是蒙古族缔造了13、14世纪的"世界体系";不少学者还直接用蒙古族来命名这两个世纪,认为"13、14世纪的世界可称为蒙古时代"。我们回顾那段历史,在中亚、东欧很多国家和地区都有蒙古人的身影,他们写他们的历史回避不了蒙古族,避开蒙古族,历史就没法写。对此,复旦大学姚大力先生这样写道:"要是没有这个帝国(指蒙古帝国。——引者注)的存在,十三及十四世纪旧大陆范围的'全球史',乃至于后来时代欧洲——它之受惠于当日东西方之间的交流,明显要超过与它相向的另一极——的历史,也就一定会是别一种样子了!"现在很多学者已经注意到,研究蒙古族的历史就要在世界历史进程中去研究,给蒙古族历史和文化的发展一个世界参照。这就是说,就蒙古族的历史谈蒙古族的历史谈不清楚,或者说谈不到位,只有把蒙古族的历史置于世界历史的进程中才能够理解蒙古族历史,理解蒙古族文化。这是研究蒙古族历史文化的一个重要参照体系,我们可以形象地称之为研究平台。还有一个这样的平台,就是草原文化。这个平台的实际意义是把蒙古族以及包括蒙古族在内的整个中国北方草原民族创造的历史文化置于整个中国历史文化进程中去考量、去研究、去把握，以中华文化历史发展的大视野去观照蒙古族的历史文化。我个人认为，这一平台的确立，一定会为我们国内特别是内蒙古的学者研究蒙古族历史文化，理解和认识蒙古族历史文化，提供一个新的学术视角和研究路径，有益于我们取得更大的科研成果来回报社会。

第三个问题，草原文化的区域分布。关于草原文化的区域分布，学术界大致有3种说法：一种认为草原文化分布在世界五大洲，具有世界性品格；第二种认为草原文化的区域分布，大致在长城以北包括从大兴安岭东麓到天山南北，一直到昆仑山以北这样广阔的区域之内；第三种认为草原文化主要分布在蒙古高原，历史上包括蒙古国及其周边地区。可以说，每一种划分都有它的道理，这给我们的界定带来很大的困难。现在我们初步的做法就是把它定位于蒙古高原，叫作中国北方草原文化，这同我们的研究范围和研究任务是一致的。下一步，我们将草原文化的区域划分为这样3个部分：一是核心区，主要是指草原文化的原生区域或原发区域；二是分布区，主要是指草原文化的相对稳定的分布区域；三是传播区，主要是指草原文化影响波及区域。

第四个问题，草原文化的价值评估。现在大家都认识到草原文化有很重要的文化价值，同时也有很重要的经济社会价值。我们经常举例子说，伊利、蒙牛就是依托草原文化发展起来的民族品牌企业，以此说明文化能够转化为现实的经济价值。套用文化学的一种理论，这叫文化赋值说。但这几年随着文化产业的快速发展，人们已经认识到文化不单单能够为经济赋值，文化本身就有价值，而且是实实在在的经济价值。所以，开展草原文化价值研究，必须从文化赋值与文化生值两个层面进行研究，并给以必要的量化。这样研究难度当然会很大。现在一些学者已经注意到这个问题，从企业文化角度、品牌文化角度、区域文化角度进行草原文化价值研究。我们也准备组织力量进行专题研究，以便对草原文化的价值有一个较为准确的评估和认识。

第五个问题，草原文化的核心理念。提出研究草原文化核心理念，表明草原文化的研究已经达到了一定的深度，同时也表明进一步深化草原文化研究就必须解决草原文化核心理念问题。对此我们组织课题组进行专题研究，并形成4篇系列论文，较为系统地阐述了草原文化"崇尚自然、践行开放、恪守信义"的核心理念。为研究草原文化核心理念，我们提出了3项标准或要求：一是准确性，要求草原文化核心理念必须能够反映草原文化的本质与内涵；二是简约性，要求核心理念应当是简单、明了，便于记忆；三是时代性，就是说这种核心理念必须符合时代进步的要求。回过头来看，"崇尚自然、践行开放、恪守信义"这3句话12个字的草原文化核心理念，大致符合这3条标准要求，基本体现了草原文化的本质和内涵，符合当今时代精神与社会进步要求，应当成为草原地区特别是我们内蒙古加强社会主义核心价值体系建设的一项基本内容与具体形式。

参加这次区域文化研讨会，深刻感到我国区域文化研究方兴未艾，各地区域文化研究各有所长，给人以深刻启示。建议地方社科界每年召开一次研讨会，就区域文化研究领域共同关注的问题，诸如区域文化的标准、区域文化的时空划分、区域文化的学理依据等问题展开讨论，共同推动我国区域文化研究沿着科学的轨道持续健康发展。

（本文系2009年9月22日作者在中国社会科学院文化研究中心、河南省社会科学院联合主办的"区域文化与区域发展高层论坛"上的演讲，原载于《区域文化与区域发展》，河南人民出版社2009年10月第1版）

草原文化的历史传承与创新发展

草原文化是中华文化极具特色、不可或缺的重要组成部分。进入21世纪,草原文化的传承和发展越来越引起世人的瞩目。

一、草原文化的战略地位

草原文化是中华文化的主源之一。近年来大量的考古资料和已有的研究证明,作为草原文化发祥地的我国北方广大地区,不但分布有许多早期人类活动的遗迹,如大窑文化、萨拉乌苏文化、扎赉诺尔文化等,而且拥有很多可以认证中华文明起源的文化遗存,如兴隆洼文化、赵宝沟文化、红山文化等。这些特色鲜明、自成体系而又有明显渊源和"血亲"关系的史前文化被称为红山诸文化。它们以其丰富的内涵表明,在中华文明的起始阶段，我国北方广大草原地区社会发展程度曾经处于领先地位，是"中华五千年文明的曙光"。中华文化因为有了与黄河文化、长江文化一样具有重要战略地位的草原文化的灿烂源头，才使中华文化既有博大的丰富性和多样性，又充满生机与活力，能够在历史长河中源远流长。

草原文化是中华文化的重要组成部分。作为中华文化重要组成部分的草原文化，主要分布在我国北方地区，是中华各区域文化中分布最广的区域文化。历史上，在中原地区建立统一农业区政权的同时，北方草原上的匈奴、鲜卑、柔然、突厥、契丹、蒙古等游牧民族也相继建立了统一游牧区的政权。自战国时代到秦汉时期，匈奴族在北方草原崛起，建立了统一北方草原的强大政权。西晋以后，北方草原民族向中原内地迁移并建立政权，我国进入了"五胡十六国"时期。在东晋时期，鲜卑族逐渐壮大，入主中原，建立了北魏政权。五代之际，契丹族统一北方，建立了辽政权。此后女真人在北方崛起，推翻了辽、北宋政权，建立了金朝。在元、清两朝，蒙古族、满族不仅统一了北方草原地区，而且建立了包括大江南北、长城内外的疆域空前广阔的统一政权，巩固了统一的多民族国家。在此期间，草原文化通过与中原文化长期碰撞、交流、吸收、融合，今天已经演变成为以内蒙古为主要集聚地，以蒙古族文化为典型代表，历史悠久、特色鲜明、内涵丰富的文化体系。在文化类型上，这个以北方游牧文化为支撑的草原文化体系，与中部的农耕文化和南方山地游耕文化一起构成我国三大类型经济文化区。草原文化不断参与中华文化的构建与发展，积极地融入博大精深的中华文化体系之中。三大文化相互交融辉映，使中华文化成为一个多元一体、丰富耀眼的文化体系。

草原文化是中华文化发展的重要动力源泉之一。中华文化源远流长、长盛不衰，在世界各文明古国中极为罕见。造就这种独特而伟大的文化发展现象的原因之一，就在于它多元一体、和而不同的内在建构。在这个内在建构中，草原游牧民族一次又一次地推进新的历史变革与发展。中国历史上北方草原民族总有一种向南融合发展的倾向，中原王朝到末期的腐败、萎靡和不堪一击，也促使草原民族一次次戎装南下，为中华民族和中华文化的发展一次次注入新鲜血液。诚如陈寅恪所说，北方胡人文化"注入中原文化颓废之躯，旧染既除，新机重启，扩大恢张，遂能别创空前之世局"。从文化发展的角度看，伴随着北方草原民族对中原武力征服而来的是草原民族与中原民族的融合，也是草原文化同中原内地文化的汇聚与创新。这种大规模的融合与汇聚每进行一次，中华民族、中华文化的多元性和包容性就得到一次加强，中华文化所产生的向心力、凝聚力也就进一步增强。正是这样一次次的大规模融合、汇聚、创新，加速推动着中华民族、中华文化多元一体格局的形成。

二、草原文化的内涵和特质

草原文化是指世代生息在草原地区的先民、部落、民族共同创造的一种与草原生态环境相适应的文化。这种文化包括草原人们的生产方式、生活方式以及与之相适应的风俗习惯、社会制度、思想观念、宗教信仰、文学艺术等，其中价值体系是其核心内容。从目前的文化定位特征来看，草原文化是具有浓厚地域特色和民族特征的一种复合型文化。

关于草原文化的特质，至少可以概括为如下四点。

历史传承的悠久性。从远古开始，在中国北方辽阔的草原上就有人类的祖先繁衍生息。远在旧石器时代，人类的祖先就在这里留下原始生产和生活的足迹。这里大量、丰富的考古遗存，是探索中国早期人类活动的最有价值的核心地区之一。最早的有呼和浩特市郊区大窑村南山的石器制造场，其年代可追溯到旧石器时代的早期。从旧石器晚期到新石器时代，这里相继产生多种开文明先河的文化成果；特别是游牧文明形成后，将草原文化推向一个新的发展阶段，使草原文化成为具有历史统一性和连续性并充满活力和发展潜力的文化。

区域分布的广阔性。作为地域文化，草原文化是在我国北方草原这一特定历史地理范围内形成和发展的文化，大致分布于包括从大兴安岭东麓到帕米尔高原以东，阿尔泰以南至昆仑山南北的广大区域，涉及黑龙江、吉林、辽宁、河北、内蒙古、山西、陕西、宁夏、甘肃、青海、新疆、四川、西藏等省区。在这一广大的区域范围内，虽然不同民族在不同时期所创造的文化不尽相同，但都是以草原这一地理环境为载体，并以此为基础建立起内在的联系，形成具有复合特征的草原文化。草原既是一个历史地理概念，又是一个重要的文化地理概念。

创造主体的多元性。草原文化是草原地区多民族共同创造的文化。由于这些民族分别活跃在不同历史时期，此起彼伏，使草原文化在不同历史时期呈现出不同的民族文化形态，诸如匈奴文化形态、鲜卑文化形态、突厥文化形态、契丹文化形态等等。这是草原文化创造主体多元性的集中体现，也是草原文化区别于中原文化的重要标志之一。虽然草原文化的创造主体是多元的，但由于这些民族相互间具有很深的历史渊源和族际传承关系，因此这种连续性和统一性体现在草原文化发展的整个历史进程之中。

构建形态的复合性。草原文化是一种内涵丰富、形态多样、特色鲜明的复合型文化。草原文化在早期经历新石器文化之后，前后演绎为以西辽河文化为代表的早期农耕文化和聚落文化，以朱开沟文化为肇始的游牧文化以及中古时期逐步兴起的游牧和农耕文化交错发展的现象。因此，草原文化不仅是地域文化与民族文化的统一，也是游牧文化与其他经济文化的统一。不同的文化形态在不同历史时期从不同角度为草原文化注入了新的文化元素和活力。草原文化还是传统文化与现代文化的统一。草原文化作为中华文化中最具古老传统的地域文化之一，在吸纳现代文明因素，走向现代化的历史过程中，传统文化和现代文化在相互激荡、碰撞、冲突和吸纳的过程中形成新的统一，使草原文化成为传统文化与现代文化有机统一的整体。草原文化随之呈现出传统与现代、地域与民族相统一，多种经济类型并存的复合型文化形态。

三、草原文化新的生机

今天，草原文化再一次焕发出勃勃生机，在社会生活的各方面产生着日益广泛的影响。

建设现代生态文明的启示。草原游牧民族由于生存的需要，崇尚自然，顺应自然的选择，珍爱草原生命，重视对草原、森林、山川、河流和生灵的生态保护，对生态保护积累了丰富而宝贵的经验。这种特殊的生产生活方式，使草原文化成为以崇尚自然为根本特质的生态型文化。这种"长生天"文化理念从观念领域到实践过程都同自然生态息息相关，将人与自然和谐相处当作一种重要行为准则和价值尺度。草原游牧民族对自然生态的良好观念和做法，对现代生态文明建设有着深刻启示。近些年来，我国北方草原、森林正在恢复起来，越来越成为我国北方的一道绿色天然生态屏障。在这里生活的各族人民创造了"围封转移"、"轮牧休牧"、"生态移民"等做法，使草原民族固有的先进生态理念更彰显出新的生命力和价值。

坚定不移地维护祖国统一的爱国主义精神。草原民族是特别热爱家园、热爱母亲的民族。草原文化在经历匈奴、鲜卑、突厥、契丹、蒙元、清、近现代几个时期的发展后，与中原文化长期碰撞、交流、吸收、融合，为中国统一的多民族国家形成、巩固和中华文化的传承发展做出了突出贡献。草原民族是中华民族大家庭不可分割的成员，与国家的发展息息相关，把祖国视为母亲。特别是在中国共产党的领导下，草原少数民族与祖国命运相连，与各兄弟民族亲如一家。这种血脉情感流淌的草原文化,在认同和促进中华民族形成和发展过程中发挥的伟大历史作用,迄今仍然是我们增强民族凝聚力,促进民族大团结,构建各民族共同繁荣发展的和谐社会的根基之一。历史和现实都证明,草原文化对于维护祖国统一、构建和谐社会的积极影响是广泛而深远的。

开拓进取、创新发展的时代精神。草原文化的基本精神和价值取向,如英雄乐观精神、自由开放精神和崇信重义精神等等,都与当今改革开放时代从本质上是一致的。在改革开放和社会主义现代化建设的历史条件下,这种传统的优秀民族精神,必然表现为开拓进取、创新发展的时代精神而大放异彩。在现实生活中,草原文化中的节庆、祭祀、娱乐、餐饮、服饰、工艺、歌舞、文学艺术等都在实现与现代文明之间双向互需的有机结合。草原文化以特有的方式吸纳现代文明的成果,实现发掘、更新、重构,以增强自我发展的能力;现代文明也在与草原文化的结合中获得新的实现领域和形式。事实上,草原文化已寓于草原地区文化旅游业、文博会展业、图书影视业、城镇建筑业等产业之中,成为草原地区经济社会发展新的亮点,表现出巨大的魅力、潜力和优势。

在中华文化"走出去"战略中彰显出特殊的魅力和

影响。近年来，草原文化走出国门参与国际文化的重大交流活动，产生了越来越广泛的影响。蒙古族的长调、马头琴已列入世界非物质文化遗产。蒙古族等草原民族的文化艺术，如歌舞、杂技、文物、服饰等等，都以独有的艺术特色和魅力在世界各大洲留下了美好的足迹，极大地增强了中华文化的影响力和感染力。另一方面，广袤的大草原和独具风格的草原民族风情，也越来越吸引世人的眼光。草原文化为开辟大草原旅游市场和与世界交流，提供了广阔的舞台。随着深化改革、扩大开放、科学发展的新的历史进程，草原文化必将以更加崭新的姿态越来越深刻、越来越广泛地呈现在世人面前。

（本文系作者与陈光林同志的合著，原载于《求是》杂志2010年第19期）

论草原文化的建构特征

草原文化是人类社会的重要文化形态之一。从草原文化的起源、形成、发展过程看，它几乎贯穿于人类社会的各个重要发展阶段；从草原文化的传播范围、分布区域看，它遍布世界很多地区。因此，我们首先必须说明的是，我们研究的草原文化，是一种特指的草原文化，是作为中华文化重要组成部分的草原文化。具体地说，草原文化就是以中国北方草原为载体，由生息在这里的先民，特别是阿尔泰语系民族和族群共同创造的文化。我们的研究表明，草原文化并非是单一、简单甚或是荒蛮、粗野的文化，而是一种内涵丰富、形态多样、特色鲜明的复合型文化；与中华文化的其他组成部分一样，同是人类富有想象力、创造力的伟大文化成果，同是我们必须继承、发扬的优秀文化和建设社会主义先进文化的重要内容之一。

一、草原文化是地域文化与民族文化的统一

草原文化分布的地域范围，主要是指我国阿尔泰语系族群活动的北方草原地区，通常包括相关的戈壁、沙丘和森林地带；在我国历史上，还涵盖整个蒙古高原及其周边地区。作为地域文化，草原文化首先是指孕育、成长于这一地域的文化，包括原生文化、次生文化和共生文化在内。这就是说，从远古至今，生发在我国北方草原这一特定历史地理范围内的文化，都分属于我们指称的范围内。需要指出的是，生发在这里的文化，虽然形态各异，但都是以草原为共同载体的，并以此为基础建立起内在的联系与统一性，形成统一的草原文化。这里，草原既是一个历史地理概念，又是重要的文化地理概念，蕴含着特有的普遍象征意义。

草原文化作为地域文化，相对于黄河文化、长江文化这些大的地域文化而言，重要区别之一在于它是一种民族文化（指少数民族文化），但不是单一的民族文化，而是由部落联盟、民族族群共同创造和开发的文化。由于这些民族在文化上拥有各自的特性，又作为草原文化的民族主体相继活跃于不同历史时期，因而使草原文化在各个历史时期表现出不同的民族形态和样式。

比如，在秦汉时期，草原文化主要表现为匈奴民族文化形态；在魏晋南北朝时期，主要表现为鲜卑族文化形态；隋唐时期，主要表现为突厥族文化形态；宋、辽、金时代，主要表现为契丹、女真、党项族文化形态；元代前后，主要表现为蒙古族文化形态。由于蒙古族在历史上影响深远，实际上成为草原文化的集大成者和主要传承者，是草原文化最具代表性的民族。虽然草原文化在各个历史时期表现出不同的民族性，但由于这些民族具有很深的历史渊源和族际承继关系，因而草原文化从本质上讲是一脉相承的，是同质文化在不同历史时期的演变和发展。总之，北方草原各民族文化上的传承、借鉴、融会，成为草原文化的主旋律，一方面极大地丰富了草原文化的内涵，使之更加绚丽多彩；另一方面赋予了草原文化内在动力，使其始终保持旺盛的生命力。

二、草原文化是游牧文化与多种文化的统一

草原文化是以草原自然生态为基础产生的，而在草原自然生态环境中，从古至今相继产生采集、狩猎、游牧、农耕、工业等多种文化形态。这些文化形态在不同历史时期从不同角度为草原文化注入新的文化元素和活力，使草原文化从一开始就成为以多种生产方式为基础的多种文化的集合，即游牧文化、农耕文化及其他文化

的统一。例如，在北方草原地区，早在史前时期，继原始采集、原始狩猎业之后，就已出现原始农业，并成为中华文化的滥觞之一。只是后来由于气候的变化，游牧生产开始勃兴。但即使在游牧生产完全占据主导地位之后，农耕生产也没有退出历史舞台。以早期游牧民族匈奴为例，农业生产仍是他们重要的物质生产方式之一。

当然，历史上由于这些文化形态的影响范围不同、持续时间长短各异，在草原文化形成发展中的地位与作用又不尽相同。其中，狩猎、游牧、农耕文化是持续时间长和影响范围广的主要文化形态。在这三大文化形态中，又以游牧文化为主。从文化赖以存在和发展的社会生产讲，建立在游牧生产上的游牧文化是草原文化的主导文化，是草原文化区别于其他地域文化的主要标志之一。这是因为，在所有这些文化形态中，只有游牧文化对草原文化的影响是持久的、一贯的，也是极其深刻的，以至于草原文化的民族主体，诸如匈奴、乌桓、鲜卑、柔然、突厥等等，都是作为游牧民族活跃于历史舞台的。即使近现代以来，游牧文化赖以存在的游牧生产受到资源、人口、社会各方面的挑战，但是，按照文化具有相对独立性的特点，游牧文化的生命力在一定历史时期内仍将长期存在，游牧文化在草原文化中的主导地位仍将持续。

三、草原文化是现代文化与传统文化的统一

草原文化有悠久的文化底蕴和古老的文化传统。从人类远古时代开始，这里就相继产生"中华第一村"、"中华第一龙"、"中华第一凤"等开文明先河的文化现象；在整个史前时期，从旧石器时代到新石器时代，很多领域都是走在其他地域文化之前，因而被学术界公认为是"中华文明曙光升起的地方"。更为重要的是，在几千年漫漫的历史长河中，草原文化虽历经多次更替、演变，但其内在脉络始终没有中断，成为中华文化最具古老传统的地域文化之一，对中华文化的历史进程产生过重要的影响，做出了历史性的贡献。在这一点上，草原文化完全可以同长江文化、黄河文化相媲美。

草原文化在保持和发扬固有的古老文化传统的过程中，积极吸纳现代文化的一切有益因素，从内涵到外在形式不断增强其现代性，与时代同步发展，使草原文化成为传统文化与现代文化有机统一的整体。在草原文化各个领域，从生产方式到生活方式，从物质文化形态到精神文化形态，从思维方式到认知体系，从生活习惯到制度规范，传统和现代的东西无不在碰撞、冲突、相互吸纳的过程中形成新的统一。例如近现代以来，随着生产方式的逐步改变和多样化，曾经逐水草而迁徙的游牧

生活方式已开始向定居、半定居及都市化方式转变和过渡，游牧、定居、半定居和都市化生活并存已成定局。在这种情况下，游牧生活受到的冲击是显而易见的，草原文化单纯以游牧生活为基本表现形态的历史已终结。特别是都市化生活方式以前所未有的态势凸显出特有的张力和辐射力，渗透、融会于草原文化之中，成为当代草原文化的重要组成部分，以至于很多富有传统内涵的草原文化活动，必须借助于都市和都市化生活方式才得以进行。这是问题的一个方面。另一方面，游牧生活方式以及由此形成的观念、礼仪、习俗等，依然以鲜活的生命力展示着草原文化的风貌；整个草原文化，从衣食住行等外在形态到宗教、哲学、文学、艺术等内在构成要素，无不深深打着游牧文化的烙印。这就是说，在草原文化重要表现形态的生活方式领域，传统和现代一方面不断发生碰撞和冲突，一方面又相互吸纳、借鉴，从内容到形式不断融会在一起，形成新的有机的统一。这是草原文化保持生命力与活力的必然选择，也是其创新发展的历史逻辑。

总之，草原文化在漫长的历史发展进程中，不断与时俱进，在演变中丰富，在丰富中完善，已成为一种内涵丰富、特色鲜明、建构完整的文化体系，在整个中华文化历史进程和未来发展中已经发挥并将继续发挥重要作用。

需要说明的是，我的上述观点发表后，有人对游牧文化与多种文化相统一的观点提出质疑，认为游牧文化同农耕文化是相互对立、相互冲突的两种文化形态，怎么能够包容在草原文化之中呢？再者，把草原文化视作游牧文化与其他文化的统一，如何把握草原文化的特质？应当说，这两个问题提得很好，从逻辑和文化特质的角度讲，也有其道理。问题是当我们从草原文化形成、发展的历史和现存状态看，这种看似矛盾的统一，恰恰是历史的真实状况。第一，从草原文化分布区域来看，历来是多种生产方式共生共存地区，其中在有些地区，例如红山文化分布区，农耕文化还早于游牧文化之前产生。第二，从草原文化的民族主体来看，他们虽然一向被认为是游牧民族，但大多都同时从事过农业生产，在有些民族中，农业生产曾达到相当发达程度。第三，从草原文化发展现状来看，草原文化已经成为建立在多种生产方式基础上的文化形态，这也是当今地域文化所共有的特征。如果我们把草原文化简单地等同于游牧文明，既不符合草原文化的实际状况，又很难解释当今草原文化建设面临的实际问题。至于"相统一"的观点，可能忽略草原文化特质的忧虑，更大可不必。因为任何一种文化，不可能建立在纯粹的、单一的生产方式之上，实际情况往往是在其赖以建立的一种主导生产方式之外，还有其他生产方式作为补充。绝对的、纯粹的观点是不符合历史辩证法的。

（本文原载于《光明日报》2004年12月21日第7版）

草原文化与游牧文化

近两年来，随着草原文化研究的逐步深入，梳理和辨析草原文化与游牧文化之间的关系，已成为该领域学术研究不可回避也不能回避的重要学理问题。虽然学界至今还没有就草原文化与游牧文化之间的关系问题展开专题讨论，但对这一问题的不同认识或分歧已有所表现，其中较为普遍的倾向是把草原文化简单地等同于游牧文化，即认为草原文化就是草原游牧文化，从而对开展草原文化研究提出质疑。因此，本文试就草原文化与游牧文化之间的关系问题，从内涵、分布、起源和建构特征等几个方面进行专题讨论并重点说明二者之间的非等同性，以求教于有关专家学者。

一

研究草原文化与游牧文化之间的关系问题,首先应当明确界定什么是草原文化和什么是游牧文化。虽然做出这一界定并使之能够得到学界较大范围的认同并不容易,但这是我们必须要做出的尝试。

那么,什么是草原文化呢?我们认为,所谓的草原文化,就是世代生息在草原这一特定的自然生态环境中的历代不同族群的人们共同创造的文化。它是草原生态环境和生活在这一环境下的人们相互作用、相互选择的结果,既具有显著的草原生态禀赋,又蕴含着草原人们的智慧结晶,包括其生产方式、生活方式及基于生产方式、生活方式而形成的价值观念、思维方式、审美趣味、宗教信仰、道德情操等。可以说,草原文化是一种特色鲜明、内涵丰富、具有广泛影响力的文化形态,是迄今为止人类社会最重要的文化形态之一。

而所谓的游牧文化,就是从事游牧生产、逐水草而居的人们,包括游牧部落、游牧民族和游牧族群共同创造的文化。它的显著特征就在于游牧生产和游牧生活方式——游牧人的观念、信仰、风俗、习惯以及他们的社会结构、政治制度、价值体系等等,无不都是游牧生产方式和游牧生活方式的历史反映和写照。游牧文化是在游牧生产的基础上形成的，包括游牧生活方式以及与游牧生活相适应的文学、艺术、宗教、哲学、风俗、习惯等构成游牧文化的具体要素。

从上述简略的界定中不难看出，草原文化与游牧文化之间确实具有一些重要的相同或相似之处，在一定范围和一定历史时期内具有内在的同一性，例如二者都是以草原生态环境为自然背景的，都是以游牧生产为社会物质基础的，或者进一步说，草原文化区域的主导生产方式就是游牧生产，而游牧生产赖以存在的自然生态条件就是草地资源，二者实质上就是一个事物的两个方面，只是侧重点不同而已。从这个意义上把草原文化等同于游牧文化也能够成立，不应当受到质疑。实际上，不少学者把草原文化直接指称为游牧文化，或者把草原文化视为草原游牧文化的略称，都是从这个特定范围、特定时期出发做出的界定。然而，超出这种特定的范围和特定的时期，再把草原文化简单地等同于游牧文化，进而质疑草原文化概念及草原文化概念的提出，显然是缺失必要的逻辑基础和科学依据的。因为一旦超出特定的范围，草原文化与游牧文化就完全从属于两种不同类型的文化领域。前者从属于区域文化类型，可列入海洋文化、大河文化、森林文化序列；后者从属于经济文化类型，可列入狩猎文化、采集文化、农耕文化序列。

明确草原文化与游牧文化的不同类型，不只是界定概念的需要，更是从内在属性上把握其同一性和差异性的需要。我们下面展开的讨论将从不同的侧面进一步说明这一点。

二

从草原文化和游牧文化的区域分布看，二者之间也有很多不尽相同的地方。由于草原文化是依草原生态环境生成的，因此草原文化实际就是依草地资源的分布而蔓延于世界各地的。据古地理学资料，草原形成于新生代第三纪的古新世（距今6500万年），在第四纪的更新世时面积得到了大幅度扩大。现在，我们确切知道的是草地资源分布于世界各大洲，草原面积约占地球陆地面积的1/5以上。其中最大的一片是欧亚大草原，从我国大兴安岭东侧到欧洲多瑙河下游，东西跨110个经度，绵延万余里。我国境内的草原主要集中在我国北方地区，从东到西主要有松嫩草原、呼伦贝尔草原、科尔沁草原、锡林郭勒草原、乌兰察布草原、甘南草原、阿坝草原、甘孜草原、青海环湖草原、阿尔泰草原和伊犁草原等。[1]这些草原又由于气候和植被条件不同，又分为典型草

---

[1] 刘钟龄，额尔敦布和. 游牧文明与生态文明[M]. 呼和浩特：内蒙古大学出版社，2001：7-8.

原、草甸草原、荒漠草原及山地草甸类、沼泽类等不同类型。而生活在这些不同区域、不同类型草原上的人们所创造的草原文化虽然存在地域的区别，但都是以草原这一自然生态环境为载体的，具有内在的联系与统一，因而在更高层级上都属于草原文化。

如果说草原文化是紧随草地资源分布的话，那么游牧文化的分布就不尽其然。据Thomas J. Barfield的《游牧选择》一书介绍，现今世界上存在着五个主要游牧地带：1. 横贯非洲大陆的撒哈拉沙漠以南至非洲大裂谷一线的东非热带草原。2. 撒哈拉沙漠和阿拉伯沙漠。3. 地中海沿岸经安纳托利亚高原、伊朗高原到中亚山区一线。4. 从黑海延伸至蒙古的欧亚大陆草原。5. 西藏高原及其邻近山区高原。[1] 还有一些学者对游牧文化的分布做出另外的归类和划分，这里我们不再详细引述。值得注意的是，这些学者对游牧文化分布的划分不管有多么不同，但有一点非常一致，即他们都没有把游牧文化的区域分布同草原地带的分布完全等同起来，有的甚至认为只有欧亚大陆草原地带才是游牧文化的真正分布区域。这种一致性表明，大多数文化人类学家已经从"环境决定论"的束缚中摆脱出来，认识到人与环境双向选择的重

---

[1] 郑君雷. 西方学者关于游牧文化起源研究的简要评述[J]. 社会科学战线，2004（3）：217.

要意义。著名历史学家阿诺德·汤因比也曾明确提出，相同的环境不一定产生相同的文明，例如欧亚草原产生了游牧社会生活，而与欧亚草原相同的北美的草场、委内瑞拉的伊拉诺斯草原、阿根廷的潘帕斯草原以及澳大利亚昆士兰西部和新南威尔士西部的草原，却没有出现它们自己的游牧社会。[1]

从上述草原文化和游牧文化不尽相同的分布情况来看，作为地域文化的草原文化和作为经济文化的游牧文化，还是具有很多质的差异。作为地域文化的草原文化，主要是以自然地理条件为依据的，作为经济文化的游牧文化则主要是以生产方式为依据的。当然，我们的这样一种论述，也许会引起人们的疑问：草原文化的确定是否又回到了"环境决定论"的老路上？我们的解释是作为地域文化以自然地理条件为依据同"环境决定论"是不能等同的，前者强调的是以大致同一的自然条件来概括不同的文化现象，例如，在以长江为同一自然条件划分的长江流域文化之中，就含有巴、楚两种文化现象；后者强调的是同一自然地理条件对文化要求的唯一性，而这种唯一性事实上并非普遍存在。因此，我们强调草原文化同游牧文化分布的非等同性就是要说明环

---

[1] 阿诺德·汤因比. 历史研究[M]. 刘北成，郭小凌，译. 上海：上海人民出版社，2000：69.

境因素并非是决定文化的唯一因素。

三

从草原文化与游牧文化的起源和形成期看，二者之间也具有明显的非同步性。

关于草原文化的起源问题，包括草原文化兴起的区域、起源的时间、最早的主要生产门类和经济文化形态等等，似乎至今还未得到专门的研究，更谈不上有确切的结论。在这种情况下，我们作为预设（也只能作为预设）提出的基本看法是草原文化同其他古老的地域文化如两河流域文化、古埃及文化、黄河文化一样具有悠久的历史。以中国北方地区为例，从距今大约70万年前开始这里就有远古人类繁衍生息。到旧石器晚期、新石器早期阶段，这里相继出现以兴隆洼文化、赵宝沟文化、红山文化等为代表的早期草原文化繁荣景象，被学者确认为"中华文明曙光升起的地方"。

游牧文化起源问题早已引起学者的广泛关注并已有相当集中的讨论。据郑君雷先生介绍，早期学者对于游牧文化起源的解释通常是围绕将游牧作为渐进式经济形态发展过程中的一个阶段而展开，代表性的观点包括：1. 游猎人群在追逐兽群的过程中收容受伤和弱小动物（如驯鹿）加以驯养，从而形成游牧人群。2. 移动的狩猎者从邻近的农业聚落中取得牲畜，形成游牧。3. 气候干旱化导致作为狩猎对象动物的消失，狩猎者只有通过从事原始农业和饲养那些无处觅食的野生动物来获取生活资料。随着干旱的加剧，这些已经定居的农业生产者和家畜饲养者被迫离开日益缩小的可耕地，驱赶着牲畜在草原上寻找暂时的牧场，季节性地迁移，形成四处游牧的生活方式。4. 早期人群需要应付人口增加的压力，却无力改进现有的生产技术，不得不谋求生存手段的多样化，例如他们学会了栽培植物和饲养动物，其后部分人群逐渐走向游牧生活。[1] 对上述四种观点，我们可以将之概括为关于游牧文化起源问题四种有代表性的意见，即"狩猎说"、"农耕（畜牧）说"、"气候说"、"人口说"。这四种意见，在游牧文化起源问题研究领域一直有广泛的影响力，很多学者，特别是那些未专门涉猎这一领域的学者，在谈及游牧文化起源时都自觉或不自觉地受到上述学说的影响。后来对这一问题的研究，尽管视野更加开阔，视角更加新颖，但主要的进展也只表现在两个方面：一是提出"混合经济说"，认为游牧文化不是从某种单一的经济形态中衍化而来，而是从狩猎和畜牧、畜牧和农耕或半农半牧等混合经济转化

---

[1] 郑君雷. 西方学者关于游牧文化起源研究的简要评述[J]. 社会科学战线，2004（3）:218.

而来的。这一观点提出后也受到广泛关注，因为它能够解释某些地区游牧文化起源的历史。二是提出"不同来源说"，强调不同地区的游牧文化起源背景，包括自然生态环境和社会人文环境差异很大，不能用一种或几种因素概括整个游牧文化的起源。这一观点似乎从更深层次上反映了游牧文化起源历程中带有规律性的东西，因而备受关注。

由于对游牧文化起源缘由的不同认识，必然导致对其起源时间认识的重大差异。例如，对近东游牧类型的发生，一种意见认为它最早起源于公元前第七千纪的新石器时代；一种意见认为它始自青铜时代（公元前第二、第三甚至第四千纪）；新近的研究则将之推至公元前第一千纪甚至公元以后。[1] 在整个欧亚草原游牧文化何时形成问题上，学术界的认识也不尽相同。著名学者乌恩先生将之概括为四种意见，其中以下两种意见差别较大：1.从畜牧经济向半游牧—游牧经济转化的界标，是骑马术的出现。这一转化过程，大约是在西周晚期至春秋早期完成的。2.公元前第一千纪第一世纪，在欧亚草原各地出现了向游牧业的过渡，形成了新的考古学文化，标志着早期游牧人的开始。而乌恩先生提出自己的

---

[1] 郑君雷. 西方学者关于游牧文化起源研究的简要评述[J]. 社会科学战线，2004（3）:220–221.

意见认为，游牧业形成于春秋中期偏早阶段，即公元前7世纪前后。[1] 乌恩先生的意见已开始成为一种代表性的意见。

对于上述问题，我个人的看法是，其起源可追溯到较早时期，例如狩猎或早期畜牧阶段。虽然我们不能把早期畜牧业就视作游牧，但起源阶段的游牧又很难同畜牧做泾渭分明的划分。这一时期大致在公元前9000年至公元前7000年间，因为这时候的人们已经学会饲养动物。[2] 而其形成期应在青铜器时代中晚期，即在公元前2000纪初叶至中叶时期。这是我们从以下三个方面推断出来的。第一，这一时期已涌现出大量的被称为游牧人或游牧部落的族群，如印欧语系的游牧民族雅利安人、胡里特人、喀西特人、赫梯人等，闪米特语系的游牧民族阿拉米人、希伯来人等，以及我国北方地区的鬼方、土方及在他们之后的山戎、猃狁、荤粥等游牧群体。[3] 苏联学者李特文斯基在考察处于咸海周围塔扎巴亚勃（Tazabayab）文化后也认为公元前2000纪中、后期，

---

[1] 乌恩. 欧亚大陆草原早期游牧文化的几点思考[J]. 考古学报，2002（4）：462.

[2] 乔晓勤. 关于北方游牧文化起源的探讨[J]. 内蒙古文物考古，1992（Z1）：22.

[3] 赵林. 农耕世界与游牧世界的冲突融合及其历史效应[J]. 武汉大学学报，2002（6）：701-702.

整个中亚北部和中部的大部分地区都由起源于草原的部落占据。[1]第二，大致反映这一时期的考古文化，如中晚期朱开沟文化、夏家店上层文化等，以其特有的文化内涵证实游牧文化已处在形成阶段。第三，表明游牧文明形成的骑马术的出现。马被驯化并用于骑乘的可能推断，最早距今6000年时期，其遗存发现于乌克兰草原。[2]在夏家店上层文化遗存中出土的骑马猎兔铜扣环，则确凿地证实骑马文化已经出现。[3]

四

根据上述游牧文化起源问题的讨论情况，我们试采用一种相互印证的方法，具体讨论草原文化与游牧文化在起源、形成和发展过程中的联系与区别。为此，我们将草原文化发展的历史进程分为如下3个历史阶段，并加以简要说明与阐释。

一是前游牧文化时期。这是草原文化的起源和形成期，时间大致在从远古到游牧文化形成期。这一时期

---

[1] 杨富学. 中国北方民族历史文化论稿[M]. 兰州：甘肃人民出版社，2001：279.

[2] 王克林. 骑马民族文化的概念与缘起[J]. 华夏考古，1998（3）：78.

[3] 王克林. 骑马民族文化的概念与缘起[J]. 华夏考古，1998（3）：79.

草原文化的基本特点是多种文化即采集、渔猎、畜牧、农耕等相继出现并处于交互作用状态。由于草原各地类型、气候及族群不同，这些经济文化类型在各地出现、持续及处于主导地位的状况也千差万别。但总的看，在这一时期的草原文化之中，采集、狩猎文化在相当长的历史阶段一直处于主导地位。以中国北方草原地区为例，几乎遍布各地的新石器文化遗存就说明了这一点。值得注意的是，在中国北方草原文化地区，早期农业曾达到相当繁荣的程度。在距今约6000—5500年前的红山文化时期，这里的人们已开始较大规模的聚落生活，学会用石耜、石刀、磨盘、磨棒等农业生产工具从事农业生产，农业已超越狩猎、畜牧业，成为当地的主导经济。[1]

二是游牧文化时期。这是草原文化的兴盛期，时间大致从游牧文化形成期到其衰退期。这一时期草原文化的基本特点是游牧文化处于主导地位，在很多草原文化分布区域，特别是在欧亚草原地区，草原文化同游牧文化完全交融在一起，或者说，草原文化就是以游牧文化面貌出现在世人面前的。因此研究这一时期的草原文化完全可以同研究游牧文化等同起来，或者把研究游牧文

---

[1] 赵芳志. 草原文化———游牧民族的广阔舞台[M]. 上海：上海远东出版社，香港：商务印书馆，1998：41.

化视作研究草原文化。事实上很多学者在他们的有关论著中就是这样做的。我们在描述这一时期草原文化兴盛发达、对外影响力迅速扩大的历史进程时，也想到了这个办法，即用游牧文化本身的事例加以说明。据赵林先生分析，在从公元前15世纪到公元15世纪漫长的3000年时间里，游牧世界对农耕世界大规模的冲击前后共发生3次，导致整个欧亚大陆民族大冲突、大融合以及文明的大交替和大整合，从而造就了游牧文化的历史辉煌。[1]而随着游牧世界对农耕世界征服历史的结束，草原文化又开始转入新的历史时期。

三是后游牧文化时期。这是草原文化的转型期，时间大致是从游牧文化衰退期开始的。这一时期草原文化的基本特点是游牧文化长期占主导地位的局面开始被打破，农业、工业作为新兴文化的因子，其影响不断扩大，地位不断提升，草原文化再度迎来了多种经济文化并存、统一的格局。具体地讲，游牧文化作为一种生产方式和生活方式，其作用和地位已今非昔比，日渐式微；而作为一种观念、习俗、礼仪、传统或象征，仍闪耀着智慧的光芒，成为新一时期草原文化必须高扬的旗帜。农耕生产一改过去被歧视和被排斥的状况，正式被

---

[1] 赵林. 农耕世界与游牧世界的冲突融合及其历史效应[J]. 武汉大学学报，2002（6）：701-706.

草原世界接纳，几乎所有的草原民族都有了自己的农业生产和农业人口。工业作为人类文明新的形态，自15、16世纪兴起以来，就以摧枯拉朽之势席卷全球，成为人类文明发展最重要的推动力量。工业文明在草原文化中的地位和作用也是如此。例如作为草原文化重要承载地的中国内蒙古也已提出自己实现工业化的目标，这就意味着工业社会即将成为草原文化新的社会形态之一。事实上，不管我们是否认同，工业一定是草原文化同人类文明对接、同步发展的桥梁和纽带，草原文化也必将展开工业文明的翅膀飞向辉煌的未来。

这里还想特别提出城市问题。城市作为人类最经济的居住和生活环境，在人类社会政治、经济和文化发展中一直发挥着非常重要的作用，特别是现代城市的兴起，使这种作用日益突出。草原民族也非常重视城市和城市建设。以中国北方草原为例，这里早在秦汉时期就建有城市，如漯河城、头曼城、赵信城等，还有后来的云中城（今呼和浩特托克托县古城乡）、辽上京（今内蒙古赤峰市巴林左旗林东镇南）、元上都（今内蒙古锡林郭勒盟正蓝旗境内）等等，甚至今天的北京城最早也是由草原民族开始兴建的。由此可见，城市文化在草原文化中历来占据重要地位。因此我们必须认识和发扬草原文化的这一传统，在新时期草原文化建设中要突出发挥城市文化的作用，特别是在保护传统和各种文化遗产方面，要充分利用现代城市中的大学、图书馆、歌剧院、媒体及节庆活动等，使优秀民族文化传统借现代城市文化得以发扬光大。

通过上述草原文化与游牧文化历史分期的对比分析，我们得出的基本结论是在不同历史时期，草原文化同游牧文化的关联状态并不完全一致，即在前游牧文化时期，草原文化主要是以狩猎、畜牧、农耕文化形态存在的，如果说这一时期的草原文化同游牧文化有什么关系的话，只不过是为游牧文化的孕育、产生创造条件和做出铺垫而已；后游牧文化时期，草原文化更多的是同新的文明形态结合在一起，游牧文化在草原文化中已处于"隐而不彰"状态[1]；只有在游牧文化时期，草原文化同游牧文化才大致处于重合状态。因此，我们不能不分时期、不顾历史条件简单地将草原文化指称为游牧文化。

五

从上述草原文化与游牧文化在内涵、分布、起源、

---

[1] 项英杰. 游牧文明与农耕文明———对游牧文化的再认识[M]//牛森. 草原文化研究资料选编：第二辑. 呼和浩特：内蒙古教育出版社，2005：100.

发展历程中的比较分析，我们还看到这二者之间在建构特征上也有明显不同。

首先，草原文化是地域文化与民族文化的统一。作为地域文化，草原文化首先是指孕育、成长于某一草原地域的文化，包括原生文化、次生文化和共生文化在内。这就是说，从远古至今，生发在特定草原这一地理范围内的文化，都分属于我们指称的范围内。需要指出的是，生发在这里的文化，虽然形态各异，但都是以草原为共同载体的，并以此为基础建立起内在的联系与统一性，形成统一的草原文化。这里，草原既是一个自然地理、历史地理概念，又是重要的文化地理概念，蕴含着特有的普遍意义。

草原文化作为地域文化，相对于两河流域文化、黄河流域文化这些大的地域文化而言，重要区别之一在于它是一种多民族文化，是由部落联盟、民族族群共同创造开发的文化，而不是单一的或单一民族主导的民族文化。由于这些民族在文化上拥有各自的特性，又作为草原文化的民族主体相继活跃于不同历史时期，因而使草原文化在各个历史时期表现出不同的民族形态和族群文化样式。比如中国北方的草原文化，在秦汉时期主要表现为匈奴民族文化形态；在魏晋南北朝时期，主要表现为鲜卑族文化形态；隋唐时期，主要表现为突厥族文化形态；宋、辽、金时代，主要表现为契丹、女真、党项族文化形态；元代前后，主要表现为蒙古族文化形态。由于蒙古族在世界历史上影响深远，实际上成为草原文化的集大成者和主要传承者，是草原文化最具代表性的民族。而游牧文化作为一种经济类文化，主要是产业经济与民族的统一，虽然游牧生产也离不开草原区域，但正如我们前面分析的那样，作为经济文化的游牧文化同作为地域文化的草原文化还是有重大区别的。

其次，草原文化是游牧文化与多种文化的统一。正如我们已经分析的那样，草原文化是以草原自然生态为基础产生的，而在草原自然生态环境中，从古至今相继产生采集、狩猎、游牧、农耕、工业等多种文化形态。这些文化形态在不同历史时期从不同角度为草原文化注入新的文化元素和活力，使草原文化一开始就成为以多种生产方式为基础的多种文化的集合，即游牧文化、农耕文化及其他文化的统一。例如，在中国北方草原地区，早在史前时期，继原始采集、原始狩猎业之后，就已出现原始农业，并成为中华文化的滥觞之一。只是后来由于气候的变化，游牧生产开始勃兴。但即使在游牧生产完全占据主导地位之后，农耕生产也没有退出历史舞台。以早期游牧民族匈奴为例，农业生产仍是他们重要的生产方式之一。而游牧文化作为一种经济文化，虽然我们不能将之绝对纯粹化——事实上那种纯而又纯的绝对游牧生产并不符合历史状况——但我们仍然不能将一种经济文化同其他经济文化统一起来，实际上这种统一只能在地域文化中得以实现。

再次，草原文化是现代文化与传统文化的统一。草原文化有悠久的文化底蕴和古老的文化传统。在几千年漫漫的历史长河中，草原文化虽历经多次更替、演变，但其内在脉络始终没有中断，成为人类文化最具古老传统的地域文化之一，对世界文化的历史进程产生过重要的影响，做出了历史性的贡献。草原文化在保持和发扬固有的古老文化传统的过程中，积极吸纳现代文化的一切有益因素，从内涵到外在形式不断增强其现代性，与时代同步发展，使草原文化成为传统文化与现代文化有机统一的整体。在草原文化各个领域，从生产方式到生活方式，从物质文化形态到精神文化形态，从思维方式到认知体系，从生活习惯到制度规范，传统和现代的东西无不在碰撞、冲突、相互吸纳的过程中形成新的统一。而游牧文化自近现代以来，随着生产方式的逐步改变和多样化，其典型的逐水草而迁徙的生活方式已开始向定居、半定居及都市化方式转变和过渡，游牧、定居、半定居和都市化生活并存已成定局。在这种情况下，游牧文化受到的冲击是显而易见的，其基础和核心，即游牧生产和游牧生活方式的历史已趋于终结。因此，我们很难认为游牧文化同草原文化那样，是一种古老文化与现代文化的统一。

六

综上所述，草原文化与游牧文化虽然在一定意义和特定范围内具有内在的不可分割的联系性或同一性，但一旦超出特定范围，二者之间就有不可忽视的质的差异和区别。从文化类型看，草原文化从属于地域文化，而游牧文化则从属于经济文化；从地域分布看，草原文化基本同草原地带的分布相一致，而游牧文化则不尽其然；从其起源、形成和发展历程看，草原文化和游牧文化并非一直处于同步发展状态；从其建构特征看，草原文化是一种复合型文化，而游牧文化是一种单一文化。因此，对草原文化与游牧文化之间的关系，我们只能从具体区域分布和历史时期去分析和认识，而不能笼统地将之混为一谈。

（本文原载于《光明日报》2006年7月24日第11版）

草原文化区域分布研究

今天我要讲的是关于草原文化区域分布研究问题。从"草原文化研究工程"设立以来,我们就把这一问题作为一个重要的专题开始组织研究,并取得了一系列重要成果。但客观地讲,我们的研究还有很多局限性,在我们关注的草原文化区域分布状况这一核心问题上,还缺乏基本的共识。因此,深入开展草原文化区域分布研究,仍然是摆在我们面前的一项重要课题。我以为,有效破解这一课题,无论在学术研究领域还是在实际工作领域都是很有意义的。第一是可以明确和界定草原文化区域分布状况。这是作为学术研究应当必须解决的问题,因为对于任何学科来说,对其研究对象的求解,始终是其努力方向和着力点。第二是为草原文化的保护开发提供学术支撑。我们最近为政府机构做一个专题研究项目时感到，如果草原文化区域分布研究不取得令人信服的成果，就很难为现实研究提供有效的服务。第三是有利于我们深化对草原文化本质、特点和规律的认识，所谓"反求其理，反证其道"，就像经济领域利用和发挥"倒逼机制"推动发展方式转变一样。下面，我围绕这个题目讲四个问题。

一、草原文化区域分步研究现状

我大致归拢了一下，我们对草原文化区域分布，主要有四种说法。第一，认为草原文化的区域分布是世界性的，由此提出"世界草原文化说"。第二，认为欧亚大陆是草原文化的主要分布区域，由此提出"欧亚草原文化说"。这两种说法到目前为止只是简单提出而没有系统阐述和进一步论证。第三，提出了中国古代草原文化的区域分布问题，并指出中国古代草原文化主要是由东部草原文化区、中部蒙古戈壁草原文化区、西部草原文化区等三大文化区组成的。第四，内蒙古草原文化区域分布研究。

在上述四种区划观点中，内蒙古草原文化区域分布研究得到较为充分的展开，提出了较多有影响的观点。例如，基于地理环境和部落、氏族、民族分布状况提出呼伦贝尔草原文化区、科尔沁草原文化区、锡林郭勒草原文化区、鄂尔多斯草原文化区、阿拉善草原文化区；基于地理环境提出大兴安岭文化区、阴山文化圈、阿拉善文化圈；基于文化主题和文化功能提出森林草原生态文化主题功能区、科尔沁文化主题功能区、红山文化辽文化主题功能区、游牧文化主题功能区、察哈尔主题功能区、阴山河套文化主题功能区、宫廷礼乐文化主题功能区、戈壁草原文化主题功能区、都市文化主题功能区；基于文化类型提出游牧文化圈、农业文化圈、半农半牧文化圈、城镇文化圈。这些研究应用文化人类学的文化带、文化区域、文化区、文化圈的理论分析和梳理了内蒙古的区域文化，为我们认识和把握草原文化的区域分布做了有益的探讨，给予我们一些重要的启示。

但这些研究也有明显的局限性，应当引起我们的注意。第一，这些研究仅就草原文化内部特别是内蒙古草原文化的内部进行了具体划分，虽然有必要，但还没有真正破题，因而很难适应草原文化学科建设的需要和实际应用的需要。甚至可以说，我们迄今为止的草原文化区域分布研究，由于只注重文化地理学的旨趣而局限在草原文化的区划研究，即草原文化区域内部区域构成领域。实际上，文化地理学研究和地域文化研究还是有很大差别的。文化地理学研究的是一种文化的空间分布，地域文化研究的是一个地域空间当中的文化，包括这种文化的总体概貌及其构成等等。如果把文化比作一条河流，那么，文化地理学就是研究这条河流的源头、流经区域及沿着河流的流向研究其空间分布的；而地域文化则是研究一个地域当中河流的数量、分布情况及主、支流关系等等。由于两者研究取向不同，其着眼点就有很大差异。因此我们提出，还是从草原文化的本质即地域文化出发，把草原文化当作一个整体，研究其核心地区、传播范围和辐射地带，这样才能更好地切入草原文化区域分布研究的主题。更为重要的是，对于作为地域文化的草原文化，其区域分布研究本身就有一个能否成立的问题，或许草原文化区域研究改为草原文化传播研究更为科学。

第二，这种划分大致以草原地理环境甚至于草地分布情况来划分的，比如孟驰北先生的《草原文化与人类历史》，利用诸如希腊文明中日神精神和酒神精神等一些文化概念来解读草原文化的活性元素，并把欧罗巴、雅利安人种等生活在草原地区具有游牧文化背景的部落、民族、种族等纳入草原文化体系之中。这里顺便说一句，孟老先生提出的文化递进演化关系，即"原始文化—牧业文化—商业文化—工业文化"或"草原文化—商业文化—工业文化"的立论，还是很有意思的，值得分享。

第三，还有一种划分是仅仅以游牧文化作为依据来划分的。比如我们有学者引用的曾昭璇先生的划分。曾先生在他的《人类地理学概论》中把"游牧文化地带"中的文化区域和文化区划分为蒙古草原文化区域、西藏高原农牧文化区域、中亚干旱草原农牧文化区域、温带林农狩猎文化区域等8个文化区域和19个文化区。草原文化同游牧文化相互虽有较大交叉和包含性，但始终不是相互能够完全覆盖和替代的同类范畴，因此完全以游牧文化的区域分布作为草原文化的区域分布，也是不可取的。鉴于以上种种情况，很需要我们引入一种新的切入点和视角加以讨论。

二、草原文化区域分布的特点和划分依据

研究草原文化区域分布，应当把草原文化作为一个整体对象，从总体上去把握它的分布特点、分布方式和分布规律。我在这里提出三点：第一，整体推进式。它是随着草原文化创造主体的迁移、游动来迁移推进的。第二，互动耦合式。什么意思呢？我们以中原文化为例，中原文化在"涵化"其他文化的过程中以吸纳为主，而且是以我为主进行吸纳，即在吸纳的过程中把对方全部或部分地吸纳进来，使对方的文化消失或成为自己的自然而然的有机组成部分。草原文化传播的互动耦

合式方式，则是在保有自我当中吸纳对方，吸纳对方的过程中又使被吸纳方能够完整地或部分地保留自我。那仁碧力戈先生在研究西南民族文化时提出了一个"民族文化共生共融"的概念，或许能够从文化人类学的角度印证这种互动耦合式的传播方式。第三，快速流动式。中原文化的传播方式往往是渐进的、不知不觉的、自然而然的，而草原文化的传播方式是急剧的、快速的，有时是变革性的。

　　研究草原文化的区域分布，还必须明确划分文化区域分布的依据。根据学者们的实际运用情况，划分文化区域分布的主要依据大致有这样三点：第一，自然地理环境依据；第二，行政区划，包括历史上的行政区划、国与国之间的行政区划等等；第三，族群、民族、部落的信仰、习俗、语言的分布区域。对此，我们稍做分析就不难发现，这三大依据中的前两项，本身或许不应当直接成为文化区域划分的依据。因为无论是自然地理环境还是行政区划，虽然对区域文化的形成可能发挥至关重要的影响，但究其本质，不过是为文化传播提供了一个自然的或人为的背景而已。

　　那么，真正的依据应当是什么呢？就是文化和文化元素本身。具体讲，第一是文化元素的集聚程度；第二是文化影响力。著名学者李学勤先生在研究黄河文化的时候，提出了这样一个概念：所谓黄河文化，实际上就是黄河流域文化特性和文化集结的总和或集聚，是一种具有很强认同性和归趋性的文化体系。由此推论，可以说草原文化实际上就是草原文化特质和草原文化集结的总和或集聚，草原文化区域分布就是草原文化元素在不同区域的分布和集聚。我们用草原文化元素的聚集程度作为草原文化区域分布的划分依据，直接得出的结论或使其对象化的结果就是我们常讲的草原文化发祥地和承载地。因为，所谓文化的发祥地和承载地，就是一种文化的特性和文化集结，即一种文化元素在某一地域的累积和集聚的结果。这是讲的第一点。

第二点就是文化的影响力，这主要看其认同性和归趋性，这就是我们平时讲的被感知、被认可性。一个文化在一个区域内形成，它一定是被感知的，被大家认可的，如果没有这一点，那一定是不可捉摸、不可思议的。

三、草原文化的区域分布

按照以上讨论的草原文化的分布特点和划分依据，我这里试提出三种划分方式：一个叫作核心区，一个叫作传播区，一个叫作辐射区。李学勤在研究黄河文化的时候，就提出了一个概念，叫作黄河文化的核心区，并对这个核心区做了进一步的划分，包括三秦文化、中州文化、齐鲁文化。他还提出黄河文化的亚文化区，包括三晋文化、燕赵文化、河湟文化。由此看来，我们提出的核心区概念是有先例可寻的，同时也符合文化区理论的阐释。美国人类学家威斯勒认为，在文化区内总有一个核心，它是该文化特征表现最突出的地方，在核心之外，其代表性往往随着与核心的距离增加而逐渐减弱，最后消失。因此，他明确提出区分文化区内"文化中心"和"边缘区"问题。[1]

那么，草原文化核心区究竟在哪里呢？我认为主要在内蒙古，历史上应当包括蒙古高原的大部分或绝大部分。日本学者杉山正明则把蒙古高原直接定义为游牧民的"摇篮之地"。[2] 董恒宇、宝力格、毅松、张碧波、乌兰察夫、张景明等都提出过类似的观点，说明这一核心区的概念开始逐步得到认可。[3] 按照上边所说的草原文化元素的聚集程度看，内蒙古，历史上包括蒙古高原，无疑是草原文化元素和符号高度集聚地区。比如，

---

[1] 呼日勒沙. 草原文化区域分布研究[M]. 呼和浩特：内蒙古教育出版社，2007：9.

[2] 杉山正明. 游牧民的世界史[M]. 黄美蓉，译. 北京：中华工商联合出版社，2014：26.

[3] 董恒宇，马永真，王学俭，等. 论草原文化：第1—6辑. 呼和浩特：内蒙古教育出版社，2005—2009.

这里是象征草原文化肇始的扎赉诺尔文化、兴隆洼文化、红山文化的主要分布区域；是草原文化创造主体北狄、东胡、匈奴、乌桓、鲜卑、敕勒、突厥、回纥、契丹、蒙古和达斡尔、鄂温克、鄂伦春等几十个北方民族登上历史舞台并相继创造自己历史辉煌的地方；是作为草原文化重要构成的渔猎、农耕、游牧和现代工业和都市文化交汇发展的地带；是草原文化各要素，包括语言文字、宗教信仰、哲学和社会思想以及文学艺术、生产技艺、生活习惯等最早兴起并高度集聚的腹地。总之，这里是造就草原文化并使草原文化成为主流文化的地方，是草原文化无可争辩的发祥地和承载地。

第二个分布区叫作传播区。传播区同核心区的主要区别在于它虽不是一种文化的主要发祥地和承载地，但这一文化在这一区域有一定集聚度，并被人们所感知、被人们所认同，逐步成为这一区域的一种亚文化。换句话说，是否形成一种亚文化，是判断传播区是否形成的一个重要标志。按照这一理解和我们初步考察，草原文化传播区范围更为广阔。这里，我们可以借用杉山正明的"蒙古高原的双重结构"理论加以说明。杉山正明提出："蒙古高原的双重结构，一是位于戈壁沙漠北侧、兴安岭及阿尔泰山之间，二是较前述大两倍左右的外圈地区。"这外圈地区包括兴安岭东边山麓朝东北平原低斜的平坦"大斜面",这里一直到清衰落前都是游牧民的所在地;阿尔泰山西边山麓到天山的北边山麓之间,形成了大规模"楔形"的三角地带,也长期是游牧民的天地;蒙古高原的南边,主要是东西隅与华北平原接壤地带。这一地带在地势上相当模糊,大略地说,从北京到大同绵延数百里,西藏高原直至淮水—秦岭线为止,几乎都涵盖在这一范围。[1] 如果我们将草原文化的传播区大致定位于杉山正明提出的蒙古高原外圈地区,从当今中国行政区划上看,大约涉及除内蒙古外的北京、山西、黑龙江、吉林、辽宁、河北、甘肃、青海、新疆、西藏等十几个省、自治区、直辖市,国内蒙古族聚集的1个自治区、3个自治州、8个自治县也分布在这一区域内。

第三个是草原文化的辐射区,也就是草原文化影响所及的范围。由于草原文化影响力十分广泛,所谓辐射区范围也十分广阔。从国内讲,大致传播到所有省区或大部分省区;从国外讲,从中亚、西亚一直到欧洲都能看到草原文化的影子。世界史研究学者都知道,整个13、14世纪是以蒙古人命名的,正如杉山正明说的那样,由已故的本田实信先生和他本人命名及提出的"蒙古时

---

[1] 杉山正明. 游牧民的世界史[M]. 黄美蓉,译. 北京:中华工商联合出版社,2014:24-25.

代"及"后蒙古时代"概念及想法,"现在都已经成为理所当然的世界史概念,并通用于全世界"[1]。杉山正明还进一步指出:"到蒙古出现为止的历史全部都流入蒙古之中,并且在蒙古手中进行集中后,再度流出。根据这一点上,蒙古可说是世界史的分水岭,也可说是蓄水池。这点是蒙古及其时代在世界史上所具备的最大意义。"[2]这方面一个显著例证之一是在公元13世纪末期,借由蒙古及忽必烈这两个重大因素,银成为不论走到哪里都可以共同使用的"国际货币"。"这个一度用'银'这个看不见的手串联起来的'世界',不受政治变动的影响,慢慢地转往一体化方向迈进。"[3]这充分说明蒙古族的文化作为草原文化的一种代表性文化,实际上把草原文化传播到了世界各地,使其产生世界性影响。

作为一种文化区域分布,当然不同于自然地理的分界,也不同于行政的区划,它有明显的模糊性、相对性及变动性、流动性,需要我们正确把握,防止片面化、绝对化的认识。

---

[1] 杉山正明. 游牧民的世界史[M]. 黄美蓉,译. 北京:中华工商联合出版社,2014:3.

[2] 杉山正明. 游牧民的世界史[M]. 黄美蓉,译. 北京:中华工商联合出版社,2014:240.

[3] 杉山正明. 游牧民的世界史[M]. 黄美蓉,译. 北京:中华工商联合出版社,2014:225.

四、草原文化研究新的路径选择

随着对党的十八大精神的深入学习贯彻，随着我们对中国道路自信、理论自信、制度自信的增强，我国社科界提出了推进社会科学原生性理论建构的任务。我理解，这是因为我们社科领域的理论大多是从西方现有理论中移植过来的，包括我们的文化学、文化人类学的研究方法和研究理念，包括文化区域研究中的文化带、文化地域、文化圈等等，都是从西方移植过来的，没有多少原创性的东西，我们无非是拿西方的理论来解读我们自己的东西。这显然同我们的大国地位，同我们要实现的伟大"中国梦"的要求有很大差距。可以说，没有思想的崛起，没有文化的崛起，就没有大国的崛起。社科界提出原生性理论建构的目标，实际就是"中国梦"在学术界的反映和要求。

那么，这种原生性理论如何建构呢？我以为，主要是总结中国的经验、中国的知识、中国的思想，通过对中国的思想经验和知识进行系统梳理和整合，逐步创建具有中国特色、中国风格、中国气派的哲学社会科学理论体系，把中国思想、中国经验、中国知识纳入世界主流思想和主流知识体系之中。歌德说："民族的就是世界的。"这话很深刻，几乎被认作是不需要论证的公理。但我要补充说明，"民族的"要成为"世界的"，一定要有一个与世界交汇对接的过程。这方面我们内蒙古社科院和参与草原文化研究的学者多少有一些自己的体会。比如说，我们在研究草原文化时，一方面把草原文化纳入中华文化体系之中，充实和完善了中华文化研究。过去，中华文化研究话语体系之中几乎没有我们草原文化的概念，或者即使有，也是不完整的、残缺的，始终处在边缘化状态。而有了草原文化研究和草原文化这一概念，中华文化的内涵就更加丰富了，不仅在文化源头上有了进一步的追溯，而且在构成类型上更加丰富和完备，真正形成既包含农耕文化，又有游牧文化和现代工业文化的多元一体的文化形态。另一方面，我们通过草原文化研究，在强调它是中华文化三大主源之一、三个重要组成部分之一的观点的同时，提升了草原文化作为地方性知识和文化的重要性和地位，使我们地方层面的知识和文化成为国家层面的知识和文化，使我们的参照体系、展示平台都提升到一个新的层次。这种探索就是我刚才所说的创建原生性理论的一种有益探索，也是把"民族的"造就为"世界的"一种努力，虽然是初步的，但目标和方向值得肯定。

当前要深化和创新草原文化研究，需要我们继续发扬这种勇于探索和敢于担当的精神，包括在理念、方法和路径选择上有所创新、有所发现。

创新理论研究者发现一种现象，并用"锁定在外"和"路径依赖"两个术语加以说明。前者是指当科技发展的路径产生重大转折时，如果不能及早参与、紧密接触新科技的进步，紧跟其步伐，不断学习和吸纳新产生的知识，就会产生被"锁定在外"的效应，进而距离越拉越大，很难追赶；后者是指那些被"锁定在外"、逐渐被新科技进步的浪潮淘汰的组织，就是因为太过依赖原有技术路线造成的，这被称为"路径依赖"。按照这一创新学说视角看，我们过去的草原文化研究主要有两大路径：一个是围绕草原文化学科建设，对草原文化的基本理论问题进行总体性的研究，并由此推动草原文化学科的理论基础和理论框架的夯实和建构；还有一个就是我们所进行的应用对策研究，主要是为自治区的民族文化大区建设、民族文化强区建设服务。我今天想提出的是，在总结这两种研究方向和路径的基础上，开辟一个新的路径，就是将我们的研究引向草原文化、民族文化元素和符号体系的研究当中。

我们最近正在搞一个调研项目，叫作"蒙古民族文化元素活力测评"问卷调查。我们每天都在讲保护和继承民族文化，那么民族文化现状究竟怎样呢？哪些元素处在成长阶段，哪些元素处在衰退阶段，这需要研究。

这种研究的第一步是开展问卷调查。民族文化元素的研究有两大视角：一个是"自观"，另一个是"他观"。通过问卷调查，找到一个"自观"的体系。然后在这个基础上进行客观的研究，建立一个蒙古民族文化元素活力测评模型，最终研究形成蒙古民族文化元素体系，达到"他观"的境地。我们还想开展草原文化符号体系的研究。文化符号非常重要，是高度浓缩的文化表征，一种文化形成发展的过程，实际就是一种文化符号的形成、塑造、定型的过程，也是这种文化核心价值观形成的标志，表明其对自身文化特质的自觉、自信达到一种新的高度。还有一个研究路径，就是草原文化价值评估研究，这个项目也一直在做，这里就不多讲了。

这些研究，概括起来就是由过去的宏观架构和直接的应用对策研究，进入到宏观领域和微观领域深度结合，基础理论与应用对策研究高度融合的一体多元研究方式，以小见大，以一见多，实现服务学科建构与现实应用的双重价值。

为进一步说明问题，我再介绍两个研究成果：一个是美国《新闻周刊》搞了一个有12个国家涵盖20项文化符号体系的专项调查。调查结果显示，中国国家文化符号最具代表性的20项分别是孔子、汉语、故宫、长城、苏州园林、道教、《孙子兵法》、兵马俑、莫高窟、唐帝国、丝绸、瓷器、京剧、少林寺、功夫、《西游记》、天坛、毛泽东、针灸、中国烹饪。在这20项文化符号当中，只有一项是新中国成立以后才形成的，即毛泽东主席。而美国、英国、俄罗斯、日本、韩国等其他各国都有3~10项的文化符号被认为是新近创造的。[1]这给我们一个重要的启示，即通过文化符号测评研究，可以很直观地发现和把握一种文化的创新能力。所以，文化元素体系和文化符号的体系研究和建设是事关理论和应用对策研究的重要路径选择。另一项研究是邢莉教授的。邢莉认为游牧社会物质文明的标志性符号是车、马、帐；游牧社会精神文明的标志性符号是蒙古语、长调、史诗、长生天。[2] 不管我们是否同意这样的结论，但这种研究本身同样启示我们，草原文化元素和草原文化符号研究应当成为我们今后一个时期草原文化研究的新的路径选择，也是本文讨论的草原文化区域分布研究应当借鉴的选择。总之，新的路径选择问题应当引起我们的高度重视，应当纳入草原文化创新研究体系和选项范围，并以此期待草原文化研究不断有新的发现、新的创新、新的成效。

---

[1] 邴正. 面向21世纪的中国文化形象与文化符号——建设社会主义文化强国的理论思考[J]. 社会科学战线，2013（3）：14.

[2] 邢莉. 内蒙古区域游牧文化的变迁[M]. 北京：中国社会科学出版社，2013：38-75.

试论游牧民族与城市生活

在对游牧民族研究中,研究者大多主要关注其"逐水草而居"的游牧生活,而对游牧民族与城市的联系或其城市生活状况缺乏系统、深入的研究,或者至少没有予以足够的重视。其实,自古以来游牧民族同城市关系密切,城市生活在游牧民族经济和社会发展进程中不断显示出独特的魅力和作用,成为游牧民族发展进步的重要动因。因此,本文试以蒙古高原及其周边地区城市遗址为切入点,探讨游牧民族与古代城市生活问题,以求教于有关专家学者。为了叙述方便,本文在很多时候将城市建设和城市生活作为同一概念使用的。

一、游牧民族城市生活的起源与兴起

中国古代北方草原及其周边地区是我国北方游牧民

族活动的历史舞台。从夏商时代开始，这里先后居住有土方、鬼方、猃狁、山戎、北狄、东胡、林胡、楼烦、匈奴、鲜卑、柔然、突厥、党项、契丹、女真、蒙古等游牧民族。这些游牧民族在不同的时代以不同的方式相继创造了同属游牧文明体系的民族文化，为中华文化的形成和发展做出独特的贡献。

早期的游牧民族，包括土方、猃狁、北狄等，总体上看还没有创建自己的城市生活，"逐水草而居"这句话很可能是他们全部生活的真实写照。因为这一时期的游牧族群正处在游牧文明形成期，而形成期的游牧文明无论其是否从农耕、畜牧还是从狩猎而来，总的趋势就是告别聚落，远离城郭。内蒙古地区从老虎山文化和夏家店下层文化一直到战国时期的1000多年间从未兴筑城郭的考古证实，也可印证这一点。[1]

那么，游牧民族的城市生活究竟是从什么时候开始的呢？据文献记载和考古发现，战国、秦汉时期游牧民族已开始有自己的城市生活，或者说，活动在这一时期的游牧民族开创了游牧民族城市生活的先河。起源时期的游牧民族城市生活主要是通过以下几种方式实现的。

一种是由游牧民族侵占其他民族主要是中原定居民

---

[1] 李逸友. 内蒙古历史名城[M]. 呼和浩特：内蒙古人民出版社，1993：6.

族的城池开始的。例如，冒顿自立为匈奴单于后，乘楚汉战争之机南下夺取秦九原郡（今包头及河套一带），控制了以阴山、河套为中心的广阔区域，当时曾为郡级行政中心的九原城就被匈奴占领和使用。这应该是游牧民族尝试城市生活的开始。当然，这一过程是一个渐进的过程，起初可能只是短暂的军事占领或者掠夺，后来才逐步演变到军事生活和平民生活双重发展阶段。但由于游牧民族大多实行军事部落制度，其对他人城池军事占领的过程实际已蕴含着自己开始城市生活的初衷。

另一种方式是由游牧民族自己兴建的。对于游牧民族最早于何时修筑城郭，目前学术界还没有定论。见于记载最早的当属匈奴的头曼城，约位于汉代五原郡固阳县境内，但至今未发现其遗址。发现遗址中最早的古城是匈奴人的伊伏尔加古城，坐落于色楞格河西岸古台地上，即今俄罗斯布里亚特乌兰乌德市西南16公里处。据专家考证，该古城始建于公元前3世纪末至公元前1世纪[1]。我国境内发现的游牧民族修筑的最早的古城应是鲜卑人的盛乐城（城址在今和林格尔县土城子村北），此城虽然是在汉代成乐城的基础上修建的，但毕竟是游牧民族自主修筑的，且作为都城颇具城市生活的内涵，在

---

[1] 盖山林. 蒙古学百科全书·文物考古[M]. 呼和浩特：内蒙古人民出版社，2004：445.

游牧民族城市生活起源的历史上具有重要意义。

还有一种情况是由中原政权修建专供归附的游牧民族居住的。西汉末年匈奴分为南北两部后，汉朝对一部分入塞归附的匈奴人实行安抚政策，给予优厚待遇，专设属国都尉，将他们安置在西河郡和北地郡内。遗址在今准格尔旗纳林镇北的美稷城，就是以安置匈奴人而闻名的。虽然这些归附的匈奴人后来大多融入汉民族当中，但他们早期的城市生活还是为后来游牧民族城市生活开启了重要源头。

如果说游牧民族的城市生活起源于匈奴和鲜卑族，那么其大规模兴起是从契丹人开始的。契丹是中国古代有影响的游牧民族之一，也是最早开拓游牧民族大规模城市生活的民族。契丹人开启的城市生活有这样几个特点：一是兴建的城市数量多、规模大。从耶律阿保机即皇位前后开始至辽朝中期，契丹人在其所辖五京六府、156州、209县前后兴筑大量城郭，成为我国古代历史上建城最多的游牧民族。其中有的城市已颇具规模。例如，上京临潢府"城高二丈"，"幅员二十七里"[1]，这在古代草原城镇中应是不多见的。二是京城多，颇具都市生活内涵。辽曾先后设置五京：上京临潢府（今巴林

---

[1] 舒振邦，何天明，张贵. 瀚海集[M]. 呼和浩特：内蒙古人民出版社，1995：185.

左旗林东镇南)、东京辽阳府(今辽宁省辽阳市)、南京析津府(又称燕京,今北京市)、中京大定府(今宁城县大明城)、西京大同府(今山西省大同市)。这些京城在辽王朝经济文化生活中的作用虽然并不一样,但都发展成为当地政治文化中心,使这些城市的居民毫无疑义地拥有了自己的城市生活。三是城市功能齐全,政治、经济、文化全面兴起,"城"和"市"真正联系在一起。据专家考证,当时辽上京设有大内、留守司衙、盐铁司、国子监、孔子庙、绫锦院、内省司等各类办公衙门以及"诸国信使"的馆驿、留居回鹘商贩的"回鹘营"等[1]。内蒙古古代城市研究专家李逸友先生在描述上京昌盛状况时曾不无感叹地说:"上京内的壮丽建筑和市场繁荣情况,不但引起各族的向往,连皇帝也要到城内市肆中进行观光。穆宗就曾微服简从到酒店去畅饮,并以银绢赏赐店主。"[2] 可以说,自辽代契丹人起,我国北方游牧民族的城市生活已全面兴起。

---

[1] 舒振邦,何天明,张贵. 瀚海集[M]. 呼和浩特:内蒙古人民出版社,1995:185.

[2] 李逸友. 内蒙古历史名城[M]. 呼和浩特:内蒙古人民出版社,1993:93.

二、游牧民族城市生活的基本形态和特点

马克斯·韦伯曾将城市划分为消费者城市、生产者城市、商人城市、农业市民城市以及王公城市、碉堡和卫戍驻地等几种类型，在城市问题研究领域产生较大影响。[1] 参照马克斯·韦伯的方法，可将我国北方游牧民族的城市大体划分为军事要塞型、王公贵族型、经济文化综合型等几种。也有学者将蒙古族的"古列延"（毡帐群）列入一种城市类型，称之为"移动城市"。[2] 此类城市如果可以定位为一种类型，其渊源当上溯至匈奴族的单于庭和鲜卑族的鲜卑庭。

军事要塞型城市是游牧民族兴建的最古老的城市类型之一。这种城市的特点在于它完全是根据军事斗争需要兴建的，也主要是为军事斗争服务的。例如北魏时期的怀朔镇（城址在今固阳县境内）、白道城（城址在今呼和浩特市北郊坝子口村），辽王朝的丰州城（城址在今呼和浩特市东郊白塔村），金王朝的桓州城（城址在今正蓝旗境内），西夏的黑水城（城址在今额济纳旗境

---

[1] 马克斯·韦伯. 经济与社会[M]. 林荣远，译. 北京：商务印书馆，1997：567.

[2] 李尔只斤·吉尔格勒. 游牧文明史论[M]. 呼和浩特：内蒙古人民出版社，2002：22.

内）等都属这类城市。按照现代对城市功能的定位，把这类城镇列入城市范畴太过勉强，但对于古代游牧民族来说，这类要塞型城池实际上就是他们步入城市生活的重要起点之一，尤其在他们兵民同一、兵民相随的情况下更是如此。需要说明的是，这种要塞型城市虽然起源早，个别城池沿袭使用时间也不长，但总体看，这类城市一直是游牧民族城市的重要组成部分，特别是愈到后来其功能愈齐全，生活内涵愈丰富。如丰州城就有辽王朝的行政统治部门和手工业作坊，也有宗教生活内涵；黑水城有军事、民事管理部门等。

王公贵族型城市是游牧民族城市中常见的一种类型。这种城市的特点在于它是根据王公贵族的生活需要兴建的，也是在为王公贵族生活服务的过程中逐步发展起来的。例如城址在今奈曼旗境内的龙化州城，就是耶律阿保机在建立辽王朝以前兴筑的私城，只是后来由于耶律阿保机在这里登基，才一度成为契丹国的政治中心。实际上，辽王朝前后兴建的祖州城（城址在今巴林左旗石房子村北）、怀州城（城址在今巴林右旗岗岗庙村）、庆州城（城址在今巴林右旗白塔子）等奉陵邑也应纳入此类城市之列。虽然这类城市功能独特，但毕竟也是为王公贵族服务的，且城内也设有官署、绫锦院等，更为重要的是这类城市为安置守陵户和百姓的居住，在其周边带起简陋的城郭，也有市肆等[1]。而辽代的头下军州，要经朝廷赐额兴建，有资格建城者只有宗室、外戚、大臣，王公贵族型城市特点更为浓厚。

经济文化综合型城市是游牧民族城市中最普遍也是规模和影响最大的一类城市。这类城市的特点是经济文化功能齐全、影响力大，大多同时还属于政治中心。像北魏的盛乐城、平城，辽代的上京、中京，西夏的兴庆，金王朝的会宁，蒙古汗国的哈喇和林，元代的上都、大都等都属于这类城市。除了政治、文化发达以外，经济特别是手工业发达也是这类城市格外引人注目的地方，如临潢府、哈喇和林、上都等城市的手工业，在当时来说已经达到相当发达的程度。据专家考证，辽上京的手工业已包括冶铸、纺织、陶瓷、印刷、酿酒等多种门类[2]，在和林地区发现10座冶炼炉遗址和大量金属制品，其出土的白生铁测定是在1350度高温条件下熔铸成的[3]。应当说，这类城市由于其独特的政治、经济、文化功能，在游牧民族城市生活繁荣发展的历史进程中始

---

[1] 李逸友. 内蒙古历史名城[M]. 呼和浩特：内蒙古人民出版社，1993：107-118.

[2] 李逸友. 内蒙古历史名城[M]. 呼和浩特：内蒙古人民出版社，1993：91.

[3] 义都合西格. 蒙古族通史：第二卷[M]. 呼和浩特：内蒙古人民出版社，2002：165-166.

终处于主导地位，发挥着不可替代的核心作用。

与这几种类型城市相适应，游牧民族的城市生活有如下显著特征。

一是城市生活与军事生活相统一，即城郭内的居民兵民同一，且首先以士兵的角色进入城市生活。这在早期要塞型城市中是普遍存在的。而其有别于一般民兵兵役制，例如在古希腊，古罗马的战时皆兵政策，是其出于游牧民族天性使然的民族特点、狂放不羁的处事风格和英雄主义的道德崇拜造成的，这往往使得其初期的城市生活只是作为与其相配套的军事生活的副本而发生效用。

二是城市生活和城市生产相脱节，即游牧民族作为城市居民主要是城市生活的消费者而不是生产者，这主要体现在经济文化综合型城市之中。因为在这类城市特别是其中手工业生产比较发达的城市中，从事手工业生产的居民绝大部分不是游牧民族自己的成员，而是中原的汉人或东北地区的某些民族，如辽代的渤海族等。很少从事手工业生产劳动，是北方古代游牧民族城市居民的传统之一，他们往往为有这一传统而自豪。值得注意的是，虽然游牧民族对手工制造业和生产业的注意力关注不高，但其对于发展城市手工产品贸易和商业极端重视，尤其是元朝建立后，更发挥自身连贯远东到西亚版图的优势，使北方的大都，南方的杭州、苏州、扬州、温州等许多城市迅速发展为世界性的工商业大都会。

三是城市生活和游牧生活的相互融合，即在城市生活中尽可能多地引进和保留游牧生活习俗和传统，包括衣、食、住、行各方面。这方面比较典型的例子是在辽上京、元上都等古代城市中，城中都预设有搭建毡帐和骑马射箭区域，以便在城市生活中能够随时重温和体验自己的游牧生活，也能反映本民族所处的统治地位。其实，这一特点在各类游牧城市中都有体现，只是在早期表现为更积极主动地吸纳作为异己的城市生活，在中期和晚期则是更有意识地保留游牧生活的习俗，使之尽可能地不被日趋同一的城市生活所取代。

三、城市文明在游牧民族发展历史中的地位与作用

城市作为人类文明发展进步的重要标志和载体，在游牧民族发展进步历史上也同样具有重要地位与作用。游牧民族城市生活兴起和发展的过程，实际就是游牧民族人口聚集发展、经济繁荣和文化进步的过程，是游牧民族文明进步的历史缩写。

城市生活有利于促进游牧民族的人口增长。由于恶劣的自然环境和不稳定的生活及游牧生产的脆弱性，游

牧民族人口增长普遍缓慢。这是各游牧民族历来面临的首要社会问题，因而游牧民族内部或与其他族群的很多战争，其结果之一就是相互间部众和人口的争夺。城市生活由于在一定程度上能够克服导致游牧民族人口增长缓慢的因素，因而在解决游牧民族首要社会问题，进而推动其发展进步方面曾发挥重要的作用。据专家测算，自1206年蒙古汗国建立到元朝末年，蒙古族人口由150万迅速增加到400万至500万，其中仅于蒙古汗国时期的65年间蒙古族人口就由150万增加到300万。专家们认为，这种迅速增长既是蒙古族上层实行包括"一夫多妻"制在内的鼓励人口增长政策的结果，又是蒙古族作为统治民族掠夺、吸纳、同化他民族人口的结果。[1]这种分析，就人口增长的直接原因而言是无可置疑的，也是令人信服的。但从另一视角分析，我们也可以认为，这是这一时期蒙古族经济社会发展的结果，其中也是蒙古族城市生活繁荣发展的结果，因为这一时期恰好是蒙古族兴建草原城镇最多的时期，其数量和规模甚至超过了

---

[1] 义都合西格. 蒙古族通史：第一卷[M]. 呼和浩特：内蒙古人民出版社，2002：371-378.

义都合西格. 蒙古族通史：第二卷[M]. 呼和浩特：内蒙古人民出版社，2002：46-48.

"以广建城市著称的回鹘汗国"[1]。

城市生活有利于促进游牧民族的经济发展。游牧民族经济比较单一，作为其经济主体的游牧生产又比较脆弱，因而游牧民族的经济长期处于起伏不定的波动状态。在这种状况下，游牧民族城市生活的兴起和发展，从根本上扭转了这种被动状况，为游牧民族经济的稳定发展提供了一种现实的可能。更为重要的是，城市生产的多样性特别是各种手工业生产，为优化游牧民族经济结构，进而推动其自主增长注入一种活力和机制，使之能够借助城市这一经济发展的重要载体获得长足的发展。就拿元上都来说，以它当时发达的程度完全可以断定，它在那一历史阶段对地区和民族经济发展的拉动和辐射作用有多么重要。被史家称为"平地起家"的上都手工业体系，不仅有发达的制毡业、皮革业，而且有了比较完备的冶铁和铁制品制造业。据周清澍先生考证，仅在汗国时期上都手工匠管理机构和场局就多达121处[2]，至元三十年（1293年）上都工匠已达2999户[3]。实

---

[1] 义都合西格. 蒙古族通史：第一卷[M]. 呼和浩特：内蒙古人民出版社，2002：370.

[2] 周清澍. 元朝的蒙古族[M]//中国蒙古史学会. 中国蒙古史学会论文选集. 呼和浩特：内蒙古人民出版社，1980.

[3] 宋濂，等. 元史：第2册[M]. 北京：中华书局，1976：373.

际上，自上都兴建之日起，它对当地经济的拉动作用已显现出来，因为据考古发现，在该城东北山坡下有一规模较大的砖瓦窑遗址，当是为建城而建的。城市对经济的促进作用，在商业贸易领域表现得更为直接。以闻名塞内外的归化为例，当时"声名显赫的大商号大盛魁、元盛德、天义德、义和敦年贸易额分别达500万至100万两白银。另外一善堂、三合永、庆中长、天裕德、大庆昌、永德魁、元升永等商号的年贸易也达10万至25万两白银。在归化城还有12家专营运输拉脚的驼行，每年可出租骆驼7000至7500峰"[1]。

城市生活有利于推动游牧民族的文化进步。在我国古代历史上，游牧民族与定居民族相比，在文化发展进程上往往处于相对落后状态，如物质生产单一、生活资料缺乏、文字使用较晚等。之所以出现这种状态，应当说主要同他们的游牧生产生活有密切关系。而城市生活在弥补这一缺憾，推进游牧民族文化繁荣创新方面作用历来十分显著，特别是在教育和科技领域。游牧民族的城市起初无论是出于军事需要还是政治或经济需要兴建的，但在实际使用过程中几乎无一例外地成为文化繁荣的基地或中心。这既是政治、经济、文化相互协调发展

---

[1] 义都合西格. 蒙古族通史：第四卷[M]. 呼和浩特：内蒙古人民出版社，2002：324-325.

规律的体现,又是文化发展对城市特殊依赖的结果。这种情况实际上不仅表现在如辽上京、辽中京、元大都、元上都这样繁华的大都市中,而且表现在地处边陲的小镇上。如遗址在今额济纳旗境内的亦集乃路城就设有儒学和蒙古学等府学,并召有启蒙童生[1]。在游牧民族城市文化建设中,宗教占有特别重要位置,几乎每座城市都建有宗教场所,有的甚至达到"庙宇林立"的程度,佛教的寺庙、伊斯兰教的清真寺、基督教的教堂以及孔庙、先农坛、关帝庙、文昌庙等应有尽有。据专家统计,在当时元上都有孔庙、佛寺、道观、回回寺和基督教堂167座[2],"某些大寺院里住着两千以上的和尚"[3]。即使在早期的游牧民族城市中,也不乏宗教设施遗址。例如城址在今固阳县境内的怀朔镇是北魏延和二年(433年)兴建的,经试掘证实这里有佛寺遗址。[4]宗教固然有腐蚀人们精神世界的一面,但也有传播文化和知识的功能,而这种功能在促进游牧民族文化发展方面表现得

---

[1] 李逸友. 内蒙古历史名城[M]. 呼和浩特:内蒙古人民出版社,1993:134.

[2] 义都合西格. 蒙古族通史:第一卷[M]. 呼和浩特:内蒙古人民出版社,2002:370.

[3] 马可·波罗. 马可·波罗游记[M]. 陈开俊,戴树英,等,译. 福州:福建科学技术出版社,1981:77.

[4] 李逸友. 内蒙古历史名城[M]. 呼和浩特:内蒙古人民出版社,1993:63-65.

尤为突出，游牧民族的文化人直到近现代的知识分子，很多都是在寺庙或通过佛教经典开始学会文化知识的。应当说，城市文明在游牧民族经济文化发展历史上的作用是多方面的，但核心是通过促进游牧民族经济繁荣和文化进步，不断提升其综合素质和文明程度，从而保证他们有更好的基础和条件获得更多的历史发展机遇。

总之，随着游牧民族军事斗争和政治统治的需要，随着农业、手工业、商业等新型经济的兴起和发展，随着佛教等一神教的传入和繁荣，游牧民族的城市生活开始兴起并逐步走向繁荣，成为游牧民族生活的重要组成部分；而游牧民族城市生活的兴起和发展，又为游牧民族政治、经济、文化、社会的全面协调发展及其生产方式、生活方式、行为方式的变革与进步注入了新的活力，使他们有足够的历史舞台书写自己民族的历史新篇章，为人类文明的发展进步做出应有的贡献。正因为如此，我们在历史的长河中欣喜地看到，游牧民族的城市在历史上虽然多次遭受毁灭或废弃，但自匈奴族兴建第一批草原城市以来，游牧民族的城市生活就像奔腾的长江水滚滚向前，成为游牧民族生活的一道亮丽风景线。

（本文原载于《内蒙古社会科学》2015年第4期）

草原文化与草原文学

今天,很高兴也很荣幸有这么一次机会来到北京,跟我们内蒙古自治区文学艺术界的朋友们一起学习习总书记关于文艺工作的讲话,一起学习研讨我们共同感兴趣的文化艺术问题。我体会,总书记的讲话同我们今天的讲座直接相关的有两条,一个是总书记明确提出,文学艺术工作者要结合新的时代条件和特征,大力传承和弘扬中华民族文化,传承和弘扬中华美学精神;二是总书记提出了文学艺术的最高境界和如何实现文学艺术的最高境界的问题,指出艺术的最高境界就是让人动心,让人们的灵魂受到洗礼,让人们发现自然的美、心灵的美。按照这样的理解,我今天围绕《草原文化与草原文学》这个题目,主要讲三个问题:什么是文化,文化有什么样的作用,草原文化与草原文学。第一个和第二个题目讲得尽量简单一点,重点讲第三个题目。

一、什么是文化

谈文化,首先要知道什么是文化。我们每天都在讲文化,那么,什么是文化呢?从以下几个方面来分析文化的概念。

(一)文化是一种十分复杂的社会现象

"文化"这一概念所指称的对象十分复杂,令人难以把握。美国的文化人类学家罗威勒说:"在这个世界上,没有别的东西比文化更让人难以捉摸的了。我们不能分析它,因为它的成分无穷无尽;我们不能叙述它,因为它没有固定的形状。我们想用文字框定它的意义,这正像要把空气抓在手里一样:当我们去寻找'文化'时,除了不在我们手里以外,它无所不在。"

钱钟书先生也曾幽默地说,关于文化,"你不说,我倒清楚,你越说,我反而越发糊涂"。

美国文化人类学家克罗伯和克拉克洪写过一本《文化:概念和定义的批评考察》,发现共有164种文化概念。现在有人讲有260多种关于文化的各种说法。尽管说法很多,但在学术界有影响的大致有三种观点:第一种是方式论,即认为文化是一定民族的生活方式,是一种并非由遗传而得来的生活方式。这里包括了人们的兴趣、爱好、风俗、习惯，强调了文化的继承性。譬如，美国著名文化人类学家鲁斯·本尼迪克特的"文化"定义是"文化是通过某个民族的活动而表现出来的一种思维和行动方式，一种使这个民族不同于其他任何民族的方式"。

第二种是过程论，即认为文化是人调适、学习和选择的过程。这里包含了人类智力和创造能力的不断进化，强调了文化的演进性。马林诺夫斯基说，文化是"一个满足人的要求的过程，为应付该环境中面临的具体、特殊的课题，而把自己置于一个更好的位置上的工具性装置"。

第三种是复合论，即认为文化是作为社会的一个成员所获得的包括知识、信仰、艺术、音乐、风俗、法律以及其他种种能力的复合体。譬如人类学家爱德华·泰勒在其《原始文化》一书中说："'文化'是人类在自身的历史经验中创造的'包罗万象的复合体'。"

（二）文化的几种表述

1. 文化是一种生活方式

这种表述在学术界越来越多地被认可。最经典的例子是酒不是文化，但怎样制酒和怎么喝酒就成了一种文化，喝酒的各种方式含义很多，讲的就是文化，体现出文化是一种生活方式。按胡适的话说："文化是一种文明所形成的生活方式。"

2. 文化是一种符号体系

这种表述认为文化是一个认知系统。记得金克木先生专门写了一本书，主要从符号系统的角度来讲文化。文化作为一种符号体系，典型的案例体现在图腾文化上。人类学家在考察中发现，最早在北美洲的土著人和印第安人的家里、院子里、门口有不同图案的图腾柱，有动物、植物等，作为种族部落的标志。作为符号体系主要讲的是标识系统，这种定义在学术界的影响力很大，也能解释很多问题。当代社会的标识系统，从一个国家的国旗到一种商品的商标，包括我们的职务、身份等等，已涵盖社会各个领域，成为引导人们学习生活的重要方式。

3. 文化是民族的血脉，是人民的精神家园

党的十七届六中全会引用了两个形象的提法，一句叫作"文化是民族的血脉"，一句叫作"文化是人民的精神家园"。这两句话虽说是个比喻，但也有很深的内涵。前一句话说的是文化和民族的关系。过去斯大林的民族定义主要讲共同语言、共同地域、共同经济生活和共同心理素质。现在人们更倾向于用文化来定义民族，即文化是民族的存在方式，是一个民族的身份证，就像生物的DNA，具有不可替代的标识作用和传承作用。后

一句话主要是解决人们的精神世界问题，解决我从哪里来、我是谁等精神归宿的问题。说到底，就是价值体系建设问题和对生活的态度问题。

4. 先进文化是马克思主义政党的思想上的一面旗帜

这是党的十七届六中全会的又一提法。在我党的文献和马克思主义经典著作的论述中，我是第一次发现把文化和一个政党、政党的政治理念和思想路线紧密联系在一起的一种表述。这表明我党对文化的认识达到一个新的高度，即把文化提高到党的旗帜高度，关乎举什么旗、走什么路的问题。

5. 文化是人类的物质财富和精神财富的总和

这也是常用的定义，也是我们很多工具书采用的提法，是由苏联学者提出来的。

党的十七届六中全会《决定》里的表述是文化概念十分丰富，这里所讲的文化是与政治建设、经济建设、社会建设相对应的文化建设，在某些方面也涉及教育和体育。

（三）从中西方"文化"一词词源来看文化的内涵

西方"文化"一词是从拉丁文"耕种"（Culture）一词演变来的，表示了人与自然的关系，强调的是人的劳作过程及其成果。这种概念更接近于文化是物质财富和精神财富的总和这种表述，和我们考古学上的文化概念比较接近。

中国"文化"一词，有一个演变过程。古代甲骨文的"文"字，像两手交叉、身有花纹文身的人。所以有句古语讲"文者饰也"。

被誉为"六经之首"的《周易》提出："观乎天文，以察时变，观乎人文，以化成天下。"首次揭示出文化与文化人的内涵和功能。

第一次把"文"和"化"组合起来作为一个词组使用是在西汉。西汉刘向的《说苑》说："圣人之治天下也，先文德而后武力，凡武之兴，为不服也；文化不改，然后加诛。"可以说，在中国文化传统中，"文化"一词自诞生之时指向的就是人文和思想的教化。

二、关于文化的地位与作用

（一）文化是通过人们的精神世界发挥作用的

1. 文化关乎民族性格的塑造，关乎民族精神的涵养和传承

不同的民族有不同的性格，民族性格的形成是民族文化长期涵养的结果。我们说草原民族具有豪迈、豁达、坚毅的品格，这实际就是草原文化在草原民族性格上的体现。还有一种说法，说世界上最有尚武精神的民族是希腊的斯巴达人、德国的普鲁士人、中国的湖南

人（辣椒精神）；世界上最具智慧的民族是犹太人。据《圣经》记载，当所罗门王登上权力之巅时，他没有向上帝求富足、求荣耀、求长寿，而是向上帝祈求智慧。据说，犹太人在书上涂一层蜂蜜，让孩子生下来就知道书是甜的。以色列国民每年人均能读67本书（我国不到7本）。从1901年至今，全世界共有800多人获诺贝尔奖，其中犹太人占1/4。在真理问题上的表现更有意思，对德国人和芬兰人而言，真理就是真理；在日本和英国，不惹是生非就是真理；在意大利真理是可以协商的；而中国人坚持强调真理，但会马上附带一句：没有绝对真理。在其他方面也是如此。没有人比西班牙人更懂得荣誉是什么，日本人则以礼貌闻名，瑞典人、英国人、德国人对自己的诚实不容置疑。如此林林总总，都说明不同的民族有不同的文化，不同的文化塑造不同的民族性格。

2. 文化关乎不同文明体系的内在规定性和历史走向

文化和文明的关系非常复杂，我们一般认为文明是文化进步到一定程度的结果，是文化繁荣发展的标志之一。

德国哲学家亚斯贝尔斯提出了著名的"轴心时代"的理论，从历史发展的高度说明了这个问题。亚斯贝尔斯认为，在公元前5世纪左右，不同地区的文化都出现了一个非常繁荣发展的景象，每个地区都出现了自己的思想家、文化大师，比如中国的孔子、老子，印度的释迦牟尼，犹太人的先知，希腊的苏格拉底、柏拉图、亚里士多德等等。这些人撰写著作，提出自己的思想主张和观点，这些思想主张和观点规定了这些地区文明体系的内涵、性质和发展走向，以后这些地区的文明的发展大致就是按照这些思想家提出的思想理念发展下来的。不同地区的人们每到一个社会重要发展的关键时期都要回顾这一历史时期，重温这些先哲们的思想观念，然后点燃前进的火焰，激发奋斗的激情，获取成就未来的灵感和智慧。这就是亚斯贝尔斯的"轴心时代"理论。这个理论影响很大，认可度也很广，其有力的例证就是欧洲的文艺复兴。我们现在讲实现中华民族的伟大复兴，这里也有一个中华文化伟大复兴的问题，也有一个继承和弘扬中华传统文化的问题。孔子、老子之所以这样伟大，实际上就是以他们的思想和人格力量铸就了一个民族性格的特征，指定了一个民族文化的发展方向。

还有一个理论就是美国学者亨廷顿在1993年提出的"文明冲突论"。他将当今世界文明分为7个或8个体系，即中华文明、日本文明、印度文明、伊斯兰文明、西方文明、东正教文明、拉美文明，可能还有非洲文明。他认为"在这个新的世界里，最普遍的、重要的和危险的冲突不是社会阶级之间、富人和穷人之间或其他以经济来划分的集团之间的冲突，而是属于不同文化实体的人民之间的冲突"。其中，"最危险的文化冲突是沿着文明的断层线发生的那些冲突"。这个理论提出以后，引起了很多的讨论，有反对的，有赞同的。后来亨廷顿本人也撰文解释，他唤起人们对文明冲突的危险性的注意，是期望有助于促进整个世界"文明的对话"。我们这里暂且不论这一理论的对和错，只是借用这一理论说明文化在文明体系中的作用。用亨廷顿的话说，文化是"所有文明定义的共同主题"。

3. 文化关乎人的全面发展

在普法战争结束后，普鲁士著名的"铁血宰相"俾斯麦面对着他的将军们问："我们是怎么取得这次战争胜利的？"他的将军们有的说是由于宰相的英明决策，有的说是将士的英勇善战。俾斯麦说不对。他指着面前路过的一群学生说："我们取得这场战争的胜利，不是因为我们的士兵，也不是因为我们的将军，而是因为这些学生。"一个民族、一个国家要繁荣富强必须重视教育，必须重视文化。110多年前，康有为在戊戌变法时，举这个例子给光绪皇帝听，提请光绪皇帝要抓教育，振兴学堂，颐养人才，繁荣文化。

还有一个例子也很说明问题。一次，林肯总统的顾问给总统推荐内阁成员，总统予以拒绝："我不喜欢那人的面貌长相。"顾问说人不应该对他的长相负责。林肯说："每个人一旦过了40岁就应该对自己的长相负责。"

联合国在制订《21世纪行动计划》时对人类发展做了一个定义："发展最终应以文化概念来定义，文化的繁荣是发展的最高目标。"这句话同恩格斯著名的论断"文化上的每一进步，都是迈向自由的一步"完全契合，同我们共产党人的奋斗目标也是完全契合的。我们共产党人的奋斗目标是实现共产主义，而共产主义不是什么玄妙的东西，从本质上讲其目标就是实现人的自由全面发展。这里文化既是尺度，又是路径，从根本上维系人的全面发展。

4. 文化关乎经济社会的深远发展

前几年美国一位学者出版了一本叫作《影响人类历史进程的100个人物》的书。作者系统地对影响人类进程的100个人物进行了研究，其中有31位是自然科学家，29位是宗教人士和文化人士，40位是政治家。这里我们暂且不说这些自然科学家、政治家在某种意义上讲也是文化人，单说这29位文化人士，不仅在数量上占据相当比例，更重要的是这100个人中排前几名的都是文化导师，如穆罕默德、耶稣、释迦牟尼、孔子、保罗等，这从一个侧面说明文化在历史长河中，在经济社会长远发展中，都有举足轻重的地位和作用。

因为文化关乎从民族性格到经济社会和人的全面发展，所以我们党历来十分重视文化和文化的力量。毛泽东在《新民主主义论》中提出，新民主主义国家必须创造一个新的政治力量、新的经济力量、新的文化力量。按现在的说法，创造三种力量，就是造就经济、政治、文化"三位一体"的格局。邓小平同志的论断是物质文明和精神文明两手抓，两手都要硬。党的十六大以后，我们党不仅进一步明确提出中国特色社会主义经济建设、政治建设、文化建设、社会建设"四位一体"的战略布局和任务，而且提出"四个越来越"来强调文化的地位与作用，即文化越来越成为民族凝聚力和创造力的重要源泉，文化越来越成为综合国力竞争的重要因素，文化越来越成为经济社会发展的重要支撑，丰富人民群众的精神文化生活越来越成为群众的迫切需要；同时还提出"三个关系"：在新的历史起点上深化文化体制改革、推动社会主义文化繁荣发展，关系实现全面建设小康社会奋斗目标，关系建设中国特色社会主义，关系实现中华民族伟大复兴。

应当说，新时期我们党关于文化的上述"四位一体"、"四个越来越"、"三个关系"的系统阐述，把文化的地位、作用提高到前所未有的高度，使我们对文化有了一个全新的认识。

（二）文化自觉与自信：党的十七届六中全会的主要精神

党的十七届六中全会以党的中央全会的形式讨论文化问题并做出决议，这在我们党的历史上是第一次，同时全面、系统地阐明中国特色社会主义文化建设的目标、道路和任务，这也是前所未有的。我个人理解，六中全会的精神体现在各个方面，但实质是文化自觉和文化自信问题。

1. 文化自觉问题

文化自觉问题是费孝通先生于1997年在北大的一次演讲中提出的。他说："生活在一个文化区域的族群，人们对自己的文化要有自知之明，要懂得它的来历，要懂得它的发展历程，要明白它的走向。"这里有三层含义，解决三个问题：我从哪里来——就是解决文化自觉问题；我是谁——就是解决文化自主问题；我往哪里去——就是解决文化自信问题。

费孝通先生根据这个理论提出了一个重要的命题，共16个字："美人之美，各美其美，美美与共，天下大同。"他认为各个文明都有各自的优势，应该取长补短，共同繁荣；各种文明在相互学习、相互尊重的基础上是能够和谐相处的，最终会实现天下大同。这个理论也讲文明，但和亨廷顿的结论是不一样的。文化自觉理论提出来后，产生了很大的影响，在学术研究和社会实践领域发挥了重要作用。党的十七届六中全会吸收了这一学术研究成果，并着眼时代发展的趋势做出新的更高的概括，强调社会主义文化大发展大繁荣，必须坚持中国特色社会主义文化发展道路。

2. 文化自信问题

如果说党的十七届六中全会提出的坚持中国特色社会主义文化发展道路问题解决了我们文化自觉问题，那么提出建设社会主义文化强国的目标，就表明了我们的文化自信。从中国古代起，我们对我们的文化可以说一直是很有自信的，中国的文化也是一脉相承的，在世界四大文明体系中，是唯一没有发生断裂的文明，所以中国人对自己的文化不能说没有自信。但中国人确实是对自己的文化产生过极度的失望，有过对自己的文化极不自信的时候。例如，在鸦片战争以后，特别是在五四运动前后，我们开始讨论中国这样一个强盛的国家怎么变成一个软弱、无能甚至腐败的国家，到了不堪一击的地步。讨论层层深入，开始说我们没有坚船利炮，于是提出"实业救国"，后来又说我们制度不如西方，于是提出要维新变法，后来发现制度还不是总根源，总根源在我们的文化，是我们的文化发生了问题。所以五四运动前后对中国传统文化开始进行猛烈的批判，提出了"打倒孔家店"的口号，这对否定封建文化是必要的，但从传承民族文化的角度看也有过分的一面。过分到什么程度呢？包括很多文化大师、学者、思想家们提出不学汉文化、不读中国书、要改造中国汉字等等一系列说法，表明对自己的文化真的失去了信心。一直到改革开放初期，国人到国外有时不敢说自己是中国人，怕丢人，可悲到何种程度！这次六中全会提出建设社会主义文化强国，我以为从根本上解决了这个问题。有人做过总结，说中国百年有一个主义之争，从魏源的"师夷长技以制夷"到张之洞提出"中学为体，西学为用"，到胡适全盘西化，到孙中山提出"顺之者兴，逆之者亡"，争论的都是向谁学习、学什么的问题，而不是将自己的文化作为主体，坚持自主繁荣发展。这次提出建设文化强国，从根本上解决了百年主义之争，表明了我们文化自信问题。近来学术界开展的"中国路径"、"中国经验"研究，也说明了这一点。

三、草原文化与草原文学

关于草原文化，我已经多次讲过，所以这里就从草原文学谈起。草原文学的概念在20世纪50年代就已提出，包括草原艺术、草原绘画、草原画派等等，当时还引发很大争议，后来渐渐淡出人们的视野。那么，我们又是从什么时候重提草原文学的呢？2011年，自治区党委宣传部会同自治区文联召开一个文学座谈会，会上乌兰部长讲话提出草原文学概念并赋予其新的内涵。她说："草原文学是草原文化在文学领域中的反映和表现，是内蒙古文学地域性和民族性的有机统一。"乌兰部长号召内蒙古文学艺术界要创造出具有草原文化风格、草原文化特色和草原文化气派的草原文学作品，推动内蒙古文学艺术创作走向新的繁荣。讲话引起非常热烈的讨论，形成了一个很有高度的共识。像白雪林等一些有影响的作家们纷纷表示，草原文学的提出，使内蒙古的文学界终于找到了一个共同着力的创作空间，我们应该把草原文学当作内蒙古文学的一面旗帜，要在这面旗帜之下，凝聚力量，形成共识，共同搞好我们的草原文学，使草原文学在中国文学中能够成为站得住、有影响的文学现象。这次座谈会为什么会有这么大的反响？这是因为我们用草原文学地域性和民族性的统一解决了很多不必要的争端。过去提出的草原文学概念，之所以引发那么多的争论，其实质就是没有处理好草原文学地域性与民族性之间的关系，不是把二者简单割裂开来，就是将二者对立起来。我们把地域性的概念引入草原文学并与民族性有机结合起来，不仅极大地丰富了草原文学的内涵，而且使之与内蒙古文学创作实际完全融为一体，实现了真正的无缝覆盖。这就不难理解这次座谈会为什么会有这么大的反响。

那么，草原文学怎么创作，怎么和草原文化结合起来？总的看，草原文化是草原文学的母体，就像文学来源于生活、高于生活一样，我们的草原文学一定来源于草原文化，是草原文化的一种形象表达。前几天，我看到《参考消息》一个报道，说埃博拉疫情之所以能够快速传播，部分原因在于几内亚和塞拉利昂的葬礼仪式包括清洗死者的程序，而且难以劝阻群众不去触摸受感染的尸体。红十字会与红新月会国际联合会在每年发布一次的全球灾害报告中说，不论各组织是对阻止与自然灾难有关的灾难感兴趣，还是对许多其他类型的风险感兴趣，他们只有在承认、理解并开始应对文化的作用时，才有可能把工作做好。这份报告举了一些例子，表明传统信仰影响了人们对待风险的态度，例如印度比哈尔邦居民将当地戈西河在2008年发生的洪灾归咎于女神发怒。2004年，印度洋海啸发生后，印尼亚齐地区的许多生还者认为，这场灾难是神明对于政府允许发展旅游业和进行石油勘探的报复。这份报告说，通过文化的演化，人们使自身能够与风险共存。他们要么是自我感觉安全，要么是将灾难的起源归咎于一个不同的领域，这么说是因为宗教信仰，这么做之所以被人接受，是因为这不需要其他解释。这些材料说明，即使是抗灾救灾也会受到文化的影响，何况作为文化组成部分的文学创作，其受文化影响的程度更是可想而知的。因此把文化当作文学的母体，是一个不证自明的逻辑起点。

　　为进一步说明这一问题，我再介绍一个文学人类学的理论。中国社会科学院有位叶舒宪先生，他提出了一个"编码理论"，借用大传统和小传统的概念，把文字以前和文字以外的大传统编为一级编码，把小传统中的甲骨文列为二级编码，把甲骨文之后的经典写作列为三级编码，经典写作之后的写作统统归入N级编码。他认为从司马迁到曹雪芹到莫言的写作都属于N级编码。他提出这个理论，一方面试图解决中国文化和中国文学的发展脉络和路径问题。经考证，他认为中国文化和中国文学有两条发展脉络：一个是红山文化到河西走廊，一个是狄羌到藏夷走廊（"大禹出西羌"可能就是一个大传统时代的历史叙述）。另一方面，试图探源作品的文化原型。他分析莫言的《丰乳肥臀》为什么起这样一种书名。叶舒宪先生说这不是简单的命名问题，这里面有很大的文化内涵。在甲骨文当中，母亲的"母"字就是由女性的双乳发展而来的，简化的"母"字当中的两个点，还保留这一甲骨文的痕迹，强调的重点都是用于哺育生命的乳房。作品中的所谓"丰乳肥臀"正是对这种孕育生命能力的隐喻。叶舒宪经上述讨论得出结论说："谁最善于调动程序中的前三级编码，尤其是程序中低端的深层编码，谁就较容易获取深厚的文化蕴涵，给作品带来巨大的意义张力空间。"

下面，我们就借用叶舒宪的理论具体讨论草原文化对草原文学创作的影响，看看究竟影响在哪些方面。

第一是草原文化给草原文学创作提供一些重要的文化原型。这里试举几个例子。一是熊图腾。过去我们认为，熊只是我们鄂伦春、鄂温克的图腾，现在可以进一步说，熊图腾是中华文化的主脉之一，从黄帝开始，历史上有很多帝王都使用了与熊有关的名号，黄帝号有熊，伏羲号黄熊，楚国的25位君王全部用熊来命名的。而熊文化的发源地在我们北方，兴隆洼文化的石熊、红山文化的玉熊、小河沿文化的蚌雕熊等等，都是重要例证。二是龙图腾。闻一多先生讲，龙图腾是一个复合型的文化，其中包含中华民族很多部落氏族的文化，而龙的原型、龙文化的发祥地也在我们北方，红山玉龙一直被认为是"中华第一龙"，最早建立草原帝国的匈奴，也把自己的宫廷叫作龙庭，我们很多草原民族的帝王也认为自己是龙的后裔。当然，关于熊图腾与龙图腾二者孰是孰非的问题，学术界至今并没有取得一致意见。三是玉文化。我们知道，玉文化博大精深，帝王的统治思想、社会阶层思想、审美等等，在里面都有反映，而红山文化区域也是玉文化的源头之一。

第二是草原文化核心理念。"崇尚自然、践行开放、恪守信义"的草原文化核心理念提出来以后，得到各方面比较广泛的认可。理念是一种抽象的东西，往往说也说不清楚，只能去体会，所谓"道可道，非常道"讲的就是这个意思。而文学是具象的东西，靠情节、靠形象，如何把抽象的理念纳入具象的文学表达，不但依凭感觉和悟性，而且要有深厚的功力。好在我们的作家们在这方面已有很多积累，也有不少成功的实践。只要大家有心践行，勇于探索，一定会有更多体现草原文化核心理念的文学作品问世。

第三是草原文化符号的问题。刚才我讲了文化原型、理念、符号等，按照一级编码理论分析，这些东西给我们草原文学能够提供什么呢？在一级编码这个层次上，草原文化包含的东西特别丰富，而且好多都没有被人意识到，更没有被人挖掘和开发。这正好为我们文学创作提供了一个非常丰富的文化源头。当然这种东西，需要有人去研究和表达。叶舒宪分析，莫言作品的魔幻主义来自早期的东方文化，例如他用青蛙的"蛙"来命名他的计划生育作品，把握住了蛙在中国传统文化中象征繁殖的文化意象。我们二、三级编码的东西相对薄弱，因为我们缺乏经典，经典的东西比较少。我们N级编码的东西还是不少，我们在座的和不在座的写了很多有关草原文学的经典作品。给我非常深刻印象的是张承志的《黑骏马》和迟子建的《草原》。这两部作品对草原文化的准确和深度把握令人叹服，这又一次证明距离产生美的文学艺术创作规律，因为他们都是与我们的民族文化有点距离的人，而这种距离恰恰很容易使他们发现我们民族文化的独特魅力。

最后一个问题是文学境界。文学的最高境界是什么，怎样才能达到文学的最高境界，这是两个见仁见智的问题。我个人觉得文学的境界首先来源于生活的境界。文学界不是有一句话吗，叫作文学就是人学。文学既然是人学，那么文学就需要通过表达人生的境界来体现。那么人生的境界是什么呢？我们看看大家们是怎么说的。冯友兰把人生境界分为4种，即自然境界、功利境界、道德境界、天地境界。张世英也提出四种境界，具体表述是欲求境界、求知境界、道德境界和审美境界。而王国维的境界说最有文学色彩，他用3个诗句做比喻：第一个境界是"昨夜西风凋碧树，独上高楼，望尽天涯路";第二个境界是"衣带渐宽终不悔,为伊消得人憔悴";第三个境界是"众里寻它千百度,蓦然回首,那人却在灯火阑珊处"。宋代禅宗讲的悟道,也是境界问题,有3个层次,一个叫"落叶满空山,何处寻行径";第二个境界叫"空山无人,水流花开";第三个境界是"万古长空,一朝风月"。第一个没有达到悟道,第二是好像悟道实际上没有悟道,第三才是悟道,达到物我两忘的境界。这跟叔本华讲的美的道理是一样的,叔本华将美看作是刹那间的事情,悟道也是刹那间的事情。这当中最有意思的是王国维的境界说,这是他根据个人成长经历总结出来的。例如,他的第一境界是"独上高楼,望尽天涯路",好像什么都看明白了。有研究指出,王国维30岁时就达到了这个人生境界。他30岁时读康德,读了4遍,认为百事可通了。康德是现代西方文化的源头,懂得康德就懂得了西方文化。读懂康德又谈何容易,据说德国有人读康德读了30年才读懂。王国维词写得也非常好,自认为南宋之后"除一二人外,尚未能及余者"。后来随着阅历和学识的增长,他才意识到学问和人生的境界才刚刚开始,"望尽天涯路"只是"为伊消得人憔悴"提供了更多可能的选择。实际上,"境界"一词来源于佛教,虽然有高低之分,但都很难把握,特别是其最高境界是很难企及的。所以有人认为只有通过三条途径才能达到最高境界：第一条是哲学。通过理性，通过概念的判断、演绎、推理把握世界的本质，达到终极目的。哲学家们提出很多东西，例如柏拉图的"理念"、老子的"道"、宋明理学的"理"、陆九渊的"心"、萨特的"存在"等，都是试图达到最高境界的途径。第二条是宗教。通过信仰达到最高境界。有人说佛学就是通向智慧的宗教，慧能把它解释为"悟即佛，迷则众"。佛学讲三学：学戒以止恶修善，学定以息悬澄心，学慧以破惑证道，循序渐进，以成正果。第三个途径是文学。文学艺术通过审美达到彼岸，达到最高境界，当然这难度很大。王国维先生人到中年，为什么以那样的形式结束生命和学术生涯，当然原因有很多，帝制的结束，传统文化的衰弱，都可能造成这样的后果。从美学的角度看，他遇到一个美学劫，他跳不出去这个劫。我刚才说叔本华说的美是一个刹那间的东西，很难把握，即使把握了也是稍纵即逝，不能解决你彻底解脱的问题。王国维自己可能就没有解决这个问题。他自己就说过这样的话："可爱者不可信，可信者不可爱。"而他却偏偏爱这些形而上的东西，比如哲学、美学等，都是些说不清道不明的东西。他提出美的形式问题，认为最高的美就是形式美，并孜孜以求那种"境界全出"的创生，主张艺术作品"有境界，本也；

气质、神韵，末也；有境界而二者随之矣"。别的作家也提出了类似的问题，例如陈忠实。他说写作有两个阶段，一个是生活体验阶段，一个是生命体验阶段。刘再复也说，真理有两种，一种真理叫实在性真理，一种真理叫启迪性真理，一般自然科学、实验科学给大家提供的是实在性真理，是杯子就是杯子；还有一些真理是启迪性真理，哲学、艺术、宗教属于启迪性真理。海明威则提示人们学会"寻找属于自己的句子"，我理解，它既是一种风格，又是写作的一种范式，讲的也是很高层次的东西，不是我们讲的文学语言表达的问题。因为文学与哲学、宗教在最高境界上殊途同归，所以很多文学大家最后都和思想家一样，爱讲哲学、爱讲宗教、爱讲境界。当然达到这种境界确实不易，但只要我们有心并肯于付出，境界的女神一定会向我们招手。

最后我想说，这几年文学艺术界成果很多，受批评也很多，说我们的文学缺失思想，缺失人性关怀，缺失深度，说我们没有经典。还有，有的评论家借用汉学家顾彬的观点，全面否定我们现当代的文学及其成果。针对这种现状，2006年，王蒙写过一篇文章，叫《呼唤经典》，强调对经典必须抱有敬畏、呵护的态度。我认为，我们草原文学也进入了一个呼唤经典，也能够创造经典的时代。因此，我衷心祝愿我们今天有更多作品能够成为未来的经典。

（本文系作者于2014年10月21日在全区文艺工作者培训班上的讲演）

草原文化对生态文明建设的启示

如果说在当今世界有什么问题是人类社会包括不同国度、不同地区的人们普遍关注的问题，那么恐怕没有比生态问题更加突出的。人们无论是从身边生活的感受——从饮食起居到呼吸的空气、沐浴的阳光，还是基于深入观察的理性思维——从对西方工业文明的反思到人类文明未来走向，都日益深切地认识到生态问题已成为关乎人类生存与发展的重大时代课题。因此，凡自认为对人类发展负有责任的政治、经济、科学、文化等各界精英人士，纷纷提出各种观点和主张，形成各种社会思潮和运动，为重视并解决我们共同面临的生态问题提出许多有价值的理论指向与路径选择，使人们在一波又一波的生态危机面前看到解决问题的希望与前景。归纳起来，这些意见和主张主要有三大类：

一是对我们面临的生态问题提出警告，引导人们高度重视生态问题。1962年，美国生物学家雷切尔·卡逊发表《寂静的春天》，用触目惊心的案例深刻地阐述了由于过量使用农药引发的生态问题，敲响了环境危机的警钟。1972年，罗马俱乐部发表《增长的极限》研究报告，告诫人们必须变革工业社会的思维方法和增长模式，否则经济社会的发展就会停止或衰退。同年6月，联合国发表《人类环境宣言》，郑重声明"人类只有一个地球"，以国际社会的名义把对环境危机的警示提高到新的高度。

二是分析引发生态危机的原因，反思现代文明的负面影响。例如，生态学马克思主义理论创始人威廉·莱斯在《自然的控制》（1972年）一书中明确指出，统治自然的观念是生态危机的最深层的根源。莱斯认为，统治自然的观念起了一种意识形态的作用，这种意识形态所设定的目标是把全部自然当作满足人的永不知足的欲望的材料来占有，最终导致资源枯竭、环境恶化、人的自我毁灭。本·阿格尔在《论幸福和被毁灭的生活》（1975年）、《西方马克思主义：导论》（1979年）两部著作中，进一步发展了莱斯的观点，明确提出生态危机是当代资本主义的主要危机。阿格尔认为，资本主义造成的严重后果是消费性的过度生产，以提供过度的消费来补偿人们在异化劳动中所花费的时间。过度生产和过度消费，不仅加剧了人的异化现象，而且污染了环境，破坏了自然的生态系统，造成了生态危机。

三是提出解决生态危机的思路与对策。应当说，迄今为止人们为解决生态危机提出了各种思路、对策，但最重要的就是坚持以人为本与可持续发展。1990年，联合国开发计划署发布它的第一个人文发展报告，提出"发展的基本目标，就是创建一种能够使人长期地享受健康和有创造性的生活"。1993年，该署的人文发展报告又进一步阐明了发展的含义，指出发展是"人的发展，为了人的发展，由人去从事的发展"。联合国在积极确认和倡导人文发展路向的同时，于1980年制定的《世界自然保护大纲》和1987年发布的《我们共同的未来》的报告中，又相继提出可持续发展的定义与原则，明确指出可持续发展是"在不损害后代人满足他们自己需要的能力的条件下，满足当代人的需要的发展"。1992年，在巴西的里约热内卢召开的联合国环境与发展大会，继续贯彻可持续发展的主题，讨论通过了《里约环境与发展宣言》、《21世纪议程》两个纲领性文件，深入阐述了可持续发展的一般思想、理论和要求，标志着可持续发展的全球战略的形成。

从上述简要的回顾和总结中可以看出，从20世纪60

年代以来，人们对生态危机及其产生的原因已有深刻的认识与分析，对解决面临的生态危机，建设人与自然和谐相处的生态文明建设已有清晰的理念与行动纲领，并在很多领域切实收到明显的成效。这也是我们在重重的生态危机面前看到生态文明未来曙光的可信赖的理由。但我们也应当看到，由于各个国家和地区文化观念、价值选择、利益诉求千差万别，加之所处的环境、发展阶段各不相同，环境受到污染、生态遭到破坏的趋势不但没有得到有效遏止，而且还在进一步加大。因此，关乎我们经济社会可持续发展的生态文明建设的任务依然任重道远，需要集人类共同的经验、智慧和理性选择去积极推进。这里，我们想提出讨论的是，在人类各种经验、智慧和理性选择过程中，我们发现一种饱含生态智慧的文化——我们称之为草原文化，可以为当今生态文明建设提供一种可借鉴的视角或范式。

草原文化是一种与草原生态环境相适应的文化，游牧文化是其核心内容。在工业文明兴起之前的很长历史时期内，草原文化同农耕文化并列为人类社会两大重要文化形态，在人类社会发展历史上占有重要的地位。特别是在人与自然关系问题上，草原文化崇尚自然，坚持"天人合一"，走出一条人与自然和谐相处道路，不仅为保护弥足珍贵的草原生态环境做出重要贡献，而且为解决当今社会面临的环境问题，推进生态文明建设提供重要的启迪和范例。因此，我们有理由认为，弘扬草原文化应当成为生态文明建设的重要思想来源与价值取向。

弘扬草原文化，有利于树立并践行尊重自然、爱护自然的生态文明理念。生态文明作为对传统工业文明反思的产物，摈弃了人对自然统治的观念，把自然纳入人自身发展的体系，倡导尊重自然、爱护自然，承担起对自然的道德责任。草原文化同生态文明相比，虽然产生的基础不同，但在生态文明理念上有异曲同工之妙。草原文化是以游牧生产方式为基础的文化形态，而游牧生产是最具生态特征的生产方式。以这种生产方式为生计的人们，不但将人当作自然的一部分，而且将自然当作敬奉的对象，以一种敬畏和爱慕的心情崇尚自然、护卫自然。这一点，在草原民族的哲学思想、宗教信仰、社会习俗、法律制度、少儿教育领域（儿歌中有大量保护生态的内容）中都有广泛的体现。例如，草原民族信奉的萨满教，就是以"万物有灵"、崇尚自然为主要特征的自然宗教。在这种宗教看来，凡是天地间形成的自然物，哪怕是一草一木，都有神灵，或是神灵的化身，人们都应当顶礼膜拜。如果随意破坏，将是对神灵的不敬。如果揭去其神秘的面纱，在这种宗教思想体系中，蕴含着许多宝贵的生态伦理观和思想萌芽。而这种宗教生态观，实际上就是草原民族崇尚自然的文化传统在宗教领域中的反映；反过来，这种宗教生态观，也是催生草原生态文化不可或缺的因素。由此不难看出，抱着敬畏的心情，崇尚自然，爱护自然，是草原生态文化区别于其他文化的重要标志之一，也是其富有生命力的优势所在。当然，我们如此界定，不是说具有宗教色彩的自然观比唯物主义自然观更进步，而是说这种自然观在保护生态方面，客观上更有某种内在的"强制"优势。

  总括起来看，草原文化尊重自然、保护环境的生态理念主要是植根于这样三个方面的社会生活体系：一是教育体系。在草原民族幼儿教育、家庭教育和社会教育中，生态文化教育的内容十分丰富，占有重要地位，可同孝文化、友爱文化并列为草原民族的三大传统文化教育主题。这在草原儿歌、谚语、故事、传说中都有体现。二是生产生活体系。草原文化是一种生态文化，与草原生态相适应是贯穿于草原文化的主线之一。融入草原，适应草原环境，按四季轮牧，协调平衡人草畜关系——生态理念首先不是作为外在的东西投射到草原民族生活之中，而是作为生活的一部分流淌在草原民族的血液之中。三是制度保障体系。草原民族利用各种禁忌、习俗和法规严禁可能破坏草原生态的行为，把保护环境的理念牢牢地建立在各种软硬约束力之上。我们的研究表明，在我国古代历史上，没有哪个民族像草原民族那样有完备的法律体系保护草原环境、保障草原生态安全，难怪人们说："保护草原是草原民族的天性。"

弘扬草原文化，有利于坚持可持续发展的原则与价值选择。生态文明建设，核心是如何处理增长与环境的关系，达到人与自然和谐相处、可持续发展的境地。从人们迄今确立的可持续发展的理念与行动纲领看，不能不认为人们对这一问题已有十分深切的认识，但为什么在实际生活中不能很好地加以贯彻呢？除了受发展条件与能力限制外，就是利益诉求与价值选择不同。面对地球这同一家园，人们首先想到的不是去共同守卫它，而是抢先别人去开发、利用，甚至去掠夺。"从历史的角度看全球资源消耗和污染物的排放，不论在总量还是人均的指标上，发达国家都远远超过发展中国家，发达国家人口只占世界人口总数的20%左右，长期以来消耗着世界70%以上的资源和能源。"[1]工业文明时代西方发达国家为我们树立的就是这种样态。如果不改变这种思维方式与价值选择，生态文明建设就不会有出路。针对这种困境，我们只要认真回望草原文化，就会使我们眼

---

[1] 郑必坚. 当代世界经济[M]. 北京：中共中央党校出版社，2006：287.

前豁然明亮起来。草原民族"逐水草而居"的游牧生活方式，使草原民族形成简约的理念和风尚，不事奢侈，不事浪费，一物多用，物尽其用，循循善用，恰如蒙古族的《袍子赞》所咏："袖子是枕头，里襟是褥子，前襟是簸箕，后襟是斗篷，怀里是口袋，马蹄袖是手套……"[1] 草原民族这种独特的理念与行为准则，不仅使草原民族能够在观念领域爱慕自然、敬畏自然、崇尚自然，而且在实践领域，从生活方式到生产方式都同自然生态息息相关、融为一体，将人与自然和谐相处当作一种重要行为准则和价值尺度，一以贯之，使之能够在知、行统一上得到升华。当然，草原文化崇尚简约，并不是不追求发展，更不像有学者认为的那样陷入停止的状态，而是在追求人的自身发展的过程中就像注重人的自身发展一样，注重环境的承受能力与资源的可持续利用，走出一条保护环境、推进发展、"天人合一"的路子。草原文化充满生机、活力与美感，草原民族富于激情、情趣与感染力，不仅能够将自然界作为物质资源加以占用，还能够与之保持一种精神上的沟通，保持一种诗意与审美关系。用生态文明的眼光看，就是他们善待自然，与自然融为一体的结果。

---

[1] 陈寿朋. 草原文化的生态魂[M]. 北京：人民出版社，2007：93.

弘扬草原文化，有利于增强生态文明建设的信心。生态文明建设的实质是坚持节约资源、保护环境，走可持续发展之路。但随着人口不断增加，人们生活水平的日益提高，资源短缺、环境恶化的问题日趋突出，人们开始担心地球这一我们赖以生存的唯一家园还能否继续维持和保障我们的生存与发展；对于我们今天的快速发展，特别是对于我们竞相赶超的态势，我们的家园是否日趋狭小；"地球村"概念的提出是否从某一方面更加重了人们的担心。总之，近几十年来，不管我们是否喜欢，一股以"增长的极限"为代表的悲观主义情绪一直徘徊在我们身影的左右，笼罩在我们心灵的上空，挥之不去，去而又来。面对这种阴影，我们一方面要坚持科学发展，切实转变思维方式与增长模式，做到既节约资源、保护环境，又能促进发展；一方面要增强信心，相信我们有智慧、有能力解决我们目前遇到的人与自然关系紧张的问题，重新回到人与自然和谐发展的轨道。草原文化的发展历史就是一个有力的证明。我们知道，草原民族有几千年的历史，草原民族创造了博大精神的草原文化。草原文化的核心是人与自然和谐相处，一部草原文化史从某种意义上说就是一部人与自然和谐发展的历史。草原文化向人们印证，人与自然是能够和谐相处的，人与自然相处是能够保障人的发展的，人的发展能够对自然资源以最小的索取和反复利用实现的，更为重要的是，人在同自然和谐相处中，得到物质与精神的双重满足，实现物质生活家园与精神生活家园的统一。如果说"社会是人同自然界的完成了的本质的统一，是自然界的真正的复活"[1]，那么，人与自然的和谐是人与人自身本质的回归。古老的草原文化再次昭示人们到哪里去寻觅自己的精神家园，到哪里去寻找自己的归宿。

当然，我们回到草原文化汲取启示和信心，不是说"退回到被动适应自然的道路上去"[2]，而是依靠人的新的发展力量，主要是现代科技和工业文明成果，去追求人与自然新的和谐。这种新的和谐，一要主动，二要友好，三要共赢。这样，人与自然和谐相处的生态文明，既不是遥远的历史记忆，又不是缥缈的梦想，而是在我们这一代人脚下正在向前延展的路。

（本文原载于《光明日报》2008年3月22日第7版）

---

[1] 中共中央马克思恩格斯列宁斯大林著作编译局. 马克思恩格斯全集：第四十二卷[M]. 北京：人民出版社，1979：122.

[2] 路甬祥. 关于统筹人与自然的和谐发展[J]. 中共中央党校报告选，2006（Z1）：112.

略论草原文化研究的几个问题

把草原文化作为统一对象,从整体上进行综合研究,应当说还处在起步阶段。因此,草原文化研究所涉及的很多问题,还未得到学界较一致的认可,有的甚至还未引起注意。鉴于这种情况,本文试就草原文化研究的一些基本问题做一初步的探讨。

一、关于草原文化的地位与作用问题

草原文化的定位,是草原文化研究必须予以回答的首要问题。因为,只有正确揭示草原文化在中华文化发展史上的地位与作用,才能深刻认识和把握开展草原文化研究的重大历史意义和现实意义。

草原文化是中华文化的主源之一。关于中华文化起源问题,学术界已有很长一段时间的研究,并经历了一个不断完善、不断深化的过程。起初,学术界大多坚持一元说,即认为中华文化起源于黄河流域,然后渐次向四周,特别是向南北扩散的。这就是影响深远的黄河文化说。在这一学说看来,黄河文化是中华文化的唯一源头,其他文化无非是黄河文化的延伸或支系。但随着研究的深入,特别是随着大量新的考古发现,人们逐步认识到黄河文化并不是中华文化的唯一源头,在广袤的中华大地,还有一些地方同黄河流域一样,也是古老中华文化的发祥地。由此,中华文化多元一体说开始兴起并逐步成为学界的重要共识。在这种多元一体说中,黄河文化、长江文化是最被看重的中华文化两大源头,而其他文化很难与这两大文化相提并论。换句话说,继黄河文化之后,长江文化在中华文化发展史上的源头及地位开始得以确认。这就是目前中华文化起源问题研究领域的大致状况。而今,我们研究草原文化,要提出和确立的一个基本观点就是除我们已知的黄河文化、长江文化之外,中华文化还有一个重要源头,即草原文化。事实上,丰富的考古资料和已有的研究正逐步表明,在草原文化发祥地的我国北方,不但分布有丰富的早期人类活动的印迹,如大窑文化、萨拉乌苏文化、扎赉诺尔文化等,而且拥有很多可以认证中华文明起源的文化遗存,如兴隆洼文化、赵宝沟文化、红山文化等。这些文化遗存，以其丰富的内涵一再向人们传递着这样一个信息，即中国北方草原是"中华文明曙光升起的地方"。第一个敏锐捕捉到这一信息并做出系统解读的是著名考古学家苏秉琦先生。苏秉琦先生当时虽然没有使用"草原文化"这一概念，但他对西辽河流域文化的阐述，同我们今天所指的草原文化是完全一致的。苏秉琦先生指出，在史前时代，北方地区氏族社会的发展，在当时居于领先地位。距今8000年的赤峰兴隆洼文化，已到了由氏族向国家进化的转折点，其文明起步超过了10000年。在距今7000年的赵宝沟文化遗址，发现刻有猪龙、凤鸟和鹿的龙纹陶尊，说明社会分化已达到一定程度。而在中原地区所发现的这类最早的"艺术神器"，是距今6000年的河南濮阳西水坡的龙骨堆塑，要比前述文化约晚1000年。距今5000年的红山文化，则标志着这里已率先由氏族社会跨入古国阶段，以祭坛、女神庙、积石冢为标志，产生了我国最早的原始国家。约1000年后，在距今4000年前，我国中原、关中、山东、西南、江南等地区也逐步相继进入古国时代，中华大地上出现了万国林立、"满天星斗"式的局面。苏秉琦先生还不无感慨地说："中国同巴比伦、埃及和印度一样，是具有5000年历史的文明古国，但是在辽西考古新发现之前，按照历史编年，中国实际上只有商周以后4000年文明史的考古证明，……中华文明史比人家少了1000年。"[1]而"这一发现把中华文明史提前了1000年"[2]。在苏秉琦先生之后，随着研究的深入，人们还相继确认，孕育"红山文化"的北方地区，还是中华"玉文化"、"龙文化"、"礼仪文化"的发祥地之一。通过兴隆洼遗址浮选，有人还提出黍、粟的起源不在中原地区，而很可能在中国的北方，即现在的内蒙古地区。[3]

草原文化是中华文化的重要组成部分。草原文化在中华文化中的地位，不仅表现在它是中华文化的主源之一，还表现在它是中华文化的重要组成部分。关于这个问题可以从两方面加以说明。从地域文化的角度讲，中华文化大致上是由三大地域文化组成的，即黄河流域文化、长江流域文化和草原地区文化。其中，草原地区文化区域分布之广，是其他两大区域文化不可比拟的。关于草原文化的区域分布问题，目前学术界还没有统一的界定。泛指的草原文化是世界范围内的概念，大致分布在北纬40°~50°的广大地区。而本文探讨的草原文化，

---

[1] 苏秉琦. 中华文明的新曙光[M]//苏秉琦. 华人·龙的传人·中国人——考古寻根记. 沈阳：辽宁大学出版社，1994：80.

[2] 苏秉琦. 中华文明的新曙光[M]//苏秉琦. 华人·龙的传人·中国人——考古寻根记. 沈阳：辽宁大学出版社，1994：81.

[3] 赵志军. 探寻中国北方旱作农业起源的新线索[N]. 中国文物报，2004-11-12（7）.

是一种特指的草原文化,是作为中华文化重要组成部分的草原文化。这种特指的草原文化,主要分布在中国的北方地区,历史上包括整个蒙古高原。对这种草原文化的分布,也有几种说法:一种意见认为,草原文化主要分布在东起大兴安岭,西至阿尔泰山的整个蒙古高原地区;一种意见认为,从东北沿蒙古草原到西北的宁夏、甘肃北部、新疆以至藏北高原,即长城以北的广大区域,通称为北方草原地区[1];还有以400毫米等降水线来划分的,认为该降水线以北的地区,即为中国北方草原地区。总之,从区域构成来看,草原文化分布的区域毫无疑问是中华文化分布最广的区域。从文化类型上讲,中华文化由三大类型文化组成,即北部的游牧文化、中部的农耕文化、南部的游耕文化;或者说北部的游牧文化、中部的粟作文化、南部的稻作文化。其中,北部的游牧文化独具特色,也是草原文化的主导文化。而中部、南部的两大类型文化,说到底还是农耕文化。因此,草原文化在中华文化组成中的地位是显而易见的。如果中华文化之中只有黄河文化、长江文化,或者只有农耕文化和游耕文化,而没有草原文化和游牧文化,那将是很不完整的,也不符合中华文化建构历史。

---

[1] 格勒. 中华大地上的三大考古文化系统和民族系统[J]. 中山大学学报:哲学社会科学版. 1987(4):66.

草原文化是中华文化发展的重要动力源泉。中华文化源远流长、长盛不衰，自建立编年史以来，其历史的延续就从未中断过，这在各文明古国中是绝无仅有的。造就这种独特而伟大的文化发展现象的重要原因之一，就在于它"多元一体"的内在建构。因为只有"多元"而没有"一体"，就会出现四分五裂、一盘散沙状况，而只有"一体"而无"多元"，就会缺失生机与活力。辩证法则和历史逻辑就这样统一于中华文化生命机体之中，使之永葆青春和活力。而在这"多元一体"内在建构中，草原文化以游牧民族特有的豪迈刚健的气质和品格，不断为中华文化的发展兴旺增添生机与活力，一次又一次地实现新的变革与发展。因此，从这个意义上可以说，一部中华文化发展史，差不多就是北方草原游牧文明与中原农耕文明交互作用、融会贯通、共同繁荣的历史。对此，草原文化研究学者乌恩曾有一段精彩的论述。他直言不讳地指出，草原文化和黄河文化的碰撞与交融，主导了中国古代历史发展的进程。从秦朝统一到鸦片战争的2000余年间，中国古代历史的每一个重要发展时期，都伴随着草原民族的身影。草原民族在中原地区建立的割据王朝和统一王朝有20余个，统一时间累计逾1000年。[1]北京大学教授田余庆先生也明确指出："从宏观来看，东晋南朝和十六国北朝全部历史运动的总体，其主流毕竟在北不在南。"他还说，"直到20世纪初年为止的中国皇朝历史上，……重新统一的任务总是由北方当局完成。"[2]在两位先生论断基础上，我还想补充说明的是，在中国古代历史上，真正结束王朝割据时代的是北方草原民族，即蒙古民族建立统一的元王朝之后，中国历史上再也没有出现大的王朝林立时代。这也是北方草原民族对中国多民族统一的历史进程做出的最杰出的贡献之一。

草原文化的地位与作用问题，除上述各点之外，还体现在草原文化对现代文明的建构作用之中。一方面，它可以为现代文明提供重要的基础资源，奠定现代文明厚重的根基；另一方面，它可以为现代文明提供多彩多姿的民族形式，推动现代文明的多样化发展[3]。

---

[1] 弘扬草原文化 构建和谐社会——"草原文化研究高层论坛"发言摘要[N]. 光明日报，2005-08-09（10）.

[2] 弘扬草原文化 构建和谐社会——"草原文化研究高层论坛"发言摘要[N]. 光明日报，2005-08-09（10）.

[3] 陈光林. 论草原文化的现代文明意义[N]. 光明日报，2005-06-28.

二、关于草原文化的内涵与特质问题

草原文化的内涵和特质问题,是目前学界普遍关注和积极讨论的热门话题,也是在草原文化研究领域短期内很难形成共识的焦点。比如,有论者说草原文化是生命文化、生态文化,也有论者说草原文化是英雄文化、和谐文化,等等;而对其特质的概括,更是多种多样,比如开放性、包容性、进取性、务实性、征服性、开拓性等。这种种不同的认识和提法,都有其各自的道理。因为对一复杂的事物,人们越是从不同视角去观察和认知,就越会得出不同的结论。问题是草原文化作为统一的认知对象,即使是再复杂,即使是在不同方面表现出更多的不同,也应当具有基本的、稳定的、同一的内在属性和特质。目前的研究任务,就是在分析、归纳基础上,尽可能客观准确地揭示出这种内涵和特质。

我个人认为,草原文化的基本特质是否可以概括为如下三个方面。

一是崇尚自然。草原文化是以游牧生产方式为基础的文化形态,而游牧生产是最具生态特征的生产方式。以这种生产方式为生计的人们,不仅将人当作自然的一部分,而且将自然当作敬奉的对象,以一种敬畏和爱慕的心情崇尚自然、护卫自然。这一点同具有"天人合一"理念的中原文化既有联系又有区别。一向注重和谐的中原文化，在其创立"天人合一"理念过程中，造就了中华民族"最完美的生态智慧"[1]。但由于中原文化是建立在农耕生产方式基础上的文化形态，因而在实践过程中很难将这种"生态智慧"完全付诸行动中去。这在其哲学思想上就有明显的反映。在早期的"天人合一"思想中，"天"也是被当作敬奉对象的，例如西周时期，天是有意志的人格神，是自然和社会的最高主宰，天人关系实际上就是神人关系；而在后期"天人合一"思想中，例如在首次提出"天人合一"命题的张载那里，"天"已成自然界的代称了，失去了被人们敬奉的意义。[2]而草原文化由于敬奉自然，将人与自然和谐相处当作一种重要行为准则和价值尺度，一以贯之，使之能够在知、行统一上得到升华，成为草原民族最宝贵的文化结晶。这一点，在草原民族的哲学思想、宗教信仰、社会习俗、法律制度、少儿教育领域（儿歌中有大量保护生态的内容）中都有广泛的体现。例如，草原民族信奉的萨满教，就是以"万物有灵"、崇尚自然为主

---

[1] 邵汉明. 中国文化研究二十年[M]. 北京：人民出版社，2003：6.

[2] 张岱年，方克立. 中国文化概论[M]. 第2版. 北京：北京师范大学出版社，2004：287-288.

要特征的自然宗教。在这种宗教看来，凡是天地间形成的自然物，哪怕是一草一木，都有神灵，或是神灵的化身，人们都应当顶礼膜拜。如果随意破坏，将是对神灵的不敬。如果揭去其神秘的面纱，在这种宗教思想体系中，蕴含着许多宝贵的生态伦理观和思想萌芽。而这种宗教生态观，实际上就是草原民族崇尚自然的文化传统在宗教领域中的反映；反过来，这种宗教生态观，也是催生草原生态文化不可或缺的因素。由此不难看出，报着敬畏的心情，崇尚自然，爱护自然，是草原生态文化区别于其他生态文化的重要标志之一，也是其富有生命力的优势所在。当然，我们如此界定，不是说具有宗教色彩的自然观比唯物主义自然观更进步，而是说这种自然观在保护生态方面，客观上更有内在的"强制"优势。

二是践行自由。向往自由，是人类的天性，也是人类社会共同追求的目标。但对于许多民族来说，由于受社会物质条件的限制和社会政治制度的束缚以及民族性格差异的影响，自由仅仅是人们向往的对象和追求的目标而已；而对于游牧民族来说，"逐水草而居"的生活方式，为他们提供了相对宽阔的生活天地和自由环境，因而在民族性格和文化形成过程中，自由的因子已经成为他们生活的重要组成部分，深深熔铸于其民族性格之中，体现在民族文化的各个方面；对于他们来说，自由早已不再是纯粹的精神王国的至上原则，而是人们在现实的活生生的生活中践行的对象。人们经常会问，草原民族为什么会有那样一种豪放的性格和开放的文化心态？为什么会有那样一种坚忍的品格和勇敢的气质？其实，这同他们践行自由的原则是分不开的，是草原文化践行自由的特质在民族性格和心理素质上的反映。如果我们反过来试问，其内在联系或许更加明了，即如果没有践行自由的传统，一个民族怎会有那种豪放的性格和开放的文化心态，或者那种坚忍的品格和勇敢的气质？由于草原民族把践行自由的原则融入其民族性格和气质之中，不但将其淋漓尽致地体现在自身的实际生活中，而且自觉或不自觉地把它"移植"于飞禽走兽的生活中。例如，蒙哥在1251年的登基诏书中就这样说道："要让有羽毛的或四条腿的，水里游的或草原上生活的各种禽兽……自由自在地飞翔或遨游。"[1] 或许，蒙哥的话更多出于对草原上那些飞禽走兽的保护，但即使如此，我们也很难想象，如果蒙古民族没有践行自由的文化传统，处在中世纪早期的蒙哥，怎能在他登基的诏书中说出这样富有自由思想和生态理念的话；我们也

---

[1] 拉施特. 史集：第二卷[M]. 余大钧，周建奇，译. 北京：商务印书馆，1983：243.

很难想象，在中世纪早期，哪个国度或民族的君主会像蒙哥一样颁行这样的诏书。实际上，在草原民族那里，自由是那样自然而然的事情，是生活中的一部分，就像"食、色，性也"一样，不必理论，不必言说，完全熔铸于其民族性格之中。这是草原文化同其他文化相比最富个性的地方之一。比如，在儒家文化中，自由之境主要同道德相联系而存在（"为人由己，而由人乎哉？"）；在道家文化中，"逍遥"的自由之境，更趋向于审美需求。只有在草原文化中，自由才成为人们生活中天然组成部分和自然对象，进入真正意义上的"自由自在"之境。

三是英雄崇拜。民族英雄是民族的脊梁。懂得崇尚英雄的民族，才是英雄的民族。崇敬英雄，倡导英雄精神，是整个中华民族的伟大传统和价值取向之一。这一点，在草原民族中体现得尤为突出。在草原民族中，人们普遍崇尚英雄，奉行英雄精神，把效法英雄当作人生的最高价值追求。很多史籍描写草原民族"贵壮尚勇"、"重兵死、耻病终"，就是这种价值观的写照。正如郑玄所说的那样："南方以舒缓为强，北方以刚猛为强。"[1] 草原民族崇敬英雄的文化传统，体现在很多

---

[1] 郑玄，孔颖达. 礼记正义·卷五十二·中庸[M]//阮元. 十三经注疏. 北京：中华书局，1980：1626.

方面。例如,在蒙古民族中,人们至今喜欢用"英雄"(巴特尔)这一词汇命名自己。蒙古族还是拥有英雄史诗最多的民族之一。这些英雄史诗,如《江格尔》等通篇闪耀着英雄主义精神,崇尚英雄已成为蒙古族的传统。历史也一再证明,蒙古族是英雄辈出的民族,在漫长的历史长河中,一个一个鲜活的英雄人物从蒙古民族中走出,为中华文明乃至世界文明的发展进步做出了自己卓越的贡献。因此不难看出,草原文化是孕育英雄的文化,也是象征英雄的文化。如果说,谈到黄河文化就使人想起中华民族的摇篮,想起黄河母亲河,那么谈到草原文化就使人想起英雄,想起英雄民族。从这个意义上说,草原文化就是英雄文化,英雄精神是草原文化最具意义的内在特质和象征。

草原民族对英雄的崇拜,有多方面的内涵,如对"力"的崇拜,对"勇"的崇拜,对"王"的崇拜。一般来说,草原民族崇拜的英雄,都有"尚力"的一面,尤其那天生的神力以及由力衍化而来的各种本领;但仅有"尚力"的一面是不够的,还必须配之以勇,即那些被称为英雄的人,是这样一些人,他们既有本领又有勇气,勇于和善于同敌人、恶魔以及其他各种邪恶力量战斗并获取最后的胜利。当然,在草原民族心目中,最大的英雄还是那些具有王者风范,为民族成就一番伟业的人物，像成吉思汗、耶律阿保机、冒顿等等。更为独特的是，草原民族不仅热爱自己民族的英雄，而且对那些异民族甚至是敌对民族的真正可称为英雄的人物，也同样予尊崇，例如"匈奴族对李广、李陵和苏武的尊敬"[1]等等。这说明，他们是真正懂得崇敬英雄，是用"心"崇敬英雄的。这种崇敬英雄的文化传统，像一只无形的手，为草原民族孕育出一代又一代伟大的英雄人物，为草原民族锻造出不畏艰险、不畏强暴的伟大的民族性格。

三、草原文化的基本精神

草原文化作为一种博大精深的文化体系，不仅具有独特的内涵和特征，而且具有独特的精神禀赋。它是草原民族维系的纽带、生存发展的动力，自立于民族之林的支柱。草原文化的这种基本精神，从大的方面讲，可以概括以下四点。

一是开拓进取精神。自强不息，开拓进取，是中华文化的基本精神之一，《易传》一句"天行健，君子以自强不息"是这种精神的经典表述。草原文化作为中华文化的重要组成部分，虽然在自己的传统典籍中没有这

---

[1] 张碧波，董国尧. 中国古代北方民族文化史[M]. 第2版. 哈尔滨：黑龙江人民出版社，2001：325.

种经典表述，但同样具有这种伟大的精神禀赋并令人信服地将这种精神书写在自己整个历史发展进程中。"千年风云第一人"成吉思汗之所以被一些学者誉为全球一体化的开创者，就是因为弘扬开拓进取精神，利用国家政权形式开通中西方之间的交流与联系，把几乎整个东亚、中亚、西亚和东欧联合在一起的结果。

二是英雄乐观精神。草原民族作为英雄的民族，正如我们上边谈到的那样，不仅在思想和行为上崇尚英雄、效法英雄，而且在民族集体人格追求上始终把英雄当作最高理想目标。古罗马文论家朗古弩斯在其名著《论崇高》中将这种人格培育喻为"伟大心灵的回响"，并认为，如果人一旦失去了这种对伟大心灵的感应、体悟，麻木、冷漠、猥琐就会接踵而至，人生必然因此阴暗卑下，与自由无缘。据此观察，我们可以说，对草原民族来说，只要民族文化的基因能够继续传承，民族集体人格理想尚存，对自由、尊严、高贵的人生价值心存向往，英雄的心灵回响就不会断绝。

三是自由开放精神。向往自由，追求开放，是人类的天性，也是人类社会共同追求的目标之一。但对于许多民族来说，由于受社会物质条件的限制和社会政治制度的束缚以及民族性格差异的影响，自由开放仅仅是人们向往的对象和追求的目标而已；而对于草原民族来说，"逐水草而居"的生活方式，为他们提供了相对宽阔的生活天地和自由开放的环境，因而在民族性格和文化形成过程中，自由开放的因子已经成为他们生活的重要组成部分，深深熔铸于其民族性格之中，体现在民族文化的各个方面；对于他们来说，自由开放早已不再是纯粹的精神王国的至上原则，而是人们在现实的活生生的生活中践行的对象。由于草原民族把践行自由开放的精神融入其民族性格和气质之中，因而在他们那里，自由是那样自然而然的事情，是生活中的一部分，完全熔铸于其民族性格之中。这是草原文化同其他文化相比最具个性的地方之一。

四是崇信重义精神。崇信重义既是草原民族的行为准则，又是草原文化的基本精神。草原民族以内诚于心、外信于人为荣，以轻诺寡信、背信弃义为耻，为追求这一崇尚的价值目标，他们甚至以牺牲生命为代价也在所不惜。因此，守信讲义历来被认为是草原民族最优秀的民族禀性之一，也是草原文化始终高扬的精神旗帜。

参考文献

1. 张岱年，方克立. 中国文化概论[M]. 第2版. 北京：北京师范大学出版社，2004.

2. 牛森. 中国草原文化研究资料选编：第一辑[M].

呼和浩特：内蒙古教育出版社，2005.

3. 董恒宇，马永真. 论草原文化：第一辑[M]. 呼和浩特：内蒙古教育出版社，2005.

4. 刘钟龄，额尔敦布和. 游牧文明与生态文明[M]. 呼和浩特：内蒙古大学出版社，2001.

5. 乌云巴图，葛根高娃. 蒙古族传统文化[M]. 呼和浩特：远方出版社，2001.

6. 张碧波，董国尧. 中国古代北方民族文化史[M]. 第2版. 哈尔滨：黑龙江人民出版社，2001.

7. 赵芳志. 草原文化——游牧民族的广阔舞台[M]. 上海：上海远东出版社. 香港：商务印书馆，1998.

8. 葛根高娃，乌云巴图. 蒙古民族的生态文化[M]. 呼和浩特：内蒙古教育出版社，2004.

9. 嘎尔迪. 蒙古文化专题研究[M]. 北京：民族出版社，2004.

10. 霍尔查. 江格尔[M]. 乌鲁木齐：新疆人民出版社，1988.

11. 邵汉明. 中国文化研究二十年[M]. 北京：人民出版社，2003.

（本文原载于《光明日报》2006年2月7日第11版，收入本书时略作修改。）

关于草原文化研究若干问题的思考

草原文化主题论坛已经举办了8届。在全国各地学者的积极参与下,我们围绕共同关注的学术问题展开了深入的讨论,并取得一些重要的成果。大致回顾起来,近几年我们组织开展的草原文化研究主要呈现以下三个特点。

(一)把草原文化作为一个整体对象进行系统研究。我们一再重申,草原文化这个概念不是最近几年才提出来的,大约在20世纪50年代,文学艺术界就开始有"草原文学"、"草原艺术"等概念。20世纪70年代末到80年代初期,一些学者就已经提出并开始使用"草原文化"的概念。但是我们使用的"草原文化"这个概念和以往是有区别的。以往学者研究草原文化,主要是针对游牧民族的生产、生活及其宗教信仰、风俗习惯和审美情趣展开的,重点是就游牧民族历史文化某一领域的问题进行探讨和阐释。虽然其中不乏许多作为新学科萌芽的观点和结论,但学科整体意识还未形成,更谈不上完整性和系统性。同以往不同,我们是自觉把草原文化作为一个整体学科对象进行系统研究,提出草原文化的研究对象、内涵、特征、历史分期、核心理念等问题,为草原文化学科的发展奠定了基础。经过几年的努力,草原文化学的学科建设已经不断深入和推进,取得了令人瞩目的成就。自治区哲学社会科学发展"十二五"规划已将草原文化同蒙古学一起列入自治区重点学科建设项目。自治区党委宣传部还将草原文化研究列入自治区重点学科基地建设范围,并将基地设在自治区社会科学院。特别值得注意的是,被国家教委列入"十一五"时期国家级规划教材的《中华文化地理概述》第十一章第三节就提到了内蒙古草原文化。此外,内蒙古社科院作为"草原文化研究工程"的实施单位已与内蒙古广播电视大学签订了共同编写草原文化教材的协议。这标志着我们一直追求的把草原文化研究成果推向学校、进入课堂的目标已逐步开始实施,草原文化学科建设又向前推进一步。

(二)始终把草原文化置于中华文化的大框架下进行研究,着重研究和阐释草原文化在中华文化发展史上的重要地位和作用。经过几年的研究，我们相继提出了草原文化是中华文化三大主源之一、三大组成部分之一和中华文化发展的动力和源泉的学术主张，这为提升草原文化的影响力、推动祖国统一、增强中华民族的凝聚力发挥了重要作用，而且逐步被学术界、文化界及党和国家领导人所接受、认可和使用。几年来，在贾庆林、曾庆红、李长春、刘云山等中央领导同志相继谈到草原文化之后，今年又有一位领导同志谈及这一问题。6月26—27日在银川召开的全国民族团结进步创建活动经验交流会上，中共中央政治局委员、国务院副总理回良玉在论及宁夏文化时也谈到了草原文化，说明草原文化这个概念在上层领导中也逐渐开始形成规范性的概念体系。

（三）始终把草原文化研究同内蒙古民族文化大区建设的实际需要紧密结合起来，不断推进草原文化焕发新的生机与活力。2003年，自治区提出了建设民族文化大区的战略目标，并组织实施"九个一批"建设工程，取得了一系列重要成效。自治区有关部门和领导同志在回顾这几年经验时总结了几条发展模式，比如"事业与产业并举，特色与品牌双赢"等。其中一个最基本的模式就是在民族文化大区建设过程中坚持理论引导与实践创新相结合。理论引导就是指草原文化研究，并将草原文化研究成果直接应用到民族文化大区建设当中。例如，我们提出设立"草原文化遗产保护日"的建议被政府采纳并实施，我们研究提炼的"崇尚自然、践行开放、恪守信义"的草原文化核心理念已得到自治区领导和各界的普遍认可，成为自治区推进社会主义核心价值体系建设的有益尝试。

综上所述，既是这几年草原文化研究的主要特点，又是草原文化取得成效的主要方面。但随着草原文化研究的深入发展及草原文化学科建设步伐的不断加快，一些深层次的问题逐步提上日程，需要我们从理论、实践，特别是从学理上加以深入研究并进行系统阐述。简要梳理，这几年我们遇到的学科问题首先是"草原文化与游牧文化的关系问题"，这方面我们做了比较深入的研究，取得了较有说服力的成果；接着我们又遇到了"草原文化与民族文化的关系问题"，我们也同样用一系列文章进行阐释，得到学界较高的认可；去年又遇到"草原文化与生态文化的关系问题"，这是较前两个问题更为复杂的问题，我们正在组织力量进行研究。今天我要讲的就是类似这样在学科建设中需要而且应当加以解决的一些问题。这些问题有的相当复杂，有的甚至很难说清是否构成所谓的问题，但是搞学术研究能够提出问题本身也很重要。

一、关于草原文化学科的归属问题

随着草原文化学科建设逐渐提上日程,草原文化到底归属哪个学科,将是一个不得不搞清的问题。这里有个前提需要搞清楚:假定草原文化是一种地域文化,那么什么是地域文化?经学者研究,划分地域文化有三个标准:1. 有相对的地理范围。地域文化一定要有地理范围,当然这种地理范围是相对的,也可以是模糊的。比如,岭南文化和关东文化。岭南文化区域包括南岭山脉以南的广东和海南两省。唐太宗贞观年间设岭南道,岭南作为地域名称沿用至今。"关东"一词,从明朝开始流行,特指山海关以东的广大区域,包括今日辽宁、吉林、黑龙江和内蒙古东部地区。2. 有相对的地理环境特征。比如,云贵文化就是以地形崎岖、大山连绵为自然背景的。3. 以行政区划,包括历史上的古国疆域来进行划分。比如齐鲁文化和巴蜀文化。齐鲁是山东省的代名词,源于西周分封的齐国和鲁国。巴蜀则来自"三代"之前分处于四川盆地东西部的古国巴、蜀两国。按照这三个标准,有学者将"地域文化"定义为是指一定地理范围内,在历史上形成的、被人们感知并认同的文化。这个定义包含四个要素:1. 在一定地理范围内形成的,这与划分地域文化的标准是一致的;2. 在历史上形成的，是时间概念，表示这种文化在历史上有一定的延续性；3. 这种文化要被人们所感知，这是文化在现实中的反映；4. 这种文化要被人们所认同，只有被人们感知并认同的文化才能称之为地域文化。这四项要素，也可以概括为实际存在并被人们所感知这一根本基点上。

如果承认草原文化是一种地域文化，那么地域文化的学科归属属性是什么呢？我国教育部把相关学科分为三个等级，在涉及我们研究领域的学科体系中，一级学科是民族学与文化学，二级学科是文化学，三级学科是文化地理学。在这一学科分类体系中，尚没有地域文化学，所以只能将地域文化学纳入上述三级学科中的某一级学科。从地域文化学研究的实际情况看，把地域文化归属为一级学科的"民族学与文化学"和二级学科的"文化学"，大致没有什么问题，也是很多学者在有意或无意中去把握的学科分类界限。但是是否像一些文化地理学教科书那样，把地域文化归属于三级学科的"文化地理学"，或许有很多值得讨论的地方。比如，从研究路径上看，两者就有很大差异。文化地理学是研究一种文化的空间分布，而地域文化是研究一个地域空间当中的文化，包括这种文化的总体概括和分类等等。以河流与地域之间的关系为喻，把文化比作一条河流，文化地理学是研究这条河流的起源、流经区域及其下游向，是沿着河流的流向研究其空间分布的；地域文化则是研究一个地域当中河流的数量、分布情况及主、支流关系等等。两者研究取向刚好相反。因此，由于两者的研究路径与出发点不同，导致地域文化的归属问题出现差异。所以，我不大赞同一些教科书的做法，把草原文化研究直接划归文化地理学范畴，还是主张我们一贯的做法，把草原文化置于文化学框架下进行研究。

二、关于草原文化的属性问题

草原文化究竟是什么性质的文化，这是草原文化研究者一开始就遇到的问题。前述草原文化与游牧文化和生态文化等诸多文化之间的关系问题最终都归结于如何把握草原文化的属性问题。如果在属性问题上把握得准确、解释得清楚，那么相关的问题就可能迎刃而解。我们对草原文化属性问题的认识有一个逐步推进的过程。刚才讲到，草原文化这个概念很早就开始使用，但有很多学者甚至至今都将其当作游牧文化来研究，在其学术话语当中，草原文化就等同于游牧文化，或相当于草原游牧文化。但在我们的研究中，我们认为草原文化不是单一的游牧文化或其他类型文化，而是一种复合型文化，即我们常讲的"三个统一"：民族文化和地域文化的统一，传统文化和现代文化的统一，游牧文化和其他生产类型文化的统一。

　　作为中华文化重要组成部分的草原文化，将其性质定义为复合型文化，在学理上还是有依据的，如同我们认为中华文化的格局和属性是多元一样。如果我们不满足于这种综合性的定义，继续追问草原文化究竟是一种什么文化，那就很难得出统一的认识。追问是一些传统经典学科的优势，我们研究一种事物，一定要搞清楚它是什么。传统经典学科遵循的是线性决定论思维方式，这种思维方式坚持认为一个问题只能有一个确定的答案。但其结果，不是为其设定的问题找到预期的唯一的答案，而是恰恰相反，往往得出许多不同的甚至含义完全相反的答案。比如大家比较关注的"文化"问题，就有260多种定义。这一方面同不同学者的不同研究角度和方法有关，另一方面而且是更重要的一方面，同研究对象的复杂性有关。美国学者雷舍尔在其所著《复杂性——一种哲学概观》中就主张从传统、经典学科的思维模式中跳出来，引入复杂性模式来研究事物。以文化为例，如果用复杂性思维方式来定义，则可以得出很多解。例如文化是一种力量，文化是一种符号体系，文化是一种生产方式，文化是民族的存在方式，文化是价值体系等等，这些定义相互关联、相互补充，使人们对文化的认识更趋全面。

借助这种复杂性思维模式,我们对草原文化的属性问题做一简要梳理,可否做出如下陈述:

1. 草原文化是一种地域文化。其实,概念或定义就是对对象的一种反映和概括,哪种概念的包容性更大,概括力更强,哪种概念就更有生命力。在研究草原文化的时候,我们发现,地域文化比生态文化、游牧文化等更有张力,更能反映我们研究对象的本质和属性,更容易被人们理解和接受,所以我们将草原文化定义为一种地域文化。那么草原文化是否符合地域文化的划分标准呢?按前述标准,我们逐一来看:(1)一定的地理范围,主要指内蒙古地区,历史上包括整个蒙古高原;(2)在历史上有一定的延续性,草原文化从其起源期、形成期、拓展期到转型期,已有几千年的历史,且经久不衰,延绵不断。关于第三、第四点,即被人们所感知和被人们所认同,正是我们积极揭示和论证的内容。以前我们曾撰文指出草原文化既是一个历史概念,又是一个文化地理概念,因为草原文化在这里具有象征意义,像一个符号体系一样,囊括了整个内蒙古地区,成为内蒙古文化的总概括。因此不难发现,草原文化是一种典型的地域文化,具有明显的地域文化特征。

2. 草原文化也是一种民族文化、生态文化、游牧文化。简单事物有一种属性,复杂事物则有多种属性。草原文化作为一种地域文化无疑是一种复杂性事物，应有多种属性。那么，在这多种属性当中，哪些更为根本、哪些处于从属地位呢？我们认为，地域文化是草原文化的根本属性，正如我们前面一再强调的那样；而民族文化、生态文化、游牧文化则是其基本属性。不同于内地的中原文化（包括齐鲁文化、巴蜀文化、燕赵文化），草原文化从其产生开始就是由多民族相继创造的，并且在不同历史时期表现为不同的民族文化形态，其民族属性十分突出。此外，草原文化作为一种地域文化，是在特定的生态环境下产生的，生态属性也非常明显，以至于不少论者直接将草原文化解释或定义为一种生态文化。这里顺便说明，强调草原文化的生态属性是应当的，也是必需的，但不能因此就简单地将草原文化等同于生态文化，因为两者毕竟属于两种不同类型的文化。由于我们能够认识和把握这种联系和区别，我们才能始终把草原文化当作地域文化同黄河文化、长江文化进行对比研究，而不是同高山文化、森林文化等生态体系文化相比较。至于草原文化和游牧文化的关系，我们已经谈过多次，这里不再赘述。总之，草原文化是一种地域文化，并且作为地域文化，同时具有民族文化、生态文化、游牧文化的属性，前者和后者是根本属性与基本属性的关系，须认真辨析和梳理。

三、关于草原文化的区域分布问题

我们已出版的《草原文化研究丛书》中专门有一部研究草原文化的区域分布问题，并在力所能及的范围内对此做出了界定。草原文化的区域分布是始终困扰我们研究的一个重要问题，迄今为止学术界仍有多种不同观点阐述对这一问题的认识，归纳起来大致有以下三种：1. 草原文化的区域分布是世界性的，具有世界品格，说白了，凡是有草原的地方就有草原文化；2. 草原文化的区域分布主要在欧亚草原；3. 草原文化的区域分布主要在蒙古高原，特别是内蒙古。现在游牧文化研究已经得出明确的结论，指出世界上有五大游牧文明体系，分别分散在世界五大洲。

结合草原文化的属性来分析，如果把草原文化等同于游牧文化，那么得出的结论必定是第一种认识，认为草原文化是世界性的。如果把草原文化理解为一种地域文化，由于地域文化的形成都有其自然历史过程，则草原文化的区域分布范围就很明确。既然我们讲草原文化是一种地域文化，我们就可以用地域文化的标准来划分草原文化的区域分布。经过研究，我们对此提出以下三个标准：1. 发祥地标准；2. 承载地标准；3. 影响力标准。按照这三个标准，草原文化可以分为核心区、传播区和辐射区。在我们的研究范围内，核心区就是发祥地内蒙古，传播区包括四大汗国区，辐射区包括历史上北魏建都时的中原文化腹地范围，如此等等。总之，一种文化的区域分布一定是有主次分别，是有层次性的。在这种假定基础上，结合这种层次之间的内在逻辑，我们再来研究草原文化的区域分布，就有可能得到有说服力的结论。

四、关于草原文化的组成问题

我前面讲到"所提出的问题到底是不是真问题"主要是针对这个问题讲的。一种地域文化到底能不能提出一个组成部分的问题？如果我们能从研究，特别是从应用开发的角度给出一个明确的答案将是非常有意义的，如原河南省省委书记徐光春指出河南文化有17个组成部分，如圣贤文化、农耕文化、宗教文化等；宁夏回族自治区党委书记张毅针对宁夏文化提出4个组成部分，即红色文化、西夏文化、黄河文化、回族文化；河北省将全省文化品牌归纳为红色太行、壮美长城、诚义燕赵、神韵京畿、弄潮渤海5个部分；内蒙古自治区原党委书记储波在内蒙古文化体制改革和文化产业发展工作会议上指出草原文化由历史文化、民族文化、生态文化、红色文化4个部分组成。可见各个省区包括我们自己都在研究这个问题。

但研究这个问题难度很大,主要是因为各种划分方法标准不统一,例如定义红色文化或革命文化时是从其社会性质来划分的,定义生态文化或其他文化时又选用了另一种标准。经过研究,我们认为划分地域文化的标准至少应该有两个层面:第一层面是概括"几大品牌"的问题,第二层面是划分"几个组成部分"的问题。刚才讲到几个地域文化的构成研究就涵盖了这两个层面。这需要我们展开研究,争取达成比较一致的看法,至少能概括出"几大品牌",更好地为应用对策研究提供理论支撑。目前学术界对这一问题各执一词,品牌打造也多种多样,如红山文化、昭君文化、蒙元文化、河套文化、敕勒川文化等等,至今没有从更高层次上进行必要的梳理和规范,更没有形成统一的认识。

而第二个层面的问题也需要深入研究,我们要搞清楚草原文化包含的几种文化要素,研究明确可行的划分标准。在此我们可以借鉴河北省的做法,先将一个文化区域分成几大块,然后再找出支撑这种区域划分的文化要素和内在机理。我个人认为,在研究一种地域文化内部构成问题时,能够坚持统一的标准是应当的也是可贵的,但是否是绝对必需的呢?从严谨的科学态度讲,这一点当不容置疑。然而,从实践包括学术实践的角度看，人们实际能够做到的往往不是最优而是更好。在这方面，我们大家常常引用的汤因比就做过很多有益的尝试，也做出一些无奈的选择。在他划定的33种世界诸文明形态中，有不少是处在不同逻辑选点上的，例如俄罗斯文明、伊斯兰文明、爱琴文明、印度河文明、日本文明、游牧文明等等，究其原因，就是其用于分类的标准是不统一的。对此，汤因比也颇感无奈，不仅指出"将一种特定的文化归到这个类别或那个类别，即使在分类原则上具有共识，大家对某些类别的划界也会产生争议"，而且承认"在草拟任何一种'标准化'的各文明的名单时，对一个模式的应用（意即对它适用性进行检测）不可能完全做到客观，因而……要排除武断成分也是不可能的"。为什么出现这种情况呢？就是因为，共存于一个地区、一个国家、一个社会的不同类型的文明，相互之间往往交织在一起，很难做出泾渭分明的划分。

鉴于这种情况，我们是否可以按照上述定义地域文化的一种要素，即以实际存在、被人们所感知为依据，划分一种地域文化的内部构成呢？如果这一"求其次"的做法或可一试，我这里提出一种新的划分，即草原文化是由历史文化、民族文化和当代新文化三大部分构成，三者之间既有联系又有区别，既有交错又有边界，以便人们认识和把握。当然,这种划分能否立得住,还需要深入研究和论证,这里只是作为一种思路提出,供大家研究时参考。

五、关于草原文化历史发展的高峰期问题

我们在前期已针对草原文化的历史分期问题做过深入的研究,提出了明确的学术观点,没有引起太大的争论和分歧,这是我们研究的重要成果。但随着草原文化的深入研究,我认为在草原文化历史分期的基础上,应当提出草原文化历史发展的高峰期问题。这个问题虽然对草原文化的学科建设没有直接意义,但在推进草原文化历史研究、提升草原文化影响力方面还是很有意义的。袁行霈主编的《中华文明史》依据文明的总体性和标志性标准将中华文明发展史划分为三个高峰期,即春秋战国、隋唐和宋代。也有论者将春秋战国时期、魏晋时期、宋元时期划为中华古文明的三个高峰期。我们这里暂且不论这些划分是否科学、准确,它至少启示我们一种文明或文化,其发展过程是有高峰和低谷的,且有其客观标志的。

鉴于此,我们也不妨提出草原文化发展高峰期及其标准。经初步研究,可确定如下四条标准:1. 开启文明曙光;2. 奠定新的文明形态;3. 创建国家形

态；4. 建立统一政权。按照这四条标准，草原文化是否可以划分为以下五个历史高峰期：第一个高峰期是红山文化。红山文化是草原文化起源期的重要文明形态，正因为我们草原地区在历史上孕育了红山文化，才被史学界确认为是"中华文明曙光升起的地方"。第二个高峰期是朱开沟文化。这一时期奠定了新的文明形态，是游牧文明形态的肇始时期。第三个高峰期是草原帝国。这一时期始于公元前209年，匈奴统一中国北方草原地区，建立了统一的游牧政权，为草原文化的形成和发展奠定了基础。第四个、第五个高峰期是元、清两个时期。元、清两代，草原民族的优秀代表蒙古族和满族前后建立全国统一政权，推动草原文化与中原文化相互沟通、吸纳与共同繁荣，造就中华文化前所未有的壮阔与强盛，为草原文化谱写了新的伟大历史篇章。同时，这两个朝代为中华民族的形成和发展，奠定当代中国的版图都做出重要贡献。《元史·地理志》说："自封建变为郡县，有天下者，汉、隋、唐、宋为盛，然幅员之广，咸不逮元。""其地北逾阴山，西极流沙，东尽辽左，南越海表"，开创了中国古代国土面积最大的历史时期。当然，我这里提出的划分，只是一个构想，还须深入地研究和论证。有些观点或许要修正，但无论如何，提出并论证草原文化历史高峰期,还是很有意思的。

（本文是作者于2012年6月26日在第十届中国·内蒙古草原文化节草原文化主题论坛上的演讲,原载于《内蒙古社会科学》2013年第1期,转载于《新华文摘》2013年第9期）

草原文化符号体系研究与建构

今天我给大家汇报的题目是"草原文化符号体系研究与建构"。记得去年，也是在这个场合，为了创新草原文化的研究，我曾经提出要探索草原文化研究的新路径，即草原文化元素和草原文化符号体系研究问题。但一年过去了，这个题目对我来说，仍然是一个新题目，因为是新题目，可能讲不好；同时这又是一个大的题目，在这样一个场合也讲不透。既讲不好，又讲不透，为什么还要讲呢？主要是想提出问题，推动学科建设。我们的草原文化论坛，在主题的设计上一直在关照两个方面：一方面关照草原文化繁荣发展的实际需要，主要着眼于草原文化理论的应用对策研究；另一方面也在关照草原文化学科建设，在学理层次上推动草原文化不断创新发展。从我本人的角度讲，主要的着力点是放在学理建构问题上的。下面，围绕今天演讲中的主题，我主要讲三个问题。

一、为什么在草原文化研究领域要引入文化符号学理论

文化符号学同德国哲学家卡希尔的名字是不可分割的。在20世纪20—30年代，卡希尔主要从研究人的本性出发，经详细考证以后得出结论，确定人与动物之间根本区别的不是思维，不是语言，也不是理性，而是符号，并由此提出他的一个著名论断："人是符号的动物。"在卡西尔看来，人的本质是符号，人就是运用符号形成自己文化的，我们可以用公式表述为"人—运用符号—形成文化"。在卡希尔提出这个理论大约10~20年后，美国学者怀特把符号论引入文化学研究领域，提出了文化研究领域的符号学范式，从而形成了文化学的文化符号论。怀特的主要观点是文化是一种模式化了的符号交互作用系统，其本质、意义生成及进化规律需要从人类文化符号的编码活动中来加以说明。从怀特开始，文化符号学开始形成，并逐步运用到各个学科领域，引发了人文科学领域方法论的大变革。这种变革使我想起马克思在100多年前讨论数学和人文社会科学关系的一句名言，并以此类比符号学理论对于当今人文社会科学的

作用："一门科学只有在成功地运用数学时，才算达到了真正完善的地步。"

我国的学者也比较关注符号学，也运用符号学开创了很多学科的崭新局面。我在这里举两个例子。例如叶舒宪先生，他用符号编码的理论重新解读我们中国的传统文化，将中国文化传统分为大传统（前文字时代）和小传统（文字时代），并将之确定为分级编码系统：在前文字时代，图像和实物编码是一级编码系统；文字成形阶段即甲骨文时期是二级编码；经典写作时代是三级编码；后经典写作时代，从司马迁、曹雪芹到莫言是N级编码。叶舒宪先生用这种编码的方法重新阐释中国的传统文化，不但给人别开生面的印象，而且更为重要的是解决了中国传统文化现象中很多"源头"或"原型"问题，给人以深刻启迪。还有一位就是台湾著名的学者龚鹏程先生，他也是用符号学理论梳理中国传统文化，建立了中国文化的文字—文学—文化为一体的结构关系。另外，据张岱年先生研究，中国人很早就注意到符号问题的重要性，《易传》就讲"圣人立像以尽言"，就是说，我的言语不能表达我的思想的时候，就设计一种符号系统来表达。的确，中国传统文化的符号资源是非常富集的，例如《易经》、"河图"、"洛书"及道教的各种"图"、"符"、"篆"等等。以上说明，中国人既有运用符号的悠久传统,又有运用符号学理论创新人文社会科学的当下作为,这就为我们在草原文化研究中引入符号学,创新草原文化研究提供了重要的历史和逻辑依据。这是问题的一个方面。问题的另一个方面,文化符号学理论也为我们检验草原文化创新能力及其成果提供一种可能的尺度。美国《时代周刊》搞了一个调查,采用若干符号调查的方式确定哪些国家更有文化创新能力。在入选的12个国家中中国名列其中,但中国入选的20个文化符号中,只有一种符号即毛泽东被认为是现当代的文化创新符号。当然,后经学者询问,美国《时代周刊》否认有这样一个调查。就是这样一个子虚乌有的调查在国内引起了强烈的反响。著名学者、吉林省社科院前院长邴正先生就以《时代周刊》的这次调查为由头,撰写发表了《面向21世纪的中国文化形象与文化符号》一文,深入阐述了中国文化形象和文化符号建构问题。更重要的是,由于美国《时代周刊》的这次调研,引发了国内文化符号的征集和调研的热潮。现在已经有五六个省市相继提出了自己省市标志性的文化符号。通过文化符号的征集、提炼,用新形成的符号来检验一个文化体系的创新能力,既直观又可量化,具有很强的可操作性。这是我讲的为什么要引入符号学理论的第一个理由。

引入文化符号学的第二个理由是可以推动草原文化创新发展。格尔茨认为，文化分析就不是一种寻求规律的实验科学，而是一种探求意义的解释科学。文化，从本质上讲就是一种表述。徐新建教授说，文化的特征之一就是意义外现，"通过表述，做实意义"。意义对文化来说是本质性的东西，而符号表达的恰恰是意义。根据这个理论，参照卡希尔的符号学公式，试提出公式："表述—符号—编码"。文化的本质是什么？是表述。怎么表述？通过符号。符号怎么来编排？通过编码。这就是符号学在文化学领域的基本运用规律。将这种规律运用到草原文化研究和建设领域，我们发现也是很有意义的。一是有助于推进草原文化的形成。从一定意义上说，草原文化的形成过程实际就是草原文化符号形成的过程；反之亦然，草原文化符号的形成过程也是草原文化形成的过程。二是有助于增强草原文化自觉。现在，大家都讲文化自觉，那么如何说明你对自己的文化达到了自觉的程度？其中一个重要的检验标志，就是有没有形成对自己文化体系的符号认同。三是有助于一种文化的继承和传播。继承和传播一种文化，实际上也是继承和传播一种文化的符号体系，而且符号了的文化更便于认识、更便于人们有一种认同，传播功效更为明显。一句话，草原文化符号的形成和发展是一个自然历史的过程，问题只在于我们能否发现和认知。

二、有没有可能在草原文化研究领域引入文化符号学

这个问题可以从两个层面讲。第一个层面即我们的研究对象，已经为我们引入文化符号学奠定了自身的基础。一是草原文化具有丰富的符号资源。例如，从语言的丰富性来说，在中华文化三大领域、三大组成部分当中，长江文化、黄河文化跟草原文化是不可比拟的。草原文化的语言资源是极其丰富的，排除方言在外，至少有20多种民族语言。这是说它的丰富性。二是独特性。这集中表现在游牧文化形态上。我们虽然说不能把游牧文化简单等同于草原文化，但必须肯定的是，游牧文化是草原文化的重要组成部分，而且在很长一段历史时期内，游牧文化就是草原文化的主要表现形态。而游牧文化恰恰是从文化形态上填补中国文化构成的一个重要方面，中国文化也恰恰因为有了游牧文化才更为丰满和完备。要知道，在很长历史时期内，游牧文化一直同农耕文化处于同等重要的地位，同农耕文化一起并列为人类两大文明体系。这就是说，因为草原文化拥有游牧文明，所以草原文化就拥有更多独特的符号资源。三是多元性，即草原文化创造主体的多元性。长江文化和黄

河文化两大文化的创造的主体是单一的,而草原文化的主体是多元的,是匈奴、乌桓、鲜卑、突厥、回纥、契丹、女真、蒙古、达斡尔、鄂温克、鄂伦春等多民族共同创造的产物。四是统一性。草原文化是多元的,而且是由不同民族在不同历史时期创造的,但有一个特点,它不是一盘散沙,它有一个代际的传递性。这种传递性保证了它在本质特征和形态等多方面的统一性,使它能够保持一个连贯和递进的状态。同时,这种统一性也为我们提炼和创建、认识它的文化符号体系奠定了一个基础。

第二个层面的可能性,是我们研究的基础。我们的研究处于两种状态。一种是自发研究状态。我们过去虽然没有引入文化元素、文化符号的理论,但文化元素的研究实际上一直在持续开展当中,例如饮食文化的研究、服饰的研究、节庆的研究、民间故事、民间艺术等等一系列民族习俗文化或非物质文化遗产领域的研究都属文化元素和文化符号体系的研究,只是我们没有自觉地应用符号学的理论加以整理、加以提炼而已。一种是自觉研究状态。这个自觉的研究虽然处于起步阶段,但是非常难能可贵。我这里介绍两位学者的成果。一个是乌兰察夫先生。他提交第七届草原文化主题论坛的论文就是关于草原文化元素体系研究方面的,他在论文中提出了草原文化元素的结构、维度、价值、认知和开发、应用的问题，是一篇较早自觉涉及草原文化元素的文章。另一位是中央民族大学刑莉教授。她在研究内蒙古游牧文化变迁的一部著作当中，以田野调查为依据，将车、马、帐和蒙古语、长调、史诗、长生天分别确认为游牧文化的物质性文化的标志性符号和精神性文化的标志性符号。对于她的观点我们可以不认同，但是她为我们做了一个很好的开拓性的研究。还有一些学者的研究，这里就不一一介绍了。我们认为，无论是自发的研究，还是自觉的研究，都为我们草原文化研究引入文化符号学做了很好的学术准备，我们的任务就是沿着这一路径选择继续向前迈进。

三、怎样建构草原文化的符号体系

如果说前面两个题目是我今天演讲的铺垫的话，那么这第三个题目就是我今天演讲的落脚点。我想提出四个问题同大家讨论。

（一）理论上需要研究的问题

符号学研究的内容很广，从符号的性质、特点、功能，到符号与记号、信号的联系与区别，都需要研究。但从我们当下的实际应用的角度讲，特别是从草原文化学的学科建构角度讲，急需研究下面这两个问题。

第一个是文化元素与文化符号的关系问题。现在，我们很多时候都是把元素和符号等同起来或者混同起来的。我查阅了一下，关于文化元素的几种代表性的说法，例如四要素说、五要素说、六要素说，都把符号当作了一种元素。特别是《中国大百科全书》提出的五要素说：精神要素、语言和符号要素、规范体系要素、社会关系和社会组织要素，就是把符号直接列为几大要素之一。文化元素和文化符号相互关系，除了这种相近或相同一面外，二者实际还是有区别的。其区别在于文化元素是构成文化的基本单位，而符号只是一个事物的内涵或象征意义的标识，也叫象征或表征。二者之间的关系大致表现为这样三个层次：元素是符号的基础，没有元素就没有符号；符号是元素的提升，有些元素，甚至是大部分的元素不能成为符号，而只有那些有广泛含义的元素才能有可能形成符号；符号在形成以后起到一种替代的作用，即所谓的能指和所指问题。

第二个是文化符号的形成机理问题。这里涉及两个问题，第一个是文化符号的标准问题。北师大王一川教授受美国《时代周刊》的启发，做了一个问卷调查，结果是汉语、孔子、书法、长城、五星红旗、中医、毛泽东、故宫、邓小平、兵马俑被评为中国十大文化符号。他在调研时也提出了自己设立文化符号的标准，即核心价值系统的吸引力、社会行为模式的凝聚力、传统典范及遗产的影响力、文化传播价值的感染力。借鉴王一川教授的做法，在确立文化符号标准问题上，我也想提出三个标准：一个是准确性。不管你怎样提炼和设立，文化符号一定要准确，或者大致准确，不能张冠李戴。现在，有些地方做文化符号提炼工作，由于标准的模糊和结果的似是而非，实际已做不下去了。第二个标准是单一性。文化符号从符号学的理论来讲是非常单一的，一个成体系的东西原则上不好列入。例如我们提炼草原文化，草原歌舞从影响力来说肯定很有竞争力，但草原歌舞没有单一性的内涵，用马头琴或者其他具象的东西去表征可能更有符号的意义，实现所谓"指代"的功能。第三个标准是文化符号表征的涵盖力，通俗地讲，就是其认可度。现在通行的做法是按问卷调查票数的多少来选定入选符号，或前十、二十或五十不等。这种方法当然有它的合理性，但其局限性也是十分明显，就是难以体现入选项目认可度的一定量化程度。那么，怎样才能使其更科学化？这就要引入一个涵盖率的问题。例如，入选文化符号认可度只有达到多少比例如假定50%的时候，它才可以被确认为是个标志性的符号。这是我前段时间去阿盟做非遗条例立法调研的时候得到的一个启示。阿盟有个传统的非遗项目叫阿盟古代地毯的制作，这些地毯有很多图案，其中有3~4个图案非常典型，即骆驼、沙漠、胡杨，有的再加上航天城。按涵盖率的办法来讲，这三个文化符号可能就是阿盟真正有代表性的标志性的符号，而其他文化符号即便进入前十，但也难以真正成为其标志性符号。

生成机理研究的第二个问题是解决一个文化视角问题。什么是视角问题，就是解决他观与自观的问题。他观就是指你这个文化形象在别人心目中是什么样子。自观就是指你这个文化形象在你自己的心目中是什么样子。他观主要说明一种文化对外树立形象、提升影响力问题，自观主要说明一种文化对内形成凝聚力问题，两者交互作用，各有侧重。因此，在提炼文化形象和标志性符号的时候一定要摆布好他观和自观的关系以及他观和自观在你这概率中所占比例的问题，否则说服力不大。

（二）实际运用问题

就是要解决文化符号的传播与应用问题。传播是运用的前提，运用是传播的延伸，也是更好地传播。文化符号的运用实际涵盖很多领域，包括产品设计领域、旅游纪念品的设计和开发领域以及商标设计领域等等。例如旅游纪念品的开发，是在所有产品设计中运用符号价值最广的领域。这是因为人们对旅游纪念品的消费，实际既是物的消费同时又是意义的消费，而且某种意义上讲更重要的是意义的消费。还有,在城市建设领域中的运用。我们这次论坛的主题就是"草原文化与城市生活",我想这里就包括如何将草原文化符号运用到城市建设和城市生活中的问题。我们希望与会者能够围绕这一问题展开深入的讨论。

(三)关于草原文化十大符号的认知

草原文化符号化的认知和提炼是一项十分复杂的事情,这种复杂性不仅源于文化符号本身的认知过程,也源于草原文化本身的复杂性。但有关前期研究还是为我们提供了重要依据。一个是内蒙古社科院做的"蒙古族文化元素活力状况调研"。我们经常讲,继承和弘扬民族传统文化,而我们的传统文化究竟处在什么样的状态,哪些元素有生命力,哪些元素处在衰弱状态,大都很难说清楚。现在通过这个调查,我们对这些问题大致得到一个基本量化的答案,这对于我们提炼草原文化符号做了一个很好的铺垫。内蒙古社科院还有一项课题,即"内蒙古十大文化符号体系调研"项目,更是成为我提炼草原文化符号最直接的前提。只是这两个调研项目还没有公布调研结果,我这里不便直接引用就是。在这两项调研基础上,我提出的草原文化十大文化符号是大草原、成吉思汗、马、蒙古包、那达慕、敖包祭祀、马头琴、奶茶、红山玉龙、胡汉和亲。

为什么选定这十大符号，我做一选择性的简要说明。第一，大草原是草原文化的地理环境基础，也是内蒙古的替代符号，因为内蒙古本身就是草原文化的主要发祥地和承载地。第二，关于成吉思汗。历史上伟大人物很多，但很少有人能够将创造历史和缔造民族的伟业同时集于一身，而成吉思汗就是创造这样奇迹的人物。成吉思汗创造了属于他的历史，很多学者认为，整个公元13世纪、14世纪是蒙古人的世纪；同时人们也一致认为是成吉思汗建立蒙古帝国以后，蒙古人才以民族共同体的身份走向历史舞台，这无疑标志着成吉思汗是一个民族的缔造者。第三，关于马。蒙古族乃至整个草原民族都是马背民族。有学者讲马文化是一个知识系统、技能系统、审美系统、信仰系统，在马的身上体现了很多草原民族的生活经验和智慧，马已经成了草原民族的一个符号。还有奶茶、马头琴。这两个元素在前面说到的两个调查中排在第三和第四的位置。内蒙古对外形象还有一个，那就是骑马、喝酒、吃肉。这也是很重要的文化形象。但是奶茶更有广度，奶茶已传遍大江南北，奶茶的实际味道可能已经改变，但是它的符号影响力还在扩大。在这里，我想特别讲一下敖包祭祀。敖包祭祀是整个北方草原民族共有的一个文化现象，而且历史悠久，据考证那达慕就是源于敖包祭祀。最近，中国蒙古学学会和内蒙古民俗学会正在组织实施内蒙古民间节日的策划和推展活动。《国务院关于全国年节及纪念日放假办法》规定，民族聚集地区可以以民间传统节日为基础设立自己区域的法定假日。现在，新疆、西藏等4个自治区已经按照这个规定设立了自己的法定节日，有的放3天假，有的放2天假。当然，蒙古族的节日文化也很丰富，大致有20多项，但遗憾的是都没有形成统一的节日，主要是日期不统一、区域不统一。眼下我们正分两步做，先是打造蒙古族的统一节日，然后把这个节日上升为自治区的法定节日。经过调研，我们选定把敖包祭祀作为统一节日，并在鄂托克旗进行试点，因为这里不仅敖包数量多，而且具有蒙汉各民族共同举行祭祀活动的传统。经过反复研究，我们设立的敖包节的定位是首先它是传统的，但又不仅仅是传统的，它同时又包含一切应当包含的时代特征和时代精神；它首先是蒙古民族的，但又不仅仅是蒙古民族的，它同时也是各民族守望相助、相濡以沫的文化平台；它首先是区域的，但又不仅仅是区域的，它同时也是我们伟大祖国北部边疆一道亮丽的风景线。我们认为我们的节日设计既符合中央和自治区党委的要求，又符合广大民众的意愿，蒙古民族需要这样的节日,内蒙古需要这样的节日。

　　刚才,乌兰部长做了重要讲话。讲话明确提出要精心构建新概念、新范畴、新表述,讲好内蒙古故事,传播内蒙古声音,努力提升草原文化的创新力、表达力、传播力和影响力。我们要落实讲话要求,要把草原文化学科建构问题放到更加突出位置。这些年来,草原文化研究取得了一系列重要进展,学科地位日益确立,但学理建构上的欠缺仍很明显。这同目前我国一些人文学科建设状况,如文化人类学自觉建构学科体系的努力形成较大反差。例如,以广西大学徐杰舜教授为代表的西南学派正在推动文化人类学话语的本土化,已经做了很多工作,也形成了自己的一个体系;以叶舒宪先生为代表的团队则主要运用符号编码理论来重新建构和阐释中国文化和中国经典;还有北京大学汤一介教授明确提出要创立中国文化的现象学、解释学、符号学,做了很多工作,卓有成效。最近我还注意到郭沂、夏乃儒等提出儒学思想体系现代重构问题,并打算重新选编儒学经典。叶舒宪先生还明确提出建构学科的标准问题:第一是要有学理依据,能够解释较为复杂的研究对象;第二是要有开拓性,发前人所未发,见前人所未见;第三是要有可传播性,便于学习、推广和应用。根据叶舒宪的标准,草原文化学科建设总体上符合要求,也富有成效,只是我们的自觉努力还没有很好到位，例如到现在还没有一个人提出草原文化的范畴体系问题，也没有对所依据的"原典"进行系统梳理，特别是对其表述还是被表述问题没有认真甄别。实际上，草原文化既有自我表述的方面又有被表述的方面。经典的例子就是姜戎先生的《狼图腾》。这本书认为，狼就是蒙古人的图腾，但很多蒙古族学者包括一些民间人士不认同这一点，认为蒙古族在历史上就没有什么统一的图腾，至少不认为狼就是蒙古族的图腾。这样一来，通过姜戎，蒙古族的狼图腾文化就成了被表述，它的合法性就受到质疑。这样的情况并不少见。

回到开头学科建设问题的讨论，我们对照叶舒宪先生的编码理论，观照草原文化，我们发现，在一级编码体系当中草原文化资源富集，且有较好的解读，而在二级编码和三级编码体系中则处于或缺失或薄弱状态，这也是草原文化研究在学理、学术层面上难以推进的重要原因。草原文化相对发达的就是后经典写作时代的N级编码体系，这也是草原文化研究不断深入耕耘并不断有所收获的广袤沃土。这是符号编码理论给我们的一个重要启示。

当然，在推进草原文化学科建设方面，我们不仅要吸收文化符号学，还要吸收其他一切可吸收的方法和理论，集中解决由游牧文化向草原文化过渡的范式转换问题。我以为，这对草原文化学科建设是至关重要的。

（本文系作者于2014年6月28日在第十一届中国·内蒙古草原文化节草原文化主题论坛上的演讲，原载于《内蒙古社会科学》2015年第1期）

谈谈构建草原文化学术话语体系问题

——从草原丝绸之路说开去

大约在19世纪中后期，一位来自德国的地质地理学家在中国旅行和考察期间，不经意间发现，从很早开始，东西方文明就被一条丝线系住。这位德国地质地理学家，就是大家熟知的李希霍芬男爵。1877年，他在《中国：我的旅行与研究》一书中，将这条用丝线连接起来的文明通道称之为"丝绸之路"。从此，这一承载一系列重大历史文化信息且有诗意的命名，开始高调登上历史舞台，吸引一批又一批探险家、旅行家和传教士等来到"丝绸之路"沿途历史文化遗址进行探访和考察，其结果之一，就是伴随中国历史遗迹和珍贵文献惨遭浩劫，一个被称为"丝路学"的新型人文学科宣告诞生。

纵观丝路学发展100多年的历史，大致可分为前、后50年。前50年，主要是在"欧洲中心论"框架下展开的，其中心论点是强调中国文明根源于西方，诸如"古巴比伦移民中国"、"腓尼基人航抵山东"、"中国人种西来"、"仰韶彩陶文化西来"、"中国青铜工艺西来"等等，不一而足。后50年，是在中国学术界取得自主权背景下展开的，其特点是围绕丝绸之路并借助丝路学，进一步系统阐明中国文明起源、形成和发展的历史脉络及其科学体系，有说服力地证实了中华文明从远古独自漫步走来的历史。[1]

当我们为丝路学后50年颇感欣慰之际，我们也不无遗憾地指出，像中国文明在丝路学前50年研究中被忽视和曲解一样，草原丝绸之路在整个丝路学研究中始终没有得到应有的重视，特别是在当今丝路学研究热潮中，草原丝路研究热度还没有提升上来。这也是我们这届草原文化主题论坛选定"草原文化与草原丝绸之路"为主题的缘由之一。

实际上，同丝绸之路上的其他线路相比，草原丝绸之路自有它独到之处，在整个丝绸之路形成发展历史过程中占有重要地位。从形成时间看，草原丝绸之路形成于青铜时代早期到铁器时代，比兴盛于汉唐时期的沙漠绿洲丝绸之路要早500~1000年。从其跨越的区域来看，

---

[1] 沈福伟. 丝绸之路与丝路学研究[N]. 光明日报，2009-12-30（12）.

它既像其他丝路那样,是从东西横向沟通欧亚大陆的大通道,同时又是从南北纵向连接中国中原地区和北方草原地带的经济走廊,其分布区域十分广阔,并且其中心地带随着时代的不同而改变,如匈奴时代主要在漠南和漠北,鲜卑时代在漠南,契丹时代在东部草原,蒙元时代则横贯欧亚、纵贯南北[1]。从其发挥的作用看,在近3000年的发展历程中,草原丝绸之路同丝绸之路其他线路相比,基本没有发生中断现象,从而保证了整个丝绸之路的畅通。[2]

然而,草原丝绸之路的这种历史地位和作用,在整个丝路学研究当中没有得到应有的重视和阐释,草原丝绸之路研究在丝路学学术话语体系中始终处于边缘状态,就是这次主题论坛征集的论文,其中不少虽然讲的是草原丝绸之路,但笔墨多用在沙漠绿洲丝绸之路上。这种情况说明,在学术研究领域建构话语体系,同在文化与传媒领域掌握话语权一样重要。因此,今天在"草原文化与草原丝绸之路"为主题的论坛上,我想从以上

---

[1] 张文芳,王大方. 论草原丝绸之路[M]//胡匡敬,王学俭,董汉忠. 论草原文化:第二辑. 呼和浩特:内蒙古教育出版社,2006:119.

[2] 张景明. 论金银器在草原丝绸之路文化交流中的作用[M]//董恒宇,马永真,王学俭. 论草原文化:第四辑. 呼和浩特:内蒙古教育出版社,2008:344.

谈及的草原丝绸之路研究状况为由头，谈谈构建草原文化学术话语体系问题。

一、什么是话语权

话语权研究由来已久，但在传统中，其主要领域是在修辞学和诗学。随着印刷媒介的出现和发展，特别是伴随网络时代的到来，话语权研究在超越其工具性认识基础上，向多元化方向发展，已经成为传播学、文化学和意识形态问题研究领域的热门话题。葛兰西的"领导权"、哈贝马斯的"合法化"、罗兰·巴特的"泛符号化"、鲍德里亚的"仿像"思想，都为话语权理论的形成和发展发挥重要影响，成为这一理论的重要组成部分。当然，其中最有影响的还是福柯。这位法国后结构主义的主要代表，在1970年当选法兰西学院院士时发表的题为《话语的秩序》著名演说中，明确提出"话语即权力"的论断。他认为，话语的外在功能，就是"对世界秩序的整理"，谁掌握了话语，谁就掌握了对世界秩序的整理权，因而也就掌握了权力。[1] 福柯的话语权理论在西方国家具有广泛影响力，是西方国家抢占话语体系制高点的深刻反映。

---

[1] 张国祚. 关于"话语权"的几点思考[J]. 求是. 2009（9）：43.

那么，什么是话语权呢？话语权是意识形态领域一种主要主导权，是一个国家、一个民族、一个地区文化软实力的重要表征。据韩庆祥教授的概括，所谓的话语权，一方面是指话语的道义力量，解决的是"有人听"和"愿意听"的问题；一方面是指话语的强制力量，解决的是"让人听"和"必须听"的问题。而"有人听"、"让人听"的问题，实质是对人们思想世界的控制和影响，历来处于意识形态领域和国际政治斗争的核心地位。从这个意义上说，中华民族的伟大复兴，在一定程度上也是中华民族话语权的复兴。[1]正因为如此，习近平总书记特别强调，要加强中国话语体系建设，讲好中国故事，唱响中国声音，着力打造融通中外的新概念新范畴表述，增强在国际上的话语权。响应总书记的号召，中国学术界已响亮提出"建构中国特色学术话语体系"问题，努力对"中国故事"给出科学的解释和说明，将"中国道路"、"中国经验"、"中国模式"上升为普遍性的概念体系和知识范式，为人类面对的共同问题给出富有启示性的"中国方案"，积极迎来国际学

---

[1] 韩庆祥，陈远章. 以中国元素的凸显提升国际话语权[N]. 光明日报，2014-12-17（13）.

术话语领域的"中国时代"。[1]

二、为什么要构建草原文化学术话语体系

如果说，中国学术界建构中国学术话语体系，旨在将中国的发展优势转化为话语优势，以改变国际学术话语"一超主导、西强我弱"的格局的话，那么，构建草原文化学术话语体系，其主旨就是要进一步彰显草原文化的影响力，以改变草原文化被忽视和边缘化的状况。具体讲，主要基于以下三点考虑。

（一）纠正长期被歪曲的问题

草原文化被歪曲的问题，应当说体现在多个方面，但过去主要表现在对草原文化创造主体，即草原民族的带有某种歧视性的认知上。例如，在中国古代文献中凡涉及少数民族族称的用字，大多都有贬义，如荤粥，意指糊涂虫；猃狁，意指丑陋的长嘴猎犬；匈奴，则指恶犬，等等。当然，对草原民族乃至整个少数民族的这种歧视性认识，近代以来特别是新中国成立以后得到彻底清理，少数民族称谓不仅音译一律规范统一，而且在汉语语境中也获得积极的意义。这方面，周恩来总理还做出特殊表率。1965年，周恩来总理曾亲自将壮族的

---

[1] 陈曙光. 中国的发展优势如何转为话语优势[N]. 光明日报，2014-02-17（11）.

"僮"字改为"壮"字,不仅赢得壮族人民的普遍认可和由衷的感激,而且受到全国各族人民的广泛赞誉,成为一时美谈。[1]

需要指出的是,随着时代的进步,对草原民族这种带有明显歧视性的认知已经得到改变,但由于不同文化之间的差异而造成的偏见或模糊认识至今依然存在,总的看法就是认为草原文化没有多少文化内涵和深度,是一种表象化的文化。鉴于这种情况,文化学者马冀曾有针对性地指出:"草原文化不是浮浅的、片面的,也不只是喝酒吃肉、骑马摔跤、唱歌跳舞,同时也创造了灿烂的文明。"[2]

(二)努力解决长期被忽视的问题

2010年8月,一部通俗中国史著作悄然走俏。这部名为《另一半中国史》的著作,以鲜明的态度掀开了中国历史被人们长期忽略的另一面。这另一面,主要就是草原文化的历史及其作为。作者高洪雷开宗明义地写道:"迄今被我们称作中国史的,只能算是半个中国的历史。历史学家们所记录的,大多是中原王朝的兴衰荣

---

[1] 国家民委民族问题五种丛书编辑委员会《中国少数民族》编写组. 中国少数民族[M]. 北京:人民出版社,1981:500.

[2] 苏肖雯. 浅论草原文化与全球经济一体化[M]//马永真,王学俭,王学丰. 论草原文化:第三辑. 呼和浩特:内蒙古教育出版社,2007:378.

辱，各少数民族即便偶然被提起，也不过是因为与中原王朝的瓜葛而被迫匆匆地一笔带过。"[1] 请注意，作者这里用"偶然"、"被迫"这样的字眼强化他的叙述主题，说明中国少数民族，特别是中国北方少数民族的历史文化被忽略到何种程度。所以，历史学家陈梧桐为本书作序时真诚地写道："《另一半中国史》，既形象而又寓意深刻，点明少数民族历史是中国历史不可或缺的有机组成部分，充分肯定了少数民族对祖国的缔造和发展的巨大贡献。"[2] 正如陈梧桐教授指出的那样，我们多年的研究也证明，中国北方少数民族及其创造的草原文化，如同中原文化一样，历史悠久，博大精深，是中华民族和中华文化的重要组成部分，在整个中华民族和中华文化形成和发展的历史过程中曾发挥十分重要的作用。对此，我国老一辈历史学家陈寅恪、翁独健、张振珮等都有清醒的认识和深刻的阐述。早在20世纪40年代，张振珮先生在评价成吉思汗之功业时就深刻指出，成吉思汗不仅"扩大人类之世界观"，而且"创造民族新文化"，"使我大中华民族融冶于一炉，并因混

---

[1] 高洪雷. 另一半中国史[M]. 北京：文化艺术出版社，2010：引子.

[2] 高洪雷. 另一半中国史[M]. 北京：文化艺术出版社，2010：1.

居杂处之结果,使我民族输入一种新的血液,厥功亦至伟大"。[1] 日本学者冈田英弘也有同感,而且说得更加到位:"蒙古帝国留给中国的遗产,恰恰是中华民族本身。"[2] 问题是这些学者的意见虽然足够睿智、深刻,但仍然没有进入主流学术话语体系,彰显中国北方少数民族及其创造的草原文化的任务依然任重道远。

(三)推进草原文化学科建设的需要

无论是改变历史的偏见,还是扭转被边缘化的状态,最重要的还是从学理上系统梳理草原文化发展的历史脉络,科学阐明草原文化的内涵、特征及其精神实质,使之真正形成一种概念体系和知识范式,才能从根本上提升草原文化的影响力,为草原文化学术话语体系建构奠定坚实的历史和逻辑基础。这也是我下面将要谈到的重点之一。

三、如何构建草原文化学术话语体系

草原文化学术话语体系建构问题,既是以更好的方式表述草原文化的问题,又是草原文化主体形象和身份

---

[1] 张振珮. 成吉思汗传[M]. 北京:东方出版社,2007:132-135.

[2] 杰克·威泽弗德. 成吉思汗与今日世界之形成[M]. 温海清,姚建根,译. 重庆:重庆出版社,2006:205.

认同问题，本身就是一项艰巨复杂的学术创新工程。下面，我从五个方面试做讨论。

（一）讲好草原文化故事

草原文化是中华文化的重要组成部分。因此，如何在深入研究的基础之上，将草原文化关键的历史时刻、历史事件、历史人物及其文化精华和经典，像中华文化的其他部分内容一样，以经典化和形象化的方式加以推广普及，是摆在我们面前的重要任务。我们读《三国演义》、《水浒传》，诸如"桃园三结义"、"三英战吕布"、"煮酒论英雄"、"三顾茅庐"、"花和尚倒拔垂柳"、"林冲雪夜上梁山"、"宋江怒杀阎婆惜"、"景阳冈武松打虎"的故事，多么鲜活有力、栩栩如生，仿佛那一历史时刻，一幕幕出现在我们脑海中，其影响力和传播力长久不衰。其实，清代著名蒙古族作家尹湛纳希已经意识到这一问题，并做出自己应有的努力，为我们以形象化的方式传播草原文化提供很好的借鉴和范例。

当然，讲好草原文化故事，不是编好几则故事、讲好几段书就可以做到的，但将草原文化形象化、经典化，以人们能够接受、愿意接受的方式传播出去，一定是讲好草原文化故事的首要前提和基本路径选择，不能不引起我们的格外注意。

（二）唱响草原文化声音

86年前，鲁迅曾在香港发表题为《无声的中国》的演说，呼吁"将中国变成一个有声音的中国"。他说："青年们先可将中国变成一个有声的中国。大胆地说话，勇敢地进行，忘掉了一切利害，推开了古人，将自己的真心的话发表出来。……只有真的声音，才能感动中国的人和世界的人；必须有了真的声音，才能和世界的人同在世界上生活。"[1] 经过几代学人的努力，如同今天的中国已经成了一个"有声的中国"一样，今日的草原文化已经成为一种"有声的文化"。只是这种声音目前还不够响亮，响彻区域还比较有限，有时还有这样那样的顾虑。我们必须明确，唱响草原文化，有利于维护祖国统一，有利于中华文化的凝聚力和影响力，也有利于各民族之间的交流、交往和交融。去年我在一次座谈会上曾提出，草原文化研究，创立中华文化起源由"一源说"到"三源说"的话语体系，填补了中华文化起源领域的重大空白；把游牧文明纳入中华文化构成体系，丰富了中华文化构成形态；将长城内外统一于中华文化区域分布的格局之中，还原了中华文化形成历史的真实面貌。这就是说，草原文化研究通过一种话语体系

---

[1] 鲁迅. 无声的中国[M]//鲁迅. 鲁迅选集：第二卷. 北京：人民文学出版社，1983：422.

的创新，从中华文化源头、构成形态和区域分布上阐述草原文化在中华文化发展史上的地位和作用，从而不仅从学理上，而且从心理和情感上有利于我们进一步增强中华文化的认同。因此，唱响草原文化不仅是构建草原文化学术话语体系的需要，也是实现中华民族伟大复兴的时代要求。

（三）积极参与不同文明之间的对话与交流

我们已经处在这样一种历史时期，在这一历史时刻，不仅文化的多样性受到普遍的尊重和赞赏，而且不同文化之间的对话与交流，并通过这种对话与交流寻求相互间的同一性问题同样受到普遍重视。例如，自20世纪80年代起，哈贝马斯、孔汉思、科布、杜维明等一批具有很高声望的公共知识分子积极倡导建立人类公共伦理，并推动联合国发表了《通向未来之桥》的宣言。这也印证了约翰·希克的主张："今天的世界就是这样一个世界，假如我们不统一于共同的生活，我们也许只会发现自己统一于共同的死亡。"[1] 然而，遗憾的是，正如许嘉璐说的那样："讨论人类共同伦理和连带研究'世界责任'时，有着近14亿人的古老民族缺席，不

---

[1] 郭小聪. 守夜人与夜莺：国际关系领域的文化思考[M]. 北京：北京大学出版社，2014：102.

能不说是世界伦理论坛的损失。"[1] 好在这已是二三十年前的事情。近10年来这种情况有了根本改变。余秋雨说："熟视无睹的时代已经过去。即使在遥远的地方，兴趣的目光也开始向中华文化集中。"[2] 正因为如此，去年以来，习近平总书记先后在上海亚信会议第四次峰会、博鳌亚洲论坛年会上倡议召开亚洲文明对话大会，推动不同文明和不同宗教交流互鉴、取长补短、共同进步。习总书记的倡议引起学界和社会各界的广泛关注和积极响应，对话大会筹备工作已开始着手进行。

如果说中华文化一改过去被"熟视无睹"的状况，开始参与世界不同文明之间的对话与交流体系之中的话，那么，草原文化作为中华文化的重要组成部分，将有无可能加入到这一历史发展的进步潮流中去呢？

答案无疑是肯定的。这种自信不仅来自于草原文化独特的历史地位与作用，而且来自于草原民族一贯秉持的核心理念。草原民族那种崇尚自然、崇尚自由、崇尚英雄、践行道义、践行简约和恪守诚信、包容的精神品质和文化心态，过去是，现在是，将来仍会是人类文明

---

[1] 许嘉璐. 200年河东，200年河西，未来康庄[N]. 光明日报，2014-09-22（16）.

[2] 余秋雨. 中华文化为何长寿？——《中华读本》引论[J]. 美文，2015（6）：15.

的宝贵财富，在不同文明之间相互交流借鉴的过程中必将发挥重要作用。

为了深化对草原文化的研究与认识，进一步提升草原文化的影响力，我们曾将上述草原民族崇尚的精神品质作为草原文化的核心理论，概括为"崇尚自然、践行开放、恪守信义"这样三句话，并使之由学术话语转化为公共话语，从而收到十分显著的社会效果。现在的问题是，如何将这一核心理念化作一种具体的语境，纳入不同文明之间对话的"黄金法则"当中呢？[1] 我们知道，儒学的"仁"这一核心理论，在不同的语境中具有不同的含义。例如，对父母则为孝，对兄弟则为悌，对朋友则为信，对国家则为忠，对人则为爱，如此等等。参照儒学把自己的核心理念置于具体语境中加以呈现的模式，我们也要认真做好草原文化核心理念的具体"语境呈现"工作，弄清楚"崇尚自然"的"崇尚"方式是什么，同"天人合一"的理念有什么联系与区别；弄清楚"践行开放"的"开放"在什么样的情况下呈现为"进取"、"包容"的状态，在什么样的情况下又转化为"豁达"的民族性格；弄清楚"恪守信义"的"义"在何种语境中转化为道义的"义"、仁义的"义"、情

---

[1] 许嘉璐. 200年河东，200年河西，未来康庄[N]. 光明日报，2014-09-22（16）.

义的"义"以及"义者宜也",等等。如果这种"语境呈现"问题得不到很好的解决,草原文化核心理论就会成为一种抽象而空洞的口号,不但难以成为一种"黄金法则"同不同文明进行对话与交流,而且难以成为人们信奉和践行的对象。

(四)深化学科基础理论研究

"草原文化研究工程"实施十多年来,我们比较系统地提出并论证了草原文化的内涵、特征及其核心理念问题,比较系统地梳理了草原文化发展的历史脉络及其若干高峰期,比较系统地阐述了草原文化与游牧文化的关系、草原文化与中华文化的关系、草原文化与蒙古族文化的关系,推动草原文化学科体系日趋完善,并开始纳入高校教材编写体系之中。这一系列重大学术成就的取得,确实来之不易,是各方面持续给予关注和支持的结果,是莘莘学子付出心血和智慧的结果。然而,我们也要清醒地认识到,从学科建构的角度讲,草原文化研究依然面临不少问题,有些还比较突出。比如,在一些具体问题的研究上,不但深度不够,而且学科特色不突出,难以同诸如北方少数民族史、蒙古学、"三少"民族研究相区别;在宏观问题研究上,整体特色和取向还不够明显,碎片化问题还没有得到很好解决;在研究方式上,既有打破内部学科隔离、推进跨学科研究问题，又有从十几年"工程"实施方式转向常态化研究的问题。其中，最突出、最引人注目的还是草原文化研究对象中的"草原"指向问题，包括其内涵、分布范围等等。如果草原文化研究所指称的"草原"是指中国北方草原抑或是欧亚草原，其结果都是一样的，因为在质疑者看来，两者同样都是一种"特指"而非"唯一"的[1]。如果是泛指，即包括世界各地草原地区，虽然可以避开所谓的"唯一性"问题，但同我们的学术旨趣和实际研究情况是不相符的，也很难得到学界的认可。实际上，对草原文化研究的某些质疑，不仅来自于质疑其所指"草原"的"唯一性"方面，还来自于我们试图把整个草原纳入研究范围，从而以草原文化研究替代游牧文化研究的趋向和可能性。在草原文化研究学术语境中，把草原文化视作游牧文化，或把游牧文化称为草原文化的现象依然比较普遍。这也是我们草原文化研究可能引起人们质疑或让人们难以把握的原因所在。

在一次演讲中，对于这样一种极其复杂的问题展开全面讨论是完全不可能的。因此，我这里只提出：第一，文化，即便是一种地域文化，也不是其所在区域自然地理环境的直接产物，而是生活于这一区域的人们同这

---

[1] 包斯钦. 草原文化：关于定义和学理建构的探讨[J]. 内蒙古社会科学，2013（3）：1-7.

一区域自然地理环境相互作用的产物，这是人们所公认的，可以称之为文化研究领域的一条公理。而这一公理向人们昭示，同一自然地理环境，由于活动于其中的人们不尽相同，其结出的文化之果也不会完全一样。第二，正如区域经济学的"区域"是人的经济活动产物一样[1]，地域文化中所指的"区域"也是人的活动产物，是包括人的经济活动在内的整个文化活动的产物。所以，就像我们一贯强调的那样，"草原"在这里既是一种人文地理概念，又是一种历史文化概念。第三，按照迈克·克朗提出的"人们总是通过一种地区的意识来定义自己"[2]的意见，当一种文化用一种区域定义自己时，无论冠以这种区域何种名称，它都是独一无二的，不可能同其他区域相混淆。基于以上逐级推论，可以认为，当我们把我们研究的区域范围，即中国北方草原、历史上包括整个蒙古高原在内的区域，称之为草原地区的时候，其所指不但是明确的，而且也具有自身不容置疑的唯一性。

（五）加强学术批评

学术批评，如同学术研究一样，是开展学术活动的

---

[1] 高洪深. 区域经济学[M]. 北京：中国人民大学出版社，2007：25.

[2] 呼日勒沙. 草原文化区域分布研究[M]. 呼和浩特：内蒙古教育出版社，2007：3.

重要组成部分，对推进学术繁荣、加强学科建设具有重要意义。然而，这样一种重要学术活动，在草原文化研究领域，迄今为止并没有得到认真地开展，各论各的、互不对话与交流的现象仍十分普遍。这既不利于有关重大问题的深入讨论和科学合理的学术生态建设，又不利于草原文化话语体系和草原文化学科的长远发展。因此，在草原文化研究领域如何开展学术批评问题，是我们草原文化研究学者应当共同关注并加以解决的问题。

与此同时，我们对我们的研究对象，即草原文化本身也应有一种批判的审视。这些年来，由于我们主要着眼于草原文化内涵、特征及其地位与作用的挖掘与阐释，因而很少对其本身存在的问题或缺陷进行审察或批判。其实，任何一种文化，即使再博大精深，也有精华与糟粕，而且只有取其精华，去取糟粕，才能有利于其健康发展。这中间，就少不得批判的功夫。爱因斯坦曾说："我们思想的创造是祈祷，而不是诅咒。"因此，对草原文化自身开展批评，在草原文化研究领域不应有更多回避的问题。

这两天，根据录音整理这篇讲演稿时，偶然读到清华大学国学院刘东教授的一篇文章。在这篇文章中，刘东提出，为了推动国学走向开放与自由，不仅要处理好冯友兰先生提出的"照着讲"和"接着讲"的儒学话语

"讲说"或"讲谈"关系,还要处理好从"接着讲"到"对着讲"的关系,以便儒学在当代不同文明的对话交流中获得新的活力与生机[1]。刘东"对着讲"的理论,给我们的重要启示是草原文化研究作为新兴起的学科,同儒学相比,不能将"照着讲"、"接着讲"和"对着讲"的问题,主要按着"历时性"维度去有序展开,而是按照"共时性"原则协调推进,既要做好自身学术话语的构建问题,又要将这种构建过程置于持续的"讲说"过程和与不同文明对话体系之中,从而有效实现自身的丰满与充实。这里,同样重要的是,构建草原文化学术话语体系,还须将草原文化学术话语体系转化为一种公共话语体系。这是实现学术成果转化的有效途径和根本标志之一。实际上,自从我们提出草原文化概念开始,特别是草原文化核心理念的提出,我们一直在努力将草原文化学术话语转化为社会公共话语,并取得较好的成效。我们的经验表明,只有有效地建构草原文化学术话语体系,才能有效地将其转化为一种公共话语体系;也只有有效地将草原文化学术话语体系转化为一种公共话语体系,才能更好地促进草原文化学术话语体系的建构,两者相互促进,相得益彰。

---

[1] 刘东. 国学如何走向开放与自由[N]. 光明日报,2015-07-13(16).

大约十几年前，汤一介先生提出"人类文化正在或即将进入一个新的轴心时代"，"我们必须把握住这个时机，创建出新时代的新的中国文化"[1]。如果汤一介先生的"新轴心时代"理论已经或正在应验，那么，在这一伟大的"新轴心时代"，草原文化既会迎来前所未有的创新发展机遇，又将面临空前的挑战。因此，构建草原文化学术话语体系问题，已经成为我们学界一项重大而紧迫的任务，需要我们付出更多的心血和智慧，去"照着讲"、"接着讲"、"对着讲"，为更好地传承和弘扬草原文化做出我们应有的努力。

（本文系作者在第十二届中国·内蒙古草原文化节草原文化主题论坛上的演讲）

---

[1] 汤一介. 论新轴心时代的文化建设[J]. 探索与争鸣，2004（1）：2.

创新话语体系 增强"四个认同"
——从草原文化研究谈起

一、草原文化研究

草原文化研究是国家社科基金设立的特别重大委托项目。自2004年组织实施以来,在自治区党委和政府的直接领导和推动下,草原文化研究取得了一系列重要学术成果,得到了学术界的广泛认同,也得到了习近平、李长春、刘云山等多位党和国家领导人的肯定和鼓励。

草原文化研究的主要特点和学术主张如下:

(一)把草原文化作为一个独立的研究对象,相继提出了草原文化的内涵、草原文化的发展脉络、草原文化的区域分布、草原文化的发展规律等等一系列的学术命题和学术观点,为草原文化学科的建立提供了必要的学术支撑。

（二）把草原文化始终置于中华文化大框架之下进行研究，相继提出了草原文化是中华文化三大主源之一、重要组成部分之一、发展动力源泉之一的观点，确立了草原文化在中华文化发展史上的地位与作用，同时也丰富了中华文化的内涵，拓展了中华文化的历史视域。

（三）把草原文化研究同自治区的文化建设紧密联系起来，提出"崇尚自然、践行开放、恪守信义"的草原文化核心理念，推动草原文学、草原艺术和草原文化产业的兴起和发展，创新社会主义核心价值观在民族地区的表达和践行方式，为自治区的民族文化大区建设提供重要的理论和学术支撑。

二、草原文化研究的意义

（一）创立中华文化起源由"一源说"到"三源说"的话语体系，填补了中华文化起源领域的重大空白。

（二）把游牧文明纳入中华文化构成体系，丰富了中华文化构成形态。

（三）将长城内外统一于中华文化区域分布的格局之中，还原了中华文化形成历史的真实面貌。

《光明日报》评论说，"草原文化研究工程""宣布了新的史学观",三大主源之一的论断"具有划时代意义,是我国文化史在进入21世纪最具突破性的理论创新成果"。

三、草原文化研究的启示

(一)创新话语体系,从中华文化源头、构成形态和区域分布上阐述草原文化在中华文化发展史上的地位和作用,有利于从心理和情感上增强对中华文化的认同。我们的研究证实,少数民族文化历来是构成中国文化的重要一极,在每一重要历史时刻,为中国文化焕发新的活力和生机提供不可或缺的道义和力量源泉。例如,为什么身处大漠草原的蒙古民族,几乎在第一时间能够接受马克思主义,能够在全国率先建立民族自治区?原因当然是多方面的,但其中很重要的一条是蒙古民族传统文化的价值取向同马克思主义具有内在的契合性,像蒙古民族英雄史诗《江格尔》中描绘的"宝木巴"那样一种理想社会以及成吉思汗的"伊克伊"(大和谐)思想等等,为蒙古民族跟着共产党走上社会主义道路发挥了重要的历史性作用,这一点应引起我们的注意并给予必要的总结。

(二)弘扬民族文化,有利于解决民族认同和国家认同之间的关系问题。民族认同和国家认同之间的关系问题，是当前民族问题研究的焦点之一。有人认为只有"淡化民族认同，才能实现国家认同"，有人主张"在坚持国家认同中促进民族认同"。对于我们这样一个多民族统一国家来说，民族认同与国家认同实际是一个事物的两个方面，我们既不能用国家认同代替民族认同，又不能用民族认同冲淡国家认同。我们必须懂得，我们首先是中国人，中国是什么样，我们便是什么样；我们还要懂得，我们祖国是56个民族组成的，56个民族是什么样子，祖国便是什么样子。坚持在中华文化构架下研究和弘扬民族文化，是促进两个认同有机统一的重要路径选择。

（三）有利于处理民族因素与区域因素的关系。草原文化既是民族文化，又是区域文化，是民族文化与区域文化的统一。我们坚持弘扬草原文化，为认识和处理民族因素和区域因素之间的关系，既坚持各民族一律平等，又着力消除事实上的不平等，提供了新的话语权。

以上，我只是从文化视角讨论我们当前民族工作面临的有关问题。如果从根本上解决这些问题，我以为最重要的还是坚持和完善民族区域自治制度，一方面要在"坚持"上做文章，坚决澄清和纠正一些模糊或错误的认识；一方面要在"完善"上做文章，切实解决落实不到位的问题。

我就讲到这里,如有不妥之处,请予批评指正。

谢谢!

崇尚自然 践行开放 恪守信义

——论草原文化的核心理念

近几年来,草原文化研究在我国学术界异军突起,取得了一系列具有突破性、开创性的研究成果,产生了重要而广泛的影响。随着研究的深入,十分需要进一步挖掘和阐述草原文化丰富而深刻的内涵,建构草原文化的观念与范畴体系。提出和探讨草原文化核心理念就是这种有益的探索,就是草原文化研究深化的标志之一。草原文化的核心理念是草原文化的核心观念在价值取向上的集中体现,是对草原文化的基本内容、基本精神和价值取向的本质概括,是草原文化形成、发展及对外扩大影响的内在动力。草原文化核心理念作为一种认识形态,是草原民族对自然、社会及其发展基本态度的集中体现,是民族性与区域性认同的统一、历史与现实认同的统一,在草原文化体系中居于统领的地位,体现了草原文化地域、民族和时代的特色。草原文化在长期积淀中，孕育出许多富有生命力的观念和思想，诸如开拓进取、包容并蓄、自由开放、崇信重义、英雄乐观、天人相谐等，形成独具特色的草原文化观念体系。

一、崇尚自然

人与自然的关系对于人类来说与生俱来、恒久永在。认识人与自然关系是人们认识的起点，也是永恒的认识主题。我国北方草原生态环境相对脆弱，传统的猎、牧生产对于自然环境有更大的依赖性。生存、发展的实践，让草原民族形成了依恋、爱护、珍视自然的情感和思想，从"万物有灵"的信仰，从朴素的生态意识，到自觉地以习惯法、成文法和行政制度的约定，实现对于人与自然关系的有效调节，求得人与自然共存共生、和谐两旺。我们可以把草原民族长期蓄积、为世代人们所信奉的这一生态理念称之为崇尚自然。崇尚自然，就是草原民族敬畏自然、珍爱生命、与自然和谐共生观念以及由此衍生的人与社会、人与人和谐相处思想的概括，体现了草原民族与自然环境的息息相通、和谐共荣的密切联系。这一理念主要包括对大自然敬畏崇尚，尊重生命的生态意识；与大自然友好相处，和谐共生的亲情意识；对大自然知恩图报，适度索取的节制意识；对大自然爱护有加，担当责任的自律意识等，以及由此衍生的人与人、人与自然、人与社会关系的和谐意识。这是草原文化的生态魂，也是草原文化区别于其他文化的重要标志之一。

崇尚自然，人与自然和谐共生的理念，在草原文化当中早已成为全社会的价值目标和统一意志。作为文化体系的价值取向，涵盖着物质文化、制度文化、精神文化的各个层面，在几乎所有的文化要素上都留下了鲜明的印迹；作为全社会的统一意志，贯穿在历史上北方民族政权的制度、法律、道德的规范体系当中，作用于生产、生活的各个领域。

同时，草原文化的这一核心理念同草原文化的属性和类型也是一致的，是草原文化类型在核心理念上的体现。我们的研究表明，草原文化是一种生态类型的文化。从古至今，草原文化是在我国广袤、辽阔的北方草原上生成、发展起来的，它是草原民族崇尚自然，在适应草原生态环境、保护草原生态环境、与草原生态环境共生存共繁荣中的文化成果。

二、践行开放

草原天高地阔，自然气候时有突变，草原民族的游牧生产逐水草，常迁徙，带有脆弱性和非自足性的特点,这些必然促成草原民族注重互助、看重交往的开放思想;由于游牧经济的单一性,迫切需要与外界经济保持各种形式的互补交换关系,需要高度开放的经济交往,不论主动还是被动,不论互市贸易还是武力掠夺,游牧社会必须融入当时更大规模的地区乃至世界的经济体系当中;草原文化是历史上许多民族共同创造的,是草原上多民族长期交融的结果。曾在历史上兴盛的民族都是在逐渐强盛起来的过程中,聚集很多各有其文化传统的部落、部族,然后取代先前的统治民族。因此其文化结构永远都具有多元性,是开放的。游牧、狩猎、战争、贸易,构成游牧民族的人生交响乐,塑造了游牧民族勇敢豪放、潇洒刚劲、粗犷淳朴的特有性格和气质,强调崇拜力量、崇拜生命和个性张扬,思维呈现明显的拓展型。草原民族之所以能够非常方便地接受异质文化,甚至融入异质文化当中,与他们热情爽朗、开朗奔放、富有探险精神的民族性格是分不开的。草原民族上述的思想意识可以称之为践行开放。

践行开放,是草原民族适应时代潮流、冲破旧制度、不断开拓进取思想的集中体现,它是草原民族开阔胸怀、包容态度、豪放性格和勇于突破自我的精神境界。草原民族从不自我封闭、固步不前,而是在游牧生产实践的基础上,从经济交流、与中原内地及世界沟通等方面，铸就了草原民族开放的心态、豪放的性格和进取的精神，以开放豁达的心态待人待事，尊重、善待不同的文化、宗教。从某种意义上讲，兼包并蓄是开放理念的基本内核，开拓进取是开放理念的外在表现。这就是说，草原民族在践行开放理念的过程中，不但努力接受外来文化，丰富发展自身文化，而且积极扩大自身文化影响，以此促进人类不同文化之间的交流传播，与其他文化一起共同推进人类文明的进步。完全可以说，开放理念是草原文化的观念性范畴之中最具活力、最具张力的理念。

千百年来，草原文化的开放理念以其强大的统摄力，影响甚至在一定程度上决定了文化整体发展的路线和方向。因为这种开放理念激活了草原文化所有领域中的所有活性因子，使他们积极与外在文化接触，并汲取养分以丰富和发展自己；同时，这种开放理念又调动了文化整合的强大功能，使外来的文化要素与文化本体之间迅速产生一种同构关系，使之融合到文化体系当中，从而有力地推进了草原文化整体的发展进步。

三、恪守信义

信义是综合体现诚实厚道、讲求信誉、公平正直、慷慨仗义等品质的道德范畴，被人类共同奉为美德，尤为草原民族所推崇和恪守。恪守信义，就是草原民族以诚配天、以义为本、大道诚信思想的概括。草原天高地远，民风淳朴，草原民族历来把崇信重义当作人生最重要的心灵约定，这是一种发自灵魂深处的维护社会联系、和谐的承诺和人格境界，也是对人际关系，人与天地、自然关系最为深层和真挚情感的表达。在这个意义上，可以说恪守信义体现了对于客观事物本质、发展规律的理解和践行。草原民族的生活是以自由、松散、简约为特征的，越是这样，人们越是守望、恪守着人生的自律、自觉，视信义超过人的生命，视诚信贵于金银财富。草原民族被誉为是最守信义的民族，践行信义也是草原民族同其他民族交往、联系、合作的重要保证，也是草原民族受到其他民族信赖和尊重的根源。

游牧社会的生产生活方式自有其显著的特征。传统游牧社会的社会结构较为简单，成文法律相对简约，在散居的生活状态下，法律和公众监督必然出现较多的真空，社会对个体的约束难以完全借助法律法规和公众监督来实现。于是，公共秩序的维护和社会公德的操守便更多地诉诸民众的自觉意识。而在人与人的关系中，信义是衡量一个人道德品格的重要尺度，是维系社会成员之间的正常融洽关系的重要力量。在某种意义上，信义是草原民族伦理道德体系的基石，是在草原文化的观念体系当中起着核心、引导作用的重要理念。在草原民族看来，信义是立身之本，也是治国之本。成吉思汗是一位高度重视信义的政治家。他认为，"忠"、"诚"、"信"是帝国的"伊合图日"——治国之大道或执政之要件，是执政者树立威信、赢得人心、稳定社会，可以使江山万古的人格魅力所在。所以，可与诚信者"结为安答"（盟友），"委之以大任"。政治家、执政者必须通过"践其言"来获得民众的信任和拥戴，否则将一事无成，甚至因背信弃义而失去国之根基。

总之，崇尚自然、践行开放、恪守信义作为草原文化的核心理念，是草原文化形态特征的体现，是草原文化区别于任何其他文化之所在；是贯穿草原文化全部历史、贯穿草原文化各个层面的主线，涵盖了人与自然、人与人、人与社会的关系，是全部文化行为所遵从的根据。它不但是草原民族的生存智慧、发展动力，而且草原民族通过实践这一核心理念，在历史上为中华民族的形成发展、中华文化的兴旺发达注入了生机和活力。作为核心理念，崇尚自然、践行开放、恪守信义既是历史的范畴，又是现实的范畴。在漫长的历史过程中，文化的某些特质被舍弃了或者被新的特质所取代，某些观念渐渐消失了或被新的观念所取代，而唯有这些核心理念始终与文化整体一同前行，并且不断得以丰富和发展，至今仍不失其风采和价值,继续成为文化发展、进步的精神动力。

每一个民族或地区文化,都有自己特色鲜明的文化理念,而在这些文化理念中有些理念又是居于核心地位,在整个观念体系乃至文化整体中起到统摄作用,决定文化形态的状貌和性质,引领整个文化体系朝着一定的方向前进的。崇尚自然、践行开放、恪守信义的理念就是在草原文化的观念体系和文化整体中发挥如此作用,并成为草原文化得以繁荣发展的精神动力和"活的灵魂"的理念。崇尚自然、践行开放、恪守信义的理念,三者既各自独立,各有其独特功能,又相互联系,成为有机整体,以其强大的统摄力,影响甚至在一定程度上决定了文化整体发展的路线和方向。草原文化之所以成为绿色生态型文化,就是因为崇尚自然的理念化为草原人民始终不渝的自觉行动;草原文化之所以能够从传统走向现代,就是因为践行开放、开拓进取的理念使草原民族的文化实践超越时空而与历史同步;草原文化人群之所以族群、籍贯不同而有着共同的性格特征,共同构成和谐有序的人文环境,就是因为恪守信义的理念使他们拥有了彼此认同的基础。

崇尚自然、践行开放、恪守信义,三者是相互联系的有机整体,共同构成了草原文化的核心理念,包含了草原民族在特定的自然和社会环境下生存、发展、对外交往的思想观念，有着丰富的历史的精神内涵，是草原文化形态特征的集中体现。对此，我们还要通过深入研究，进一步发掘草原民族深厚的历史文化积淀以及其中蕴含着的具有历史价值、现实意义、未来导向的精神理念。这些精神理念作为草原民族生生不息、奋勇向前的精神力量，已经深深地融入中华民族优秀传统文化之中，成为中华民族核心价值体系重要构成部分。我们要积极发挥草原文化核心理念在建设社会主义核心价值体系中的作用，把草原文化核心理念融于中国特色社会主义共同理想当中，融于以爱国主义为核心的民族精神和以改革创新为核心的时代精神当中。

（本文是作者主持完成的"草原文化研究工程"课题成果之一，执笔：毅松）

草原文化创新发展的历程、表征及其路径选择

今天我发言的题目是"草原文化创新发展的历程、表征及其路径选择"。这些年来，我们研究草原文化主要着眼于草原文化基本理论及其应用问题研究，其中自然包括很多草原文化创新的问题，但就草原文化创新问题进行专题研讨这还是第一次。下面，我围绕这次论坛的主题，讲五个问题。

一、什么是创新，为什么要创新

创新，从字面意义上理解，主要包含有更新、改变、创造新的东西等含义。有趣的是，据专家考证，在中国汉语体系当中第一次把"创"字和"新"字结合起来形成"创新"一词的，竟然是在古代朝廷讨论后宫的资源配置机制问题时提出的。《南史·卷十一·列传第

一·后妃上》说："据《春秋》，仲子非鲁惠公元嫡，尚得考别宫。今贵妃盖天秩之崇班，理应创新。"对于创新，不同的学科有不同的解释和理解，例如哲学认为，创新是指人类对于发现的再创造，是对重复、简单方式的否定；社会学认为，创新是对原有思维定式、行为模式、社会风气、时尚的突破、变更和发展。创新作为一种理论形成于经济学。美籍奥地利经济学家熊彼特在《经济发展理论》中把创新定义为"新的或重新组合的或再次发现的知识被引入经济系统的过程"，包括新产品的开发、新的生产方法的应用、新市场的开拓、获取新的原料来源、引进或创立新的组织形式等。创新作为一种理论，作为一种思潮，现在广泛应用于社会各领域，但在我看来，在所有学科中对创新要求最严格的可能就是文化学。我们认为，文化领域的创新，不是模仿，不是改良，也不是简单地传承或复兴，而是一种超越、转型、新生、新文化的创造。文化的这种创新既表现在内容上，又表现在形式上，但更重要的是体现在文化精神的创造上。所以，我认为文化领域的创新对我们的要求应当是更高的，也是更严的。

为什么要创新？简单地说就是为了经济社会发展的需要，也是推进文化自身与时俱进、繁荣发展的需要。习近平总书记深刻指出："创新是引领发展的第一动力。抓创新就是抓发展，谋创新就是谋未来。""创新是一个民族进步的灵魂，是一个国家兴旺发达的不竭动力，也是中华民族最深沉的民族禀赋。"对于中华民族和中华文化所具有的创新禀赋，我们不用引用更多的实证材料，只是简单重温古人对创新的经典阐述就可以体会到这一点。例如，《诗经》说"周虽旧邦，其命维新"；《盘铭》说"苟日新，日日新，又日新"；《易传·系辞上》说"富有之谓大业，日新之谓盛德，生生之谓易"。可见，古人很早就深刻洞察到创新的意味和力量，并把创新植入中华文化的基因，造就了中华文化悠久的创新传统和深沉的创新禀赋，使中华文化真正成为历久弥新的创新型文化。

二、草原文化创新历程及其表征

草原文化作为中华文化的重要组成部分，同样具有深沉的创新禀赋。这集中体现在草原文化创新发展的历程中。我们把这种历程概括为早期的狩猎采集文化、农耕文化、游牧文化以及现代文化四大发展历程，每个历程之间的递进和演变都是草原文化的重大转型和重大变革，是一个根本性、整体性的创新过程。草原文化创新发展的历程同我们研究草原文化历史分期是相一致的。我们在研究草原文化历史分期问题时曾提出，草原文化的历史可以分为起源期、形成期、发展期和转型期。实际上，这种分期就是依据草原文化创新发展历程去划分的。这说明，在我们早期的研究中，我们已经注意到草原文化这种整体上的创新能力和创新表现，只是我们在研究和表述上更多关注的是其转型发展问题而已。

草原文化的创新发展，应该说表现在各个方面，既有内容上的又有形式上的，既有宏观领域的又有微观领域的，有的方面还有很强的历史超前性。最近看到一个资料，说忽必烈在他那个时代就注意到教育农民的问题。当时他提出在农村建设一种叫"社"的组织，每个社大约50户左右，各社建1所学校，让农民和农民子弟学习识字。据专家考证，忽必烈陆续建立了20166所学校，而且是动用中央财政资金建立的。因而，这些学校被认为是世界上建立最早的也是规模最大的公共教育机构。这样的例子特别多，这里不再列举。

为了从宏观上概要地说明问题，这里我使用"表征"一词来表达草原文化的创新表现。著名史学家张振珮先生曾把成吉思汗的一生功绩概括为三个方面：扩大人类的世界观、促进中西文化的交流、创造民族新文化。在这三个方面的功绩中，大家谈得最多的是促进中西文化交流问题，而对第一个和第三个方面谈得不多，因此略加说明。对于前者，张振珮先生认为，在成吉思汗之前，无论是东方还是西方，对于世界的认识都很狭隘，甚至"卑视其周遭以外之远方"，"自汗西征以后，……两方人民亦渐知宇宙之大，固不仅限于过去视线所及之狭小范围，尚另有一玮奇瑰丽者滋长于另一方面"。所以张振珮认为，是成吉思汗扩大了人类之世界观。对于后者，张振珮指出："汗使我大中华民族融冶于一炉，并因混居杂处之结果，使我民族输入一种新的血液，厥功亦至伟大。"对此，日本学者冈田英弘也认为："蒙古帝国留给中国的遗产，恰恰是中华民族本身。"

关于成吉思汗的研究及其评价可以说令人叹为观止，但对成吉思汗研究和评价最全面、最深刻也最有学术意义的，张振佩先生应是最杰出者之一。所以，我们就借用张振珮先生关于成吉思汗伟业的三点评价作为草原文化创新发展的基本表征。我们认为，张振珮先生关于成吉思汗的评价，既是对成吉思汗本人伟业的客观总结和高度评价，又是对草原民族及其文化创新发展的总结和评价。如果我们从整个草原文化历史发展进程中观察，我们不难发现，草原文化的创新发展及其为人类文明和中华文化发展做出的贡献，恰恰就在扩大人类的世界观、促进中西文化的交流、创造民族新文化这三个方面。

草原文化为什么会有这样的创新力呢？从大的方面讲，主要是两条。一是草原文化创造主体是多元的，草原文化是草原地区的多民族相继共同创造的文化，因此草原文化在不同历史时期表现为不同的民族文化，如秦汉时期的匈奴文化、魏晋南北朝时期的鲜卑文化、隋唐时期的突厥文化，如此等等。二是草原文化是一种复合型文化，是一种多元结构体系。我们在过去的研究中，曾把这种多元结构体系概括为"三个统一"，即地域文化与民族文化的统一、传统文化与现代文化的统一、游牧文化与农耕文化的统一。后来，随着研究的不断深入，我们进一步认识到，草原文化这种多元结构体系，一方面它是一种开发体系，它的多元构成状况会随着所处经济社会条件的变化而变化；另一方面，它的开发体系并由此引发的多元构成状况无论发生怎样的变化，都离不开它作为地域文化的内在规定性，这也是我们坚持认为草原文化本质上是一种地域文化的缘由之一。

讲到这里，想起学者们关于中华文化长盛不衰的讨论文章有很多，提到各种情况，比如地域、人口、汉字、科举和儒家大一统思想等，对中华文化何以长寿的讨论，可以说既系统又深入，但美中不足的是很少有人提到中华文化内在结构的多元性问题。包括草原文化在内的中华文化之所以源远流长、与时俱进，与其包括农耕文化、游牧文化以及黄河文化、长江文化和草原文化等多元结构是密不可分的。正如生物的多样性有益于生态安全和发展一样，文化的多样性也有益于文化的"健康长寿"和持续繁荣发展。

三、草原文化创新的基础和条件

草原文化创新的基础和条件，涉及多领域、多方面的问题。从时代背景看，我们正处在一个创新发展的时代，创新无处不在，无处不讲创新。汤森路透的《2016全球创新报告》提出，2015年可以叫作全球开放式创新年，因为2015年全球专利总量年增长率高达13.7%。我们国家也提出了建立创新型国家的战略目标，深入实施创新驱动战略，把创新摆在更加突出的位置，坚持用创新引领发展，用创新谋划未来，迎来了一个大众创业、万众创新的以人民为主体创造历史的时代。

从经济社会发展状况看，不但我国的国内生产总值已经位列全球第二，而且开始走上创新、协调、绿色、开放、共享的可持续发展的道路，经济结构转型升级稳步推进，发展的质量、效益明显提升。内蒙古的情况也与全国一样。"十二五"时期，内蒙古以加快转变经济发展方式为主线，坚持推进富民强区，调整优化经济结构，提高科技创新能力，建设环境友好型和资源节约型社会，大力改善民生，全面深化改革，积极推进工业化、城镇化、农牧业现代化和全面建成小康社会进程，全区综合经济实力、产业发展层次、区域协调发展水平、发展保障能力、人民生活水平都上了一个大台阶，加上在此基础上实施的"一带一路"、"中蒙俄经济走廊"建设，为我们草原文化创新发展提供了重要的经济基础和新的历史性机遇。特别是"内蒙古民族文化强区战略"的提出和实施，从理论研究到实践创新，全面推动草原歌曲、舞蹈、美术、戏剧、小说、散文、诗歌和文化产业全面繁荣发展，造就草原文化新的创新发展的时代。

与此同时，"两个百年"奋斗目标和实现中华民族伟大复兴的"中国梦"，对我们草原文化的创新发展提出了新的更高的要求，需要我们认真研究，准确把握，积极应对。但遗憾的是，时代对草原文化创新需求方面的研究我们还没有真正破题。我们都说创新的根本来源或动力是需求，那么时代对草原文化创新究竟提出了什么样的需求呢？过去，我们大多泛泛地谈一些原则性的东西，既不具体又不系统，可以说只停留在概念化的层次上。所以，我在这里提出几个问题：研究草原文化的创新发展必须要深入、系统地研究我们这个时代对草原文化的创新发展究竟提出了什么样的需求、能够提出什么样的需求、将会提出什么样的需求？草原文化在推进区域经济建设、政治建设、社会建设和生态文明建设方面，能够提供什么样的思想和精神滋养？如何把草原文化的核心理念同社会主义核心价值观结合起来，推进马克思主义"三观"教育的中国化、时代化和大众化？在此基础上，我们还要研究创新创造需求的问题，因为需求固然会推进创新，创新必然来源于需求，但创新也会引来新的需求，而且随着创新活动的深入开展，这种情况会越来越多，将成为趋势性的现象。

在分析和阐述草原文化创新的基础和条件时，我们也不能不提到制约草原文化创新发展的一些短板，包括观念、体制机制、社会氛围和人才等，特别是草原文化创新人才严重不足的问题，必须从推进草原文化长远发展的历史维度认真加以解决。

四、草原文化创新发展的路径选择

在最近召开的全国哲学社会科学工作座谈会上，习近平总书记发表讲话指出，我们要坚持"不忘本来、吸收外来、面向未来"，推动哲学社会科学创新发展。我个人学习体会，这三句话不仅为哲学社会科学，还为包括草原文化在内的中华文化创新发展指明了根本方向和路径选择。

第一句"不忘本来",就是说我们要创新草原文化,就是要做足传承草原文化的文章。在这方面,有两个问题需要注意。一是我们强调传承有余、强调创新不足。这是可以理解的,因为我们的传统文化正面临着严峻的挑战。但长此以往,对草原文化创新发展还是不利的。二是我们对传统文化的研究和认识本身也有很多不足,有些东西我们还没有很好地认识;有些东西认识了,但不能加以正确地解释;有些东西可以解释了,但对其内涵挖掘不够。我举两个例子。在2015年中国第四届蒙古学国际学术研讨会上,我曾提出要深入研究蒙古族的民族性格问题。因为一种文化发展到一定程度,一定会沉淀和升华为民族的集体人格,正如瑞士心理学家荣格说的那样:"一切文化都沉淀为人格,不是歌德创造了《浮士德》,而是《浮士德》创造了歌德。"然而到现在为止,这个问题还没有得到认真的、系统性的研究。还有习近平总书记在考察内蒙古时提出的要传承和弘扬蒙古马精神的问题,也需要我们认真研究和总结,真正做到知旧守正、守正创新。英国伦敦大学国王学院姚新中教授说:"传统和现代是互相包含、互相影响和互相改变的。一方面,传统不断被现代化改变,不断被创造和再创造,因此,我们所说的传统并不真的是'传统'。另一方面,由于现代化的程序和过程会带有某种文化和文明的标志,所以现代在一定程度上被传统化和本土化。……传统和现代化的相互改变造就了一个特定文明的生命力和一个特定生活方式得到维持和发生改变的情境。"在传统与现代、继承与创新相互作用、相互生成的过程中,只有"知旧"才能"守正",只有"守正"才能"创新"。

第二句是"吸收外来"。对于中华文化来说,外来文化主要指域外文化,包括西方文化、印度文化、日本文化等。而对于草原文化来说,外来文化不仅包括上述域外文化,而且包括国内草原文化之外的一切文化,例如黄河文化、长江文化及其所属的齐文化、秦文化、楚文化、燕赵文化、三晋文化、巴蜀文化等。所以,对于草原文化来说,吸收外来文化的空间更大、资源更丰富,同时任务也更重。当下草原文化吸收外来文化的状况总的来说是好的,但也有一些值得注意的问题。例如,在积极吸收外来文化的过程中,如何做好自身文化的传承问题,以防止可能因为吸收外来文化而失去"自我"的问题,以及在吸收外来文化时如何变被动为主动、变盲目为自觉的问题。

第三句话是"面向未来"。未来是用创新来定义的,创新必须着眼未来。现在,我们已经面临的发展趋势和必将实现的未来进程就是工业化、城镇化、信息化,即我们通常所说的"三化"。这"三化"的任何一"化",都会给草原文化的创新发展带来重大的挑战与机遇。例如城镇化问题。现在内蒙古常住人口城镇化率达到60.3%,人们的生产生活已经发生很大变化,下一步,按发达国家的标准达到75%左右的时候,将对草原文化带来什么样的冲击和演变?虽然我们眼下还难以预知这种变化会是什么样的,但可以确定的是,这种变化一定是非常全面、非常深刻的。对这种发展趋势,如果我们能够深刻认识、积极应对,就会给我们创新发展草原文化带来前所未有的历史性机遇,使草原文化获得新的生机与活力,开始实现重大转型发展,否则会直接影响草原文化的前途命运乃至生存问题。所以,我在这里提出,我们应当把"三化"纳入草原文化创新体系之中,把"三化"当作草原文化创新的形式和载体,在"三化"中推进草原文化创新发展。

此外,还必须高度关注日新月异的科技创新和由此带动的高新产业的发展现状和未来发展趋势。我们已经深切感受到,我们已经迈入高速发展的时代,很多超乎想象的事物不时向我们迎面扑来,甚至"机器学习"终结计算机编程、人类将开始"不死之旅"等异想天开的问题也摆到我们面前。这些情况,对草原文化的创新发展无论是机遇还是挑战,都需要我们盯住不放。

五、范式转化：从游牧文化到草原文化

自我们提出并组织开展草原文化研究以来，有些学者一直抱有疑问，认为草原文化这个概念难以成立，大家公认的是游牧文化。那么，我们为什么不用游牧文化而用草原文化这个概念呢？如果用托马斯·库恩的范式理论来解释的话，那就是我们原有的概念、范畴和理论体系（即游牧文化）已经不能解释我们研究的对象，即中国北方草原地区的当下文化。库恩认为，一门理论在经历了一段时间的问题解答以后，就会遇到越来越多的"怪题"。从解答不了到出现危机，就会刺激新的理论出现。所以库恩断言，科学革命的实质就是范式转换，是少部分人在广泛接受的科学范式里，发现现有理论解决不了的"例外"，尝试用竞争性的理论取而代之，进而排挤掉"不可通约"的原有范式。回想我们草原文化研究的历程，我们是不是遇到了我们原有的游牧文化理论难以解答的"怪题"或"例外"，诸如农耕文明的介入、工业文明的挤压、城市化的挑战？即使是对我们这一区域早期文化形态，诸如被誉为"华夏第一村"的兴隆洼文化、昭示中华文化曙光的红山文化，我们也难以将其纳入游牧文化理论体系之内加以讨论。

按照我的理解，库恩的范式转换理论有两条可遵

循的东西。一是范式转换在外在形式上表现为问题—理论—规模、共识—话语体系,是可观察、可感知的一个东西。问题,就是如上所述原有的理论出现不能解释问题的情况;理论,就是提出比原有理论更有解释力和竞争性的新理论;规模,就是要有一定数量的科学家群体加入这一研究领域;共识和话语体系,就是接受这一新理论的科学家群体,将这一新理论当作一种奉行的信念和表达方式。按照这样的理解,从游牧文化到草原文化,是否完成了一次范式转换?就以最直观的研究团队规模为例,自实施"草原文化研究工程"以来,我们共有1800多名专家学者参与草原文化研究,已发表的论文、专著和研究报告超过1000万字。并且,这种规模的研究成果以及持续多年的草原文化论坛,不仅在学术领域,而且在社会领域已形成重要的共识和话语体系。

二是范式转化还有个内在结构,表现在这样四个方面:一是问题研究形态,二是研究领域形态,三是基本理论范畴形态,四是学科形态。在问题研究形态阶段,我们主要是尝试用一种新的角度解答原有理论,即游牧文化理论遇到的一系列"例外"和"怪题",并为此提出"草原文化"的概念和范畴。在确立研究领域阶段,我们由过去主要从游牧文化的角度研究草原文化转为主要从地域文化的角度研究草原文化,从而有效解决了草原文化这一概念的包容性和解释力。在基本理论范畴形态，我们主要是提出草原文化的内涵、特征及其基本精神和核心理念问题，明确了草原文化内在规定性和外在边界，只是这一问题还在深入推进之中。所以说，我们现在正处于从基本理论范畴形态到学科形态的过渡阶段。

在范式转换当中最重要的是一种组合的思维。爱因斯坦曾指出："组合作用似乎是创新思维的本质特征。"我们研究草原文化范式转化中就发现了这个理论。例如，我们上文提到的草原文化的"三个统一"问题，实际就是运用组合思维的产物。那么，"三个统一"统一在哪里？就是统一在草原文化是一种地域文化，因为只有是地域文化才有更多的包容性和更强的生命力，也有更多的现在和未来。因此，在从游牧文化到草原文化研究课题中，我们对范式转换问题的研究应给予足够的重视，努力从范式转换的逻辑和学理要求，推进草原文化的学术体系、话语体系和学科体系建设。

以上，我们从几个方面讨论了草原文化的创新历程、表征及其路径选择，最后的结论，是草原文化同整个中华文化一样，是具有创新禀赋和创新精神的文化，有它足以令世人瞩目的创新能力和创新成就，将永久载入中华文化创新发展的史册。同时，我们也有充分的理由相信，草原文化就像它有能力创造它创新的历史一样，草原文化也有能力创造它的创新发展的未来。我们当下的任务就是创造条件、营造氛围，让草原文化同整个中华文化一道，焕发出新的活力和激情，走上与这个创新时代相契合的伟大创新道路。

（本文系作者在第十三届中国·内蒙古草原文化主题论坛上的演讲）

草原文化的历史集成

——一论蒙古族文化在草原文化发展史上的地位与作用

蒙古民族是一个创造中国历史、改变世界历史进程的伟大民族。13世纪初,当一个新诞生的民族为世人所认识时,鞑靼—蒙古—成吉思汗的名字犹如强劲的飓风,迅速席卷了整个欧亚大陆,给世界历史留下了不可磨灭的印痕,所以有人将13世纪的世界历史称作"蒙古世纪"。是什么力量促使一个高原游牧民族创造了如此举世震惊的历史?这已经成为始终困扰人们的历史之谜。回眸历史,我们认为是草原文化长期发展的积淀,为蒙古族13世纪的崛起提供了动力;蒙古族自身的创造力又为其发展奠定了基础。历史的发展,以不可转移的力量把蒙古族推到草原文化的集大成者的历史地位。

本文拟以13世纪蒙古民族形成初期为下限,主要从民族融合、制度文化和精神文化角度,选择典型事例进行阐述。由于在物质文化方面草原各游牧民族之间差异性极小,难以辨别相互间的传承关系,所以对此问题暂且不论。

一、13世纪的蒙古族是多民族融合的文化共同体

蒙古高原及其周边地域,自古以来就是阿尔泰各民族生息繁衍的空间,历史上曾经涌现出大大小小数十个民族。共同或相近的生产生活方式,决定了他们之间有着相同或相近的文化基因,从而使他们创造了以相同或相近的价值取向、审美尺度为基础的文化类型——以游牧为典型特征的草原文化,并成为他们相互认同和交流的天然纽带,为他们奠定了相互之间文化交融和继承的基础。

从草原区域的历史发展进程看,草原文化的传承,在蒙古高原各民族间主要是通过两种方式完成的:一是相互间的文化传播。一些曾经占统治地位的民族文化往往成为一个时代的主流文化,对于弱小、落后民族产生极其深远的影响。匈奴人的制度文化在草原上延续数千年,柔然人发明的"可汗"称号成为此后所有草原政权最高首脑的称谓,而突厥人的基督教信仰、回鹘人的摩尼教信仰在蒙古族文化中得到积淀,回鹘文字母成为蒙古文字模版……另一种传承方式则是民族融合。民

族是一个历史范畴，是文化共同体，而非单一的血缘统一体。在历史上，蒙古高原各民族间融合的现象十分频繁。对此我们虽然可以在史料中看到一些记载，但恐怕难以体现全部，其强度可能远远超出我们的想象。

每一个草原王朝的建立，都标志着一次新的民族融合的开始。新民族的崛起，并不代表过去民族从肉体上的消失。任何一个草原王朝都是多民族共同体。以公元402年创建的柔然汗国为例，它的民族构成就十分复杂。据一位学者考证，柔然汗国内部"属东胡鲜卑的有十四部（氏）十六姓，属敕勒的有九部（氏）十姓，属匈奴余部的有三部（氏）二姓，属突厥部的有一部（氏）一姓，属西域（算作一部）五姓，属汉族（算作一部）有三姓"。还有大量部（氏）姓尚待识别。他们都是该政权剥削、役使的对象，属于非主体部分，第三系列。广义而言，柔然本族仅"七部（氏）十三姓"，为政权第二系列，主体部分。唯有郁久闾氏才是最显贵的氏族，为政权核心部分，第一系列，掌握汗国最高层的权力。[1]在这样的体制下，失败的、弱小的民族往往成为强大民族鱼肉的对象，为了生存，他们必然要依附后者，甚至改变自己的族称。按照史书的记载，我们知道匈奴帝国

---

[1] 周伟洲. 敕勒与柔然[M]. 上海：上海人民出版社，1983：96–109.

解体后，有10万余落、50余万匈奴人融入鲜卑，这部分人成为后来宇文、铁弗鲜卑；柔然汗国灭亡后，虽然有部分人西迁，但他们的大部分人必然融入突厥人当中；契丹人当中有回鹘人的成分，库莫奚等一些较小的民族也最终被其同化。每一民族或部族都有自己的特色文化，他们都是特定文化的载体，血缘意义上的民族的融合，必然将体现为民族文化的大融合。与正常的文化交流所不同，虽然这一过程或许伴随着血与泪，但在客观上为进步文化的传播以及草原文化的整体同步发展创造了条件。也正是通过文化交流和民族融合，草原文化的共性才得以形成并完善。

如果说13世纪之前草原民族的融合是区域性的，那么，1206年大蒙古国的建立，则预示着草原社会民族格局在新的起点上再次大规模整合的开始。拉施特在《史集》一书中全面而系统地描述了这一时期草原民族融合以及蒙古民族的形成过程："由于成吉思汗及其宗族的兴隆，由于他们是蒙古人，于是各有某种名字和专称的[各种]突厥（拉施特所使用的'突厥'概念，泛指游牧民族，并非种族或民族概念。——引者注）部落，如札剌亦儿、塔塔儿、斡亦剌惕、汪古惕、克列亦惕、乃蛮、唐兀惕等，为了自我吹嘘起见，都自称为蒙古人，尽管在古代他们并不承认这个名字。这样一来，他们现今的后裔认为，他们自古以来就同蒙古的名字有关系并被称为[蒙古]，其实并非如此，因为在古代，蒙古人[不过是]全体突厥草原部落中的一个部落。由于神恩[降临]到他们方面，也就是说，从蒙古部落中肇兴了成吉思汗和他的氏族，并且从他们产生出许多支系，特别是约在三百年前从阿阑-豁阿之世以来，产生出了人数众多的一个分支，其诸部称为尼伦并受到尊崇，[这样，]一切部落才全都以蒙古部落著称，尽管当时，其他部落并不被称为蒙古人。因为他们的外貌、形状、称号、语言、风俗习惯和举止彼此相近（尽管在古代，他们的语言和风俗习惯略有差别），现在，甚至连乞台、女真、南家思、畏兀儿、钦察、突厥蛮、哈剌鲁、哈剌赤等民族，一切被俘的民族，以及在蒙古人中间长大的大食族，都被称为蒙古人。所以这些民族，都认为自称蒙古人，对于自己的伟大和体面是有利的。在此之前，由于塔塔儿人的强盛，也有过同样的情况，并且由于这个缘故，[至今]在乞台、印度、至那和摩至那，乞儿吉斯人、客剌儿人和巴失乞儿惕人之国，在钦察草原，在[其]北方的各地区，在阿拉伯诸部落中，在叙利亚、埃及和摩洛哥，一切突厥部落还被称为塔塔儿[鞑靼]"。[1]

---

[1] 拉施特. 史集：第一卷第一分册[M]. 余大钧，周建奇，译. 北京：商务印书馆，1983：166-167.

拉施特用丰富的史料向人们描述了当时蒙古民族的形成过程及其构成，并以塔塔儿部族为例，对草原民族的融合方式从规律性的高度做了总结。由此我们得知有大量突厥语族、契丹人、党项人以及中亚人、西亚人融入了蒙古族群当中。

13世纪蒙古高原的统一，彻底打破了蒙古高原区域之间的封闭，打破了原有的民族、部族格局，结束了蒙古高原数千年民族、部族纷争的历史，同时也促进了草原文化的大融合，使整个草原文化的发展成为一个整体，使之发展趋于平衡。这种融合虽然伴随着战争和民族压迫，但在客观上代表了一种历史发展的趋势。在统一和睦的环境中生产生活是社会发展的要求，也代表了广大民众的愿望。

蒙古族由最初的一个弱小部族，就像滚雪球一样，将大量不同氏族、部族和民族包容到共同体之中（在拉施特的列表中，13世纪初构成和融入蒙古族的民族、部族共有47个，其中，被称为"尼伦蒙古"——元初意义上的蒙古部落只有16个，过去"被称为蒙古的"的部落8个，其余23个部落均为其他民族成员[1]），与此同时，也将草原各民族的文化融合为一体，吸收、消化了以往草

---

[1] 拉施特. 史集：第一卷第一分册[M]. 余大钧，周建奇，译. 北京：商务印书馆，1983：166-167.

原民族文化的全部精华，浓缩了草原文化的基本特征，在此基础上形成了既具有民族特色又具有时代特征的文化形态。自元朝之后，蒙古高原在其后的封建时期内，没有再次出现完全的分裂，民族成分没有发生新的变化。这一历史现象的出现，原因是十分复杂的，但有一点可以肯定，13世纪所形成的蒙古族文化吸纳、整合了以往草原文化的全部历史积淀和精华，并给草原文化未来的发展以明确的昭示，形成了较强的凝聚力。正是因为蒙古族在草原历史文化中的典型性和代表性地位，13世纪之后的"蒙古"一词，已经成为国际上表述草原人及其生活方式、地理空间、动植物种属和草原文化的基本概念，蒙古马、蒙古包、蒙古高原、蒙古草原、蒙古人种以及数百种"用蒙古文拉丁化命名的"植物名称[1]，等等，表明蒙古族在世人的观念中已成为草原和草原文化的代名词。

二、蒙古民族是草原制度文化的集萃者

制度文化是检验一个地区或民族文明化程度的最重要的尺度之一，草原民族在悠久的历史岁月里，根据自

---

[1] 陈山、田睿林. 蒙古民族与草原环境[M]//刘仲龄，额尔敦布和. 游牧文明与生态文明. 呼和浩特：内蒙古大学出版社，2001：11.

身生产生活方式、民族结构的情况,创建了与之相适应的政治、经济、军事、文化体制,形成了极具特色且完整的制度文化。由于制度文化所涉及的内容十分庞杂,本文只能择其要而言之。

众所周知,具有游牧特色的草原社会制度的基本形态是由匈奴民族奠定的。司马迁在《史记》中是这样描述匈奴帝国国家体制的:单于为最高统治者,其下"置左右贤王,左右谷蠡王,左右大将,左右大都尉,左右大当户,左右骨都侯。匈奴谓贤曰'屠耆',故常以太子为左屠耆王。自如左右贤王以下至当户,大者万骑,小者数千,凡二十四长,立号曰'万骑'。诸大臣皆世官。呼衍氏,兰氏,其后有须卜氏,此三姓其贵种也。诸左方王将居东方,直上谷。右方王将居西方,直上郡,……而单于之庭直代、云中。各有分地,逐水草移徙。而左右贤王、左右谷蠡王最为大,左右骨都侯辅政。诸二十四长亦各自置千长、百长、什长、裨小王、相、封、都尉、当户、且渠之属"[1]。正如学界所总结的那样,匈奴帝国的社会组织结构呈现出以下特征:一是以最高统治者为中心的左右翼制;二是以十进位制为基础的万户制度,十户为最基层的社会组织;三是军政

---

[1] 司马迁. 史记:第9册[M]. 北京:中华书局,1959:2890–2891.

一体，各级官员统领军政事宜，民众平时生产，战时从军。

这种社会组织形式显然与游牧生产生活是相适应的，因此成为此后大多数草原王朝所承袭的基本制度，如东汉时期的"承制诏辽东属国率众王颁下、乌丸辽西率众王蹋顿、右北平率众王汗卢维：乃祖慕义迁善，款塞内附，……始有千夫长、百夫长以相统领"[1]；柔然"社仑远遁漠北，侵高车，深入其地，遂并诸部，凶势益振。北徙弱洛水，始立军法：千人为军，军置将一人，百人为幢，幢置帅一人"[2]，等等，有的学者将其概括为"行国体制"[3]。成吉思汗建立大蒙古国后，也沿袭了该制度，分封了95个千户，4个万户，也以十户作为最小的军事单位。《元史》记录了元朝蒙古军队的组建形式："考之国初，典兵之官，视兵数多寡，为爵秩崇卑。长万夫者为万户，千夫者为千户，百夫者为百户。……其法，家有男子，十五以上、七十以下，无众寡尽签为兵。十人为一牌，设牌头。"[4]北元达延汗分

---

[1] 陈寿. 三国志：第3册[M]. 北京：中华书局，1959：834.

[2] 魏收. 魏书：第6册[M]. 北京：中华书局，1974：2290.

[3] 肖爱民. 中国古代北方游牧民族两翼制度研究[M]. 北京：人民出版社，2007：3.

[4] 宋濂，等. 元史：第8册[M]. 北京：中华书局，1976：2507-2508.

封六万户，万户之下设鄂托克，最基层的军事组织依旧是十户。准噶尔汗国共设有24个鄂托克，其首领称寨桑，其下设管辖数十户到数百户的得木其，最下级的官吏是阿尔班尼雅哈（十户长）。[1] 直到清朝灭亡，蒙古族的社会结构依旧是军政合一，仍然采取左、中、右翼制，十户依然是社会最基本的行政单位。

蒙古族对草原民族国家观的继承与发展。自匈奴建立王朝之后，草原社会"自有君长，往往而聚者百有余戎，然莫能相一"[2] 的历史便宣告结束，千余年间，不同民族先后建立了众多大大小小的政权，草原民族的国家观经历了由形成到完善的历程。匈奴帝国是建构在部落联盟之上的政体，虽然其内部有严格的等级制度，但与之并行，还存在着统治民族与被统治民族的地位差别。社会结构由无数个同心圆构成，单于及其家族处在圆心位置，呼衍氏、兰氏、须卜氏三姓处于社会核心的外沿，地位极高；其他匈奴部族处在外圈，地位次之；而诸如东胡、乌孙、大月氏、氐、羌等被征服民族处在最外圈，地位最低。各级军政官吏皆由本部落首领担任，所以《史记》说"诸大臣皆世官"。虽然匈奴单于

---

[1] 达林太. 蒙古兵法[M]. 呼和浩特：内蒙古教育出版社，200：18.

[2] 司马迁. 史记：第9册[M]. 北京：中华书局，1959：2883.

自比"天之骄子",但他们更注重对草原区域的经略,满足于对定居民族的商业交往和战争掠夺,承认"南有大汉,北有强胡",认为农耕地区"单于终非能居之也"[1]。匈奴帝国灭亡之后,新兴崛起的草原民族的国家观形成了两种发展趋势:其一是立足于草原,扼守丝绸之路,保持互市与战争掠夺并举的传统,这一特征在突厥、回鹘为代表的突厥语族民族中最为典型。其二是不再将权利空间局限于草原,如东胡系统的鲜卑人,总结历史经验,认为以战争手段获取经济补偿损失太大,得不偿失。史载,拓跋鲜卑"迁于定襄之盛乐。……始祖乃告诸大人曰:'我历观前世匈奴、蹋顿(乌桓首领。——引者注)之徒,苟贪财利,抄掠边民,虽有所得,而其死伤不足相补,更招寇仇,百姓涂炭,非长计也。'"[2] 开始将入主定居民族地区,与定居民族上层联合,直接控制和占有农耕社会物资作为政权建设的目标。于是,魏晋南北朝时期的匈奴、鲜卑、羯、氐、羌等草原民族开始逐鹿中原,建立了大大小小数十个政权。公元10世纪,契丹民族建立了辽国。与前辈民族所不同的是,契丹人走出了一条全新的国家建构模式,他们采取了固守本土、经略中原的策略,建立了中国历史

---

[1] 司马迁. 史记:第9册[M]. 北京:中华书局,1959:2894.

[2] 魏收. 魏书:第1册[M]. 北京:中华书局,1974:3.

上第一个农牧业经济形态并存的统一政体。

草原民族在制度文化上的这种差异性主要源自于时代的差异，代表着特定时代人们的观念，但也不能排除区域文化之间的差别。我们发现了一个奇异的历史现象，较之突厥文化，东胡—蒙古语族、通古斯语族文化与中原文化的兼容性相对较强，这表现在东胡系民族和满—通古斯民族对城市建设更为热衷，入主中原建立政权的欲望更为迫切。究其原因，是否由于地理环境的差异，东胡系各民族自古以来有以畜牧业为主，兼营农业、狩猎业的传统，对中原农耕文化有一定的认同感，而突厥语族在早期则侧重于畜牧业和狩猎业，与农业文化反差更大造成的。这有待于我们深入研究。

从草原民族的历史可以清晰地感受到，不同时代的民族对国家的建构模式做过不同的尝试和探索。从公元4世纪开始，由草原向周边（尤其是中原地区）的扩张逐渐成为一种趋势，并且一浪高过一浪。但是，我们也注意到了另一点，一直到成吉思汗统一蒙古高原，游牧王朝以氏族、民族为中心的国家政权构建体制从未改变，征服与被征服民族之间的冲突始终伴随着每一个草原帝国，往往成为其崩溃的重要原因。匈奴等民族虽借一时之强盛，曾与中原王朝分庭抗礼，但未能妥善解决内部的民族、部族之间的矛盾，一旦出现大的自然灾害、君主的更替，貌似强大的政权便会瞬间分崩离析，史称"时北虏（匈奴。——引者注）衰耗，党众离畔，南部攻其前，丁零寇其后，鲜卑击其左，西域侵其右，不复自立，乃远引而去"[1]。拓跋鲜卑政权始终未能摆脱北方柔然、敕勒民族的困扰。突厥汗国末期更是"东夷诸国，尽挟私仇，西戎群长，皆有宿怨。突厥之北，契丹之徒，切齿磨牙，常伺其便。达头前攻酒泉，其后于阗、波斯、挹怛三国一时即叛。沙钵略近趣周盘，其部内薄孤、束纥罗寻亦翻动。往年利稽察大为高丽、靺鞨所破，娑毗设又为纥支可汗所杀。与其为邻，皆愿诛剿。部落之下，尽异纯民，千种万类，仇敌怨偶，泣血拊心，衔悲积恨"[2]。归根结底，从匈奴帝国到辽王朝，绝大多数草原政权都是以氏族、民族为中心建立起来的王朝，国家形态未能完成从血缘型向地域型的历史跨越。

与草原民族延续1000余年的国家观相比较，13世纪以成吉思汗为代表的蒙古统治集团的国家观有了新的飞跃，他们将"天无二日，地无二主"作为政治理想，将

---

[1] 范晔. 后汉书：第10册[M]. 北京：中华书局，1965：2950.

[2] 魏征，令狐德棻. 隋书：第6册[M]. 北京：中华书局，1974：1867.

建立"从日出之处到日落之处"世界帝国作为战略目标。为了实现这一欲望，蒙古帝王们一方面发动了旷日持久的征服战争，将战火燃遍欧亚大陆；另一方面，他们在制度文化方面也进行了富有创造性的改革。在帝国内部分封过程中，成吉思汗试图打破草原社会所沿袭的氏族、部族和民族界限，将千户制转变为行政建制，确立地缘政治。如人数众多的札剌亦儿部就被划分为若干千户，分别隶属于察哈台、窝阔台、拖雷、哈撒儿等诸王贵戚。像克烈、乃蛮、蔑儿乞等过去强大的部落也同样被化整为零，分散到不同千户。在官员选拔方面，更注重能力和品行，一大批像木华黎、者勒蔑、哲别等异姓且地位卑下者成为帝国的重臣，耶律楚材等大量其他民族的人士也被纳入决策层。在这一政策下，蒙古高原民族、部族之间的隔阂逐渐被淡化，大部分以氏族、部族为依托的旧贵族阶级被淘汰，由平民崛起的新贵族成为汗国的中坚力量，数千年来困扰草原社会的内部矛盾被弱化，因此，当忽必烈与阿里不哥争夺汗权时，异性贵族已成为他最强有力的支持者。同样，蒙古高原自此之后也再没有出现以血缘关系为纽带的、形成较大影响的共同体（北元时期西蒙古瓦剌部曾一度崛起，但仍然属于民族内部的矛盾，而瓦剌恰恰是蒙元时期没有被打散的、为数不多的部落之一）。

在被征服地区，蒙古统治者在实施政治军事压制的同时，采取了与其政治抱负相适应的思想文化政策，企望用开放包容原则建立一种跨民族、跨地域的大一统文化。成吉思汗所提出的"一切宗教信仰自由"的法规、忽必烈创造能够"译写一切文字"的拼音文字（八思巴文）的构想、合赞汗组织编写世界历史的行为，在当时的欧亚大陆都是绝无仅有的举措，其超越民族和地域狭隘性的政治、文化理念，为封闭、割据、思想文化禁锢的旧大陆带来了草原文化新的气息和冲击。如上制度文化的形成，不仅标志着草原民族国家观的成熟，同时也将人类封建中央集权制推向了新的高峰。

"因俗而治"制度是草原民族在制度文化方面的一大创举，是中国古代处理民族问题的成功范例之一。受游牧经济的单一性的制约，在手工业品和农业产品方面，草原民族对定居民族有较强的依赖性。为了满足这种需求，就必须处理好与定居民族的关系。经过长期的磨合，一些草原民族建立的政权，针对中国多民族并存的社会格局，采取了入主中原、统而分治的政策。如汉赵政权采取"胡汉分治"制度[1]，秃发鲜卑政权南凉同样执行了"宜置晋人于诸城，劝课农桑，以供军国之用，

---

[1] 周伟洲. 汉赵国史[M]. 桂林：广西师范大学出版社，2006：169-172.

我则习战法以诛未宾"策略。[1] 10世纪的契丹人建立辽国后，同样采取了"以国制治契丹，以汉制待汉人"[2]的政治策略，通过"南北院制"分别统治草原游牧民族和中原定居农耕民族。13世纪崛起的蒙古人秉承并发展了草原文化的这一制度。随着版图的扩张，被征服区域的历史背景和文化背景更加复杂。蒙古统治者提出了"因其俗，柔其人"的分治政策，一是沿用被征服民族传统的社会结构；二是维持各民族文化，利用其传统观念羁縻其思想。如在中原地区实行"以儒治国，以佛治心"策略，在西藏实行政教合一制度，在云南地区推行土司制度，在蒙古地区则沿用传统制度，等等。一位学者在评价忽必烈在云南实施土司制度的历史意义时指出，该制度在云南地区沿用700年，说明它"具有超强的适应性，又具有顽强的生命力，结果也保护了多民族云南文化的多样性。这与50年后现代社会保护人类文化多样性的学说也不谋而合"。他认为"忽必烈平大理国中表现出的军事、政治、经济和人文智慧，看似属于他个人，然其建树的顽强生命力直接与现代社会相连接，能

---

[1] 房玄龄，等. 晋书：第10册[M]. 北京：中华书局，1974：3145.

[2] 脱脱，等. 辽史：第2册[M]. 北京：中华书局，1974：685.

够超越民族,能够超越国界,能够超越信仰,能够超越时间,实属对人类智慧宝库的一种非凡贡献"[1]。毫无疑问,成吉思汗和忽必烈所推行的政治制度、文化制度,都是建立在历代草原民族历史经验基础之上,他们的智慧浓缩了草原文化的精华,是草原文化发展的必然结果,标志着草原制度文化已经超越了民族文化的范畴,已经具备了世界性品质,具有进步意义。

由于人们不能将草原文化看作一个持续发展的整体,自然会对13世纪蒙古族所创造的历史产生很多困惑,一个欧洲人曾发出过这样的感慨:"从未建过一座城市的蒙古部落,建立了统治一半世界的帝国;以狩猎、放牧为生的人打垮了3个文明古国的军队;而不会写字的野蛮人居然为50个民族制定了法律。"[2] 如果我们能够正确认识蒙古族是草原文化数千年文明的集大成者的话,类似的感慨就不应当出现。

草原民族制度文化由匈奴到蒙古的形成、发展和演变,尤其是自魏晋南北朝"五胡"民族到辽—契丹、蒙古—蒙元的国家观的发展,对中国乃至世界产生了极其

---

[1] 杜玉亭. 忽必烈平大理国与人类智慧[M]//郝时远,罗贤佑. 蒙元史暨民族史论集——纪念翁独健先生诞辰一百周年. 北京:社会科学文献出版社,2006:212.

[2] 亨宁·哈士伦. 蒙古的人和神[M]. 徐孝祥,译. 乌鲁木齐:新疆人民出版社,1999:299.

重大的影响，我们在看到其扩张战争带来的负面影响的同时，还应当注意到其积极的一面。以中国古代历史为例，草原民族跨不同经济形态、不同民族文化形态建立统一国家政权观念的形成及其实践，为各民族之间在和平环境下进行经济文化交流创造了条件，更重要的是，它改变了两种经济形态下游牧与农耕民族之间长期对峙的局面，使双方由经济互补关系延伸到政治、文化的依存关系，这种认同感的确立，在历史上为中国多民族国家的统一和稳定创造了坚实的基础，其意义和贡献是巨大的。

三、蒙古民族是草原民族精神家园的守望者

我们认为，历史上以蒙古高原为中心所形成的草原文化是一个整体，是世代生息繁衍在这一区域的各民族共同创造的，每个民族都对其丰富和发展做出过贡献。因此，对草原文化的研究，绝不能割裂各民族文化与草原文化之间的传承关系。

我们说蒙古族是草原文化的集大成者，主要基于两个基本原因：其一，蒙古族文化浓缩了自匈奴以来所形成的、以游牧为典型特征的草原文化的所有基本要素；其二，蒙古族文化的形成是草原文化发展到特定历史阶段的必然结果，是草原文化逻辑进程的延续。如果将13

世纪前的各个草原民族之文化比作条条支流，那么，草原文化在13世纪则汇成了滔滔江河，而这一切历史的使命是由蒙古民族完成的。这里既有量的积累，又有质的飞跃。它在精神文化层面具体体现为蒙古族恪守并发展了草原文化的基本精神。在人类发展史上，每一个地区、每一个民族都会根据自己对大自然和人类社会的理解和认识，形成以宇宙观、价值观、审美观和道德观为核心的文化精神。与人们的衣食住行等物质文化变化速度较快不同，文化精神一旦形成，就会具有较强的稳定性，犹如儒学在中原汉族社会、基督教在欧洲，会长期影响和指导人们的思想和行为，成为文化之精髓。如果从这一角度理解，我们所说的文化传承，主要指某种文化内在的文化精神及其诸要素在特定区域和民族中的继承和发展。

古代草原文化精神体系中最稳定的要素之一，就是以"腾格里"概念为核心的宇宙观。在自然领域内，它代表了草原人对宇宙生成、日月星运转、四季轮回等自然规律的认识，其中不乏人们对大自然的感恩情节；在意识形态的宗教层面，它反映了人们对社会秩序的理解，从匈奴帝国开始，"撑里"—"腾格里"—"天"成为草原社会所有民族政治思想的支撑点。虽然各个民族在不同时期信仰过不同的宗教，但每一个草原王朝的最高统治者们都把自己视为"天之子"。13世纪的蒙古社会也同样继承了这一观念,"蒙克腾格里"——"长生天"成为这一时代最神圣的概念。在以成吉思汗为代表的蒙古君王的诠释中,"腾格里"与数千年来草原人沿袭的观念既有外在的共性,又有内涵上的差别,它已经不仅仅被看作是民族神或国家神,而是普世之神。这说明"腾格里"概念已经超越了狭隘的、民族的、血缘的局限性,与蒙古统治者征服世界的欲望相对接,是从人类高度认识世界的结果,已成为世界新秩序的代名词。这一点我们从贵由汗致教皇的外交信函以及忽必烈汗使用"元"的概念命名国号的意图中可以清晰地感受到。[1] 蒙古族不仅继承了草原古老的"腾格里"思想,更为之赋予了时代的内涵,产生了质的飞跃。

英雄主义也是草原文化一以贯之的人生观、价值观和审美观的浓缩,是草原民族文化精神的典型特征之一。对此,在古代汉文典籍中经常可以看到这样的描述:突厥人"重兵死,耻病终,大抵与匈奴同俗"[2],是说匈奴人、突厥人对于战死者十分敬重;乌桓人也有同

---

[1] 贵由汗在致教皇的信函中提及"天上只有一个长生天,地上只有一个成吉思汗";"元"的寓意取自《易经》"大哉乾元",含有起始、包容万物之意。

[2] 李延寿. 北史:第10册[M]. 北京:中华书局,1974:3289.

样的习俗，史称"俗贵兵死"[1]。但文献中没有对"重兵死"、"贵兵死"习俗的内在原因做出解释。实际上，草原人敬仰的是在危难之际视死如归者——英雄。在古代草原民族中，英雄被视为个体价值与社会责任的统一体，是公共道德的化身。所以英雄在草原社会享有极高的社会地位，受到人们的普遍拥戴。乌桓族将"有勇健能理决斗讼者，推为大人"[2]。鲜卑檀石槐因"长大勇健，智略绝众。……施法禁平曲直，莫敢犯者，遂推以为大人"，柯比能因"以勇健，断法平端，不贪财物，众推以为大人"[3]。契丹耶律阿保机"雄健勇武，有胆略，……部落惮其勇武，莫不畏服之"[4]。蒙古族汇集了草原民族的英雄文化，并使之更加完善。成吉思汗提出英雄"[在平时]应像牛犊般地驯顺，战时投入战斗应像扑向野禽的饿鹰"[5]。他们认为，英雄不是力量出众的莽汉，也不是独善其身、恃才傲物的众叛亲离者，英雄必须是顾及群体利益、与群体休戚与共的人，是不畏

---

[1] 范晔. 后汉书：第10册[M]. 北京：中华书局，1965：2980.

[2] 范晔. 后汉书：第10册[M]. 北京：中华书局，1965：2979.

[3] 陈寿. 三国志：第3册[M]. 北京：中华书局，1959：838.

[4] 叶隆礼. 契丹国志[M]. 上海：上海古籍出版社，1985：1.

[5] 拉施特. 史集：第一卷第二分册[M]. 余大钧，周建奇，译. 北京：商务印书馆，1983：356.

强暴、知难而进者，直至为理想献出生命者。所以汉文史学家称蒙古人"俗以贪生为耻，以捐生为把都（华言'好汉'也）"[1]，"最敬者笃实不欺，最喜者胆力出众"，在战斗中舍命营救他人者"惟欲称雄虏中，为名高，不为厚利也"[2]。英雄在蒙古民族中已经成为具有普遍意义的道德范畴。

今天的蒙古族仍然传唱着500余部英雄史诗，在世界各民族中，这是一个十分罕见的现象，足以证明蒙古族对英雄文化的敬重。需要指出的是，如此众多的英雄史诗应当是历史上不同时期、不同民族和部族史诗在蒙古族中间的积淀，近年来一些学者已经尝试在史诗中寻找乌孙、柔然等民族历史的痕迹。我们认为，正如史学界通过《荷马史诗》印证了希腊早期历史一样，在蒙古史诗中也一定保存着大量早期游牧民族的历史记忆。相关的研究尽管艰辛，但至少在文化传播学上是有意义的。这些研究成果也从一个侧面证明了蒙古族是草原文化集大成者的学术主张。

2008年，我们曾经对草原文化的核心理念进行了总

---

[1] 萧大亨. 北虏风俗[M]//薄音湖，王雄. 明代蒙古汉籍史料汇编：第二辑. 呼和浩特：内蒙古大学出版社，2000：253.

[2] 岷峨山人. 译语[M]//薄音湖，王雄. 明代蒙古汉籍史料汇编：第二辑. 呼和浩特：内蒙古大学出版社，2000：253.

结和概括，认为"崇尚自然、践行开放、恪守信义"是数千年来草原文化的基本精神。由于有专门文章对此做了详细论述，本文不再赘述。但有一点我们需要强调指出：草原文化的核心理念在蒙古民族文化中不仅得到了完美的体现，而且得到了全面的升华。例如，崇尚自然的生态观是伴随着游牧生产而诞生的，但蒙古族是第一个将生态保护意识由民间习俗禁忌转变为国家系统的法律法规的民族；开放是每个草原民族文化的基本特征，而蒙元时代所实施的宗教信仰自由、各民族文化平等、不以种族和文化背景为标准使用人才、符合中国多民族共存实际的历史观等系列政策，标志着草原文化的开放属性，在这一时期已经将基点置于人类历史发展的高度，开始从普世的高度理解开放、践行开放。从世界意义角度观察问题、思考问题，是蒙元时期草原文化的时代精神的显著特点，这标志着蒙古族将古代以游牧为特征的草原文化推向了发展的顶峰。蒙古族将草原历史文化、区域文化和民族文化融为一体。自匈奴至成吉思汗统一蒙古高原，在1000余年的历史进程中，草原及其周边区域先后涌现出了匈奴、乌桓、鲜卑、柔然、吐谷浑、铁勒、羌、羯、突厥、回鹘、党项、契丹等数十个大大小小的民族，他们作为草原文化的创造主体，都为草原文化的丰富和发展做出过自己的贡献。由于历史的原因，有些民族消失了，一些民族则放弃了传统的生产生活方式，融入了其他文化体系。但他们所创造的精神文化却沉淀于蒙古族文化之中，通过蒙古族得以延续。

以语言为例，13世纪的蒙古语是以原蒙古语为基础，融合了阿尔泰各语族语言而形成的。由于阿尔泰各语族早期经济形态的差异，突厥语族语言中畜牧业词汇较为发达，蒙古语族语言中畜牧和狩猎业词汇均丰富，而满—通古斯语族语言中反映渔猎业的词汇十分突出。早期蒙古语既受到了突厥语族的语言文字的极大影响，又与通古斯语言有过融汇的过程，从事阿尔泰民族语言研究的学者指出，蒙古语族与突厥语族之间共用词汇达到40%，蒙古语族与满—通古斯语族之间的共用词汇达到30%[1]。虽然我们目前还不能断言各语族语词相互之间的借用关系，但事实本身证明，历史上各语族之间发生过语言交融过程。一直到13世纪前后，蒙古人在佛经翻译时，还大量借用了畏兀儿词汇。有学者统计"中期蒙古语中借用的中期突厥语以及畏兀儿语（中期畏兀儿语）的词汇总量，不下一千个"[2]。语言的融汇本身就

---

[1] 孟达来. 古代北方民族的变迁与阿尔泰诸语族的早期接触[J]. 青海民族研究，1999（4）：15-18.

[2] д.卡拉. 畏兀儿—蒙古文学交流[J]. 陈弘法，译. 蒙古学资料与情报，1987（1）：20-2.

是文化融合的结果，因为每一个词汇的传递和接纳，都与该词汇所表达的生产技术、风俗习惯和思想观念有着必然的逻辑联系，各语族共用词汇在蒙古语中的大量积淀，说明与之相关的多民族文化要素也自然融汇于蒙古族文化之中，而该现象在其他阿尔泰语系民族中是没有的，这又从另一个侧面证明了蒙古族文化是草原文化的汇集点。

在诸多的领域内，我们也可以看到更多相关的例证。长调牧歌是蒙古族具有代表性的艺术形式，文献证明，这种极富特色的歌唱形式至少在高车民族那里就已形成[1]；《蒙古秘史》中所记载的"感光生子"传说，我们可以在鲜卑、契丹民族中看到近似的版本[2]；阿兰·豁阿折箭训子、倡导团结的传说与吐谷浑阿豺汗折箭训诫子弟的故事如出一辙[3]；元代蒙古族男人的发式显然与东胡系统各民族的髡头习俗有着继承关系；鲜卑人、契丹人将正月初一至初七分别确定为一鸡、二狗、

---

[1] 魏收. 魏书：第6册[M]. 北京：中华书局，1974：2307.

[2] 房玄龄，等. 晋书：第10册[M]. 北京：中华书局，1974：3161.

脱脱，等. 辽史：第1册[M]. 北京：中华书局，1974：1.

[3] 魏收. 魏书：第6册[M]. 北京：中华书局，1974：2235.

三豕、四羊、五马、六牛、七人的习俗[1]，至今仍然在蒙古族民众中流传；盛行于匈奴、突厥、回鹘、契丹民族的"随日右旋之礼"、"东向而拜"、"朝拜日，夕拜月"、"举事而候星月，月盛壮则攻，月亏则退兵"等习俗，同样也被古代蒙古人所恪守；蒙古族英雄史诗虽然与突厥史诗在个别内容上有所差异，但在母题方面是一致的，正如一位学者所说："如老两口诉说没有儿女之苦、宣告儿子诞生的预兆、儿子的诞生和神奇的成长、某老人给新生儿起名、长大成人的英雄同敌人进行斗争、英雄通过赛马、射箭和摔跤比赛中取胜而结婚等母题，在蒙古、东突厥和西突厥的史诗中虽然有某些差别，但基本上相同"[2]。此外，蒙古族对火的神秘功能的宗教阐释和以颜色确定方位的习俗与匈奴、突厥民族也存在着惊人的共性特点。总之，我们在蒙古族文化中可以看到大量早期草原各民族文化的影子。可以肯定地指出，13世纪的蒙古族文化是草原文化经过再融合后形成的新型文化。当然，在这一过程中，一些在草原上曾盛行的习俗被蒙古人逐渐遗弃，像突厥人的墓前立杀人

---

[1] 李百药. 北齐书：第2册[M]. 北京：中华书局，1972：486.

脱脱，等. 辽史：第2册[M]. 北京：中华书局，1974：877.

[2] 仁钦. 蒙古史诗类型研究现状[J]. 蒙古学资料与情报，1985（1）.

石、葬礼嫠面等习俗。说明蒙古族在继承传统草原文化时是有选择的，它超越了地域性和民族性，是对草原文化的全面升华。

当我们站在21世纪的山巅，用历史唯物主义的眼光回眸草原文化的发展历程时，我们应当看到，从匈奴民族建立第一个统一的草原帝国的时代起，草原的历史文化就已经成为一个整体，那种隔断草原文化历史发展的连续性，将各民族历史文化与整个草原历史文化相互割裂的观点，显然是缺乏科学性的。有关13世纪蒙古族崛起的历史，在人们的脑海中还有许许多多的谜，但如果我们将蒙古民族创造的辉煌历史，看作是历史上草原民族物质文化、精神文化和制度文化长期积累和发展的结果，人们的很多困惑或许会因此而释然。我们可以肯定地指出，没有早期草原各民族文化作为基础，蒙古文化将是无本之木、无源之水，其辉煌的历史或许只能借助神话阐释；但是，如果没有蒙古族的继承和发展，草原文化或许像历史上的匈奴文化、鲜卑文化、柔然文化、突厥文化、契丹文化一样，只是天际划过的一颗流星，只能在故纸中、博物馆里被人浮想，难以光大并与时俱进。草原文化的典型特征通过蒙古族得以体现，草原文化的发展规律通过蒙古族得以延续。由于蒙古族对草原文化的继承和发展，使世人更深刻地感受到草原文化的价值，全面感悟到草原文化的生命力，系统体会到草原文化的发展规律。

（本文是作者主持完成的"草原文化研究工程"课题成果之一，执笔：乌恩）

草原文化的拓展与创新

——二论蒙古族文化在草原文化发展史上的地位与作用

13世纪，蒙古人登上世界历史舞台，结束了北方游牧民族长期动荡的历史，同时也继承、整合和发展了历代草原民族的文化，并积极吸收儒家文化、佛教文化、伊斯兰教文化、基督教文化的合理成分，不断丰富和完善自己——蒙古文化成为北方草原文化的主流文化，并延续至今，影响日益扩大。

世界各民族文化或多或少都带有多元性、复合型特征，但恐怕没有哪一种文化像草原文化那样具有鲜明的多元整合的特征，也恐怕没有哪一个民族的文化像蒙古族文化那样由具有多种形态特征的文化汇集而来。当你从词源学的角度审视和研究蒙古语，你就会发现，数千年来，蒙古人与多少个具有不同文化背景的民族进行过文化交流，并以何等开放的文化心态吸纳了他们的文化成分；同时，你也会发现，蒙古族在经历狩猎文化、游牧文化，又与农耕文化、工业文化、城市文化相交融的过程中，是如何与时俱进，进行文化建构的。特别是现代以来的蒙古族文化显然带有游牧文化与农耕文化、民族文化与区域文化、传统文化与现代文化的多种印记。它既较多地保留了原生态的、民族民间文化的形态特征，又在与其他民族文化交流、融合的过程中随着时代的发展而发展，逐渐具备了现代性的品格。

蒙古民族的发展道路九曲十八折，坎坎坷坷，但它生生不息，绵延相传，终于走进了现代社会的大门，足以说明其旺盛的生命力。从历史上看，蒙古语族人民对东西方的文化交流、中国"多元一体"文化格局的最终形成、开拓和守卫祖国的广袤疆土、保护和有序利用自然生态环境、发展生产力等方面，均做出了巨大贡献。尤其是被誉为"为新世界、新时代的到来划定了新的秩序"的成吉思汗，将蒙古大帝国的版图扩展到了从太平洋到黑海之间的广阔地域，使整个世界的格局发生重大改变，对人类历史产生了十分深远的影响，几乎可以称之为中世纪的一次"全球化"。从某种意义上说，成吉思汗的统治远远超越了民族主义的范畴，客观上有力地推动和促进了各民族之间的广泛交流，他是一位名副其实的促进欧亚融合的"先驱"。正如美国学者杰克·威泽弗德在《成吉思汗与现代世界的形成》一书中指出的那样:"当今世界的几乎所有领域:世界版图、政治体系、哲学、科技、战争、商业、服饰、艺术、文学、语言和音乐,都或多或少地受到了成吉思汗和他的庞大帝国的影响。"毫无疑问,由如此一位巨人率领的古代蒙古人,之所以能够建立横跨欧亚大陆的世界性帝国,除了具备强大的政治、经济、军事实力之外,必定具有海纳百川的文化气度和开拓进取、善于整合创新的文化实践。事实也如此,蒙古族在北方民族的政治、经济、文化、科技等诸多领域都有所创新或拓展。这里仅从制度创新、科技创新、理论创新等三个方面进行简要论述。

一、大力丰富和发展了具有草原特色的制度文化

由于游牧经济的流动性及政权体制的松散性,历代蒙古统治者都十分重视制度建设。制度文化是草原文化的重要组成部分,也是草原地区游牧人民之所以能够形成巨大浪潮的重要因素之一。其中,组建灵活简便的军政合一组织、重视成文法和习惯法的规范功能,是他们保障游牧世界的凝聚和稳定,并使之得以不断扩张的重要法宝。因此,虽然草原游牧民族的政权更替频繁,但草原地区基本的社会制度和所有制形式得以长期保持,且始终较为稳定的原因就在于他们有一个较为完备的、

符合草原游牧民族社会特点的制度文化。如匈奴时期的"十进制"、契丹时期的"南北两院制"、大蒙古国时期的"千户制"、元代的"行省制"、北元时期的"鄂托克制"和"政教并行制"、清朝时期的"盟旗制"等就是这一制度文化的进一步演进和完善的结果。不论蒙古社会招之即来、来之能战的战斗力，还是其战略依托、战术配合，乃至快速简便的信息驿站、畅通无阻的洲际通道以及游牧生活机动灵活的管理模式等等，都与蒙古社会拥有一种在当时确属先进的制度文化分不开。

有人说，千户制在匈奴时代就早已有之。不错，千户制的渊源可追溯到很早以前。然而，传统是从过去传承而来的，要把它运用到新的时代，让传统适应于已然发生变化的现实，就有一个再创造或者赋予其新的时代内涵的问题。13世纪离匈奴时代已经相当遥远，要把匈奴人的千户制继承下来，使之适应13世纪的特点，则须对当时的社会结构有一个正确的认识和把握，并对千户制本身进行合理的改造。蒙古第一部成文法"大札撒"规定："人们只能在指定的百户、千户或十户内，不得转移到另一单位去，也不得到别的地方寻求庇护。违反此令，迁移者要当着军士处死，收容者也要受严惩。"[1]

---

[1] 志费尼. 世界征服者史[M]//何高济，译. 翁独健，校订. 呼和浩特：内蒙古人民出版社，1980：34.

如此严厉的千户制显然已今非昔比。蒙古人之所以在民族统一战争中以及后来的对外扩张中，能够迅速动员全社会，能够以迅雷不及掩耳之势开展军事攻势，显然与其完备的社会管理制度有关，否则把整个社会变成一个流动的兵营，把全体民族成员变成英勇善战的部队，简直是不可思议的。当然，蒙古人的制度文化不能用单一的、严酷的法律"札撒"来概括。用习惯法和"必力克"（箴言）教诲的形式，巩固政治制度，有效规约人们的行为，是蒙古族制度文明的一个重要特征。比如，在第一部成文法诞生之时，第一部"必力克"也问世了。它作为调解人际关系的规范，迅速深入人心并传播到社会各个角落，成为与"札撒"并行不悖，虽没有法律的强制性，但有强大的道德约束力量的另一种社会控制系统。从此，"必力克"成为蒙古社会沿袭数百年的社会规范体系，至今仍有着不可低估的影响力。

　　从14世纪开始在北方游牧民族的经济生活中出现了新的联合体，这一联合体蒙古语叫作鄂托克。它代替了过去的经济形式，进而成为新的社会经济单位。每个社会成员都要依附于某一个鄂托克，通过鄂托克组织获得其相应的社会地位和经济利益。但是，这一鄂托克制与千户制不同，它主要以地域单位为基础，克服了千户制的一些弊端。鄂托克作为新的经济组织，其性质还是分封制。因为，每一个鄂托克属于额真（主人）和诺颜（官吏）所有，这些人对于鄂托克拥有统治权和世袭权利，鄂托克是君主赏赐给他的"份地"（蒙古语称"忽必"）。实际上，鄂托克制强化了封建领地制度，以制度的形式和法律的名义进一步明确了额真与阿拉巴图之间的从属关系。这又是一项有助于进一步稳定和强化封建社会结构的重要制度。据有关法律文献记载，阿拉巴图是额真的属民，要在额真的鄂托克领地内游牧，有纳贡赋役的义务。可见，他们还没有摆脱人身依附关系。随着蒙古帝国的巩固和社会生产力的发展，各社会阶层的构成出现了一些新的变化。比如，不但在阿拉巴图阶层中出现了上等、中等、仆役之分，就是社会各阶层的势力、结构也发生了重要变化，社会基本被分为3个利益集团。一是善人集团。他们拥有大量的牲畜和财产。这些人主要出身于官僚家族、各级官吏、赛特家庭。其中多数人已经取得"答尔罕"身份，即免于纳贡赋役的人。二是平民（蒙古语称"哈拉楚"）阶层，他们拥有一定的财产，战时可以用其良好的装备为主人服务。三是哈喇库蒙（黑头人），他们主要是一些奴隶和家仆等人。[1] 善人的出现，使封建社会的人身依附关系受到了

---

[1] 符拉基米尔佐夫. 蒙古社会制度史[M]. 刘荣焌, 译. 北京: 中国社会科学出版社, 1980: 259-264.

极大冲击。因为,他们不受额真的任意处置,且获得了一定的经济权利和地位,也拥有免予纳贡赋役的自由。其中,还包括在长期战乱中破产后加入进来的小领主,从而使善人集团的社会力量逐渐增强。善人从诺颜阶层中分离出来之后,既不属于官吏阶层,又不属于哈拉楚阶层,而逐渐成为社会上的一股新的中间力量。因此,善人作为社会生产力的重要代表,他们不仅要极力解除和诺颜的人身依附关系,以便进一步保证自由人的政治地位,还要千方百计地改变自己以往的哈拉楚社会地位。这是因为如果哈拉楚和诺颜的人身依附关系得不到解除,那么善人就很难得到必要的劳动力,其经济势力将得不到进一步发展。对这一复杂的社会关系,18世纪的德国学者帕拉斯感到无法理解,诘问:"为什么自由自在的游牧蒙古人,长期生活在毫无限制的王权统治之下呢?"[1] 其实,答案就在于蒙古的社会制度在当时的历史条件下是高度适应的,是极其有效的。这就是蒙古社会体制长期处于超稳定状态的原因。

俱往矣,以先进的社会主义制度取代封建、半封建半殖民地社会制度,这是包括蒙古族在内的草原各民族实现社会现代化、文化现代化的必由之路。早在20世纪

---

[1] P.S.帕拉斯. 内陆亚洲厄鲁特历史资料[M]. 邵建东,刘迎胜,译. 昆明:云南人民出版社,2002:127.

初，蒙古族的一些进步人士便已开始探索民族解放及民族现代化的道路。草原各民族在中国共产党的领导下，经过长期的艰苦卓绝的革命斗争，终于获得了民族解放、人民解放的胜利。1947年内蒙古自治区成立，蒙古族及其他少数民族实现了梦寐以求的民族自治权利，现代化便成为草原各族人民共同的追求目标。60年来，草原各民族自觉选择的社会主义道路，使草原游牧社会发生了翻天覆地的变化。实践证明，社会主义理论在草原地区的传播与实践，不但使其本身得到了丰富和发展，同时也为草原民族的文化发展开辟了广阔的新天地，使草原文化汇入时代的主流当中。不容置疑，草原各族人民选择社会主义道路，发展社会主义先进文化，就是草原文化的现代化过程，这也是传统草原文化更新和发展的历史性机遇。

二、在长期的社会实践中，历代蒙古人不仅积累了丰富的科学知识，还开展了广泛的科学探索和发明创造活动

科学技术是人类对自然规律认识的成果，同时也是人类创造性思维最高形式的体现。不论哪个民族和地区的人们，只要拥有先进的科学技术，就有可能引导或影响世界历史。历史上，草原民族曾经先后两次广泛影响

世界历史进程，究其原因与他们当时所掌握的先进的科学技术是分不开的。13世纪，蒙古人迅速崛起，短期内成为所向披靡的强悍民族，这与他们广罗人才，重视和重用具有一技之长的各类人才分不开。游牧社会有着自己独特的科技需求，且大部分需求只能靠自己来满足。如乳肉食品加工及保鲜、游牧人起居行走问题的解决等都离不开科学探索，于是就产生了适合于游牧生活特点的和方便易行的实用技术、加工工艺被大量创造和发明。皮毛制品、蒙古包、车辆、兵器、狩猎工具、镫、独具特色的青铜器和陶器等都属于这一范畴。正如一些学者所指出的那样："在游牧文明后来数千年的发展中，北方草原民族游牧生产技术不断创新，使游牧文明逐步向更高水平发展，如优良畜种的培育、草场的合理使用、兽医技术的发展，等等，无不体现游牧文明一种内在的创造力。正是这种创造力，才使游牧生产逐步发展，使游牧文明的根基逐步牢固。"[1] 这里试举一些例子：

——在长期的社会实践中，古代游牧民族积累了丰富的数学知识，并将其广泛应用于政治、军事、生产领域。尤其是"十进制"在草原地区的广泛应用，对社会

---

[1] 邵清隆. 中国古代北方草原游牧文明[M]//王建琪. 成吉思汗:中国古代北方草原游牧文化. 北京：北京出版社，2004.

组织的数字化及一体化起到了重要的作用。从草原地区发现的大量岩画及民间图案来看，他们在很早以前就熟练地掌握了圆形、三角形、正方形、长方形、梯形、各种直线和曲线构成的几何图形并加以运用。后来在此基础上逐步形成了较为抽象的各类符号和世界图式。蒙古象棋或鹿棋盘就包含着深刻的几何学原理。有关史料显示，13世纪的蒙哥汗（1206—1259年）曾经研究过古希腊数学家欧几里得的《几何原理》中的"若干图式"。后来，忽必烈之子安西王（忙哥喇家族成员）在阿拉伯数学的影响下，也学会了"六六幻方算法"。其特点是纵行、横行和对角线上的数字总和都是111。1956年在西安东北地区安西王府出土的阿拉伯文"六六幻方"铁板，就是蒙古安西王及其部下研究"幻方数学"的物证。[1]随着社会实践的深入和藏传佛教的广泛传播，草原地区人们掌握了印藏历法、星占、数学、天文演算等。蒙古人的"朱尔海运算法"即是这些知识的综合运用。清代正白旗人蒙古族数学家明安图（1692—1765年）耗费30年时间，撰写了《割圆密率捷法》等数学名

---

[1] 李汶忠. 中国蒙古族科学技术史简编[M]. 北京：科学出版社，1990：2-25.

著[1]，为草原民族乃至全人类的科技事业做出了积极贡献。

——由于游牧经济自身发展的需要，蒙古人向来非常关注天文历法。一方面，他们用神话形式解释自然和宇宙的奥秘，另一方面，他们先后数度制定和更新历法，以求更加科学、准确地把握斗转星移的规律。有史料表明，历史上蒙古各部落都曾拥有自己的自然历法，布里亚特、卫拉特、鄂尔多斯等地区还曾长期保留这一传统直到近代。草原民族的自然历法可谓由来已久，匈奴建国后，在自然历法的基础上逐步形成了十二生肖法，蒙元时期又接受了汉族的干支纪年法和藏传纪年法。进入20世纪以后，则采用了世界通用的公元纪年法。另一方面，草原地区历代政权都曾投入大量人力、物力，兴建天文台，开展天文观测、科学研究活动，留下了大量珍贵遗迹。如匈奴时期的龙城、元朝时期的上都天文台（1271年）和大都天文台，四大汗国时期在西亚及中亚地区兴建的天文台等，都相当著名。尤其值得一提的是乌鲁别克（1394—？）等一批蒙古族著名天文学家。成吉思汗"黄金家族"的后裔乌鲁别克曾在众多科学工作者的协助下完成了他的天文学名著《乌鲁别克

---

[1] 李汶忠. 中国蒙古族科学技术史简编[M]．北京：科学出版社，1990：2-25.

表》。此外，保存至今的清代蒙古文天文图和天文书、天文原理等，都是蒙古族闻名遐迩的古代天文学研究遗物。

——早在远古时期，草原先民就开始探索和积累医学科学知识，并发明了诸多简便有效的医疗诊治方法。如推拿正骨、针灸治疗、马奶疗法、饮食疗法等等，即使在医学科学高度发达的今天也未失去其临床应用价值。这些颇具民族特色和地区特色的古代医术，随着蒙古经济社会的发展而发展，并吸收汉、藏、回等兄弟民族特别是藏医学的理论精华，逐步形成了以"三要素"理论为核心的蒙医学体系[1]。历史上蒙古人为祖国医学事业做出的贡献是巨大的，且不说像元代的忽思慧那样在中国营养学历史上占有重要地位的养生学家，各个历史时期的著名神医就可以拉一个长长的名单。如17世纪的墨尔根绰尔济，18世纪的伊希巴拉珠尔，19世纪的占巴拉道尔吉、伊希旦金旺吉拉、龙日格丹达尔等等，就是传统蒙医学的杰出代表。他们留下来的《饮膳正要》、《甘露点滴》、《方海》、《四部甘露》、《蒙药正典》等数十部蒙医学名著，至今仍然是蒙医学的经典。

自从蒙古民族步入现代社会以来，特别是内蒙古自

---

[1] 李汶忠. 中国蒙古族科学技术史简编[M]. 北京：科学出版社，1990：2-25.

治区成立以来的60年间，蒙古民族的科学事业得到了全方位的、飞速的发展。畜牧学、草原学、生物学、蒙医药学、蒙古语言文字信息处理等，都是富有蒙古民族特色的科学领域。如今，自治区内不但具备了上述各学科配套的研究、教学机构，而且取得了一大批科研成果。其中，以旭日干博士于1983年培育成功的世界第一胎体外受精山羊羔（试管羊羔）为代表的一批科研成果，改写了人类科学史的相关内容。我国国内乃至世界闻名的科学家队伍中，蒙古人占有不可或缺的一席之地。如著名地质学家李四光、早期杰出的飞机设计师巴玉藻、著名物理学博士萨本栋、著名金属物理学家李林、化学家扬石先、植物分类学家陈山、昆虫学家能乃扎布等等，就是现代蒙古族科学工作者的杰出代表。

三、追求真理，探索人类社会的发展规律，不断深化思想认识，坚持理论创新是历代蒙古人的一个重要传统

从历史上看，蒙古民族是一个爱智慧的民族，他们在长期的历史发展进程中，逐步形成了独具特色的思维方式和哲学理念。随着人们认识世界和改造世界的能力的不断提高，古代蒙古民族从"天圆地方"的形而上学宇宙观逐渐转向以"流动"范畴为核心的辩证法认识，进而以"运动、变化、无常"来概括大千世界。成吉思汗的军事辩证思想、忽必烈的"祖述变通"思想、萨冈彻辰的"变化无常"思想，以至尹湛纳希的启蒙思想、贡桑诺尔布的改良思想、罗布藏却丹的进化论思想，都与这传统的辩证法有某种渊源关系。与此同时，蒙古民族以其海纳百川的开放精神，积极吸纳西域的、印藏的、中原的，乃至西方的思想精神文化，进一步丰富和发展了北方草原文化的思想内涵。研究表明，蒙古族历史上引进和吸纳外来思想文化的高潮曾经先后出现4次：一是琐力亚琐特教和摩尼教的"善恶二元论"思想文化的传入；二是印藏佛教文化的传入；三是景教和伊斯兰教文化的传入；四是中原儒家文化的传入。通过引进和文化整合，欧亚大陆不同地区、不同时代的文明成果逐渐转化为蒙古文化的有机组成部分，空前丰富了蒙古文化，使之成为博大精深、富有生命力和感召力的文化形态。综观蒙古民族的文化发展历程，最具启迪意义的是蒙古民族绝少门户之见，他们既不独尊某一学派或某种文化而排斥、贬抑其他学派或文化，又不把自己的文化模式、价值观念强加给别人。他们践行草原文化的开放理念，以博大的胸怀和宽容的态度对待异质文化，吸纳和借鉴异质文化的一切有益成分，用以丰富和发展自己。这是蒙古民族在并不很长的历史过程中，从一个任人欺凌的弱小部族迅速发展壮大成为具有世界影响的强悍民族的重要原因。

以蒙古文化为主流的草原文化的一个显著特征，就是崇尚自然，与自然相互依存、和谐共处。游牧时期的蒙古人在长期的生产生活实践中，在调节人与自然的关系方面，形成了诸多即使在今天仍然十分卓越的伦理思想。虽然受时代的局限和经验思维所限，游牧民族的生态伦理思想没有能够上升到科学理论的层面，但其潜在的科学道理和远远超前的生态意识，却是同一时代大多数民族所无法比拟的。事实上，以崇尚自然、爱护自然、与大自然和谐共处为基本精神的草原文化，不仅蕴涵着深刻的自然生态思想，在历史上产生过非常积极的效应，即使在科学技术高度发达的今天，仍不失其值得深入研究、挖掘、借鉴的现实价值，对于今天的人类应对全球性的环境危机必将继续发挥重要作用。

历代蒙古人不仅在哲学、社会思想方面有诸多创新与拓展，在人文社会科学的其他学科领域也都有着重要建树。随着蒙古学学科体系的建立和研究的日趋深入，人们对蒙古民族精神文化的认识也在不断深化。近年来出版的《蒙古史学史》、《蒙古族宗教史》、《蒙古文论史》、《蒙古族美学史》、《蒙古族经济发展史》等学术著作，尽管还难免有未及之处，但已经展示了上述学科体系的大致风貌，且足以令人叹服。

实际上，人们所说的创新思维，是指敢于突破固有观念或思维定式的束缚，批判地看待前人的经验，实事求是，敢为人先，勇于开拓，不断推陈出新的思维方式。创新，就是"不甘守成与重复，不怕风险与失败，不尚空谈与陈规，勇于开拓新的世界，勇于走前人没走过的路，表现出永不自满、不断探索、奋发有为"[1]。不论社会整体的前进，还是制度、理论、科学技术，哪怕一项生产工艺、一个操作方法，都需要不断地革故鼎新。远古时期的蒙古人曾用"马蹄所到处"、"走向最后的海洋"、"日出至日落"等语句表达辽阔、遥远的意思。如果说这是一种平面思维的话，那么，后来则发展成为"上天入地"或"长的梢头、深的尽底"[2]的立体思维。被誉为人类历史上最久远的游牧主义运动的那一段波澜壮阔的历史，正是有赖于立体思维才得以发生的。而自从形成统一的蒙古民族并步入文明社会以来，他们开拓新疆域、制定新秩序、提出新思想、适应新环境的许许多多创新之举，就并非能够用平面思维或立体

---

[1] 颜晓峰. 创新论[M]. 北京：国防大学出版社，2002：151-154.

[2] 札奇斯钦. 蒙古秘史新译并注释[M]. 台北：联经出版事业公司，1977：281.

思维这种用以描述远古蒙古人思维活动的词语所能够解释清楚的了。因为,步入文明社会的蒙古人所面对的已经不再是远古时期摆在他们面前的设定较为简单的既有命题了。

一个民族要依靠源源不断的创新而获得永不枯竭的生命力,人类社会要依靠永不停息的创新而获得发展进步。这是一个文化革新的过程和不断超越自我的过程。毋庸置疑,蒙古族文化的历史就是一部不断革新、创造、超越的历史,草原文化在蒙古族文化这种历史发展过程中获得新的拓展与创新。

(本文是作者主持完成的"草原文化研究工程"课题成果之一。执笔:陶克套)

当代草原文化的发展方向与趋势

——三论蒙古族文化在草原文化发展史上的地位与作用

以蒙古民族登上历史舞台，成为蒙古高原的新一轮主人为标志，蒙古文化便成为这一区域最具代表性的文化。蒙古文化，首先是单一民族即蒙古民族的文化，是世世代代生息在蒙古高原的蒙古人所创造的文化；同时，它又是继承和汇聚草原地区历代各民族文化传统而形成的具有广泛包容性与影响力的新的民族文化形态。以"蒙古"、"鞑靼"作为草原民族统称的事例历史上并不鲜见，自从有了"草原文化"的概念，蒙古族文化往往又被人们等同于草原文化，足见其在草原文化当中的深刻影响与主导地位。现当代以来，蒙古族文化的变迁和发展不但具有本身的重要意义，同时，在某种程度上反映了包括达斡尔、鄂温克、鄂伦春等当今的草原民族文化发展变迁的典型特征，也在某种程度上预示着草原文化未来的走向。因此，如何审视蒙古文化近现代以来的发展、变迁轨迹，如何看待和把握它的未来方向和趋势，显然是草原文化研究领域一个既具有理论意义又具有现实意义的命题。

一、近现代以来蒙古族文化的变迁是草原文化变迁的缩影

草原文化是一种地域文化，是生发在草原这一地域范围之内的历代各民族文化经过无数次裂变—聚变—裂变的反复整合而形成并被传承下来的文化集合体。在民族文化层面上，草原文化不仅包含了诸如匈奴、鲜卑、柔然、突厥、蒙古等历史上的各个民族接续下来的文化，还包括并存于同一历史时期内的各个民族的文化。如今的草原文化不仅包括蒙古族文化，还包括达斡尔、鄂温克、鄂伦春等中国北方草原民族的文化。正如草原文化经过多个发展阶段，经过无数次的整合和变迁走到现在一样，同属于草原文化的这些民族文化，也都曾经经历形成、发展、变迁的历史过程。因为文化形态从来不是静止的、一成不变的，而是一种能动的、不断变化和发展的流动体。随着人类历史进程的加速，近现代以来，世界各地区、各民族文化变迁、融合的节奏明显加快，草原地区迎来了本土文化和外来文化空前大激荡、

大碰撞、大融合的时代；近代以来，随着草原民族与汉族的关系日趋加深、世界各种文化的传播进一步加快，草原文化开始孕育现代转型。

首先，从生存方式、经济类型看，尽管在很长的历史时期内，建立在游牧生产方式之上的游牧文化在整个草原文化当中居于主导地位，以至于使人们常常将蒙古族文化、草原文化与游牧文化等同起来。但实际上，近现代以来的蒙古文化已经很难归之于单一的游牧文化，彰显出更多的复合型特征。历史上蒙古族人口密集的地区，往往也是文化变迁最活跃的地区。以科尔沁草原为例，这里曾经是以水草肥美而闻名于世的大草原。世居在这里的蒙古科尔沁部直到清代初、中期仍然过着以四海为家，逐水草而居，"依天地自然之利，养天地自然之物"的游牧生活。科尔沁草原东临女真民族的故地白山黑水，南接华夏文明的腹地中原地区。近代以来，随着草原地区人口的自然增长、自然环境条件的变化、内地汉族人口的大量涌入，科尔沁地区定居、半定居畜牧业逐渐取代了纯游牧业，农业、半农半牧业人口迅速增长，农业文明、工业文明、商业文明、城市文明的因素大量涌现，科尔沁蒙古人的生产生活方式发生了巨大的变化。

再者，经济结构、生产方式的转变必然引发风俗习惯、意识形态的变革。短短的200余年间，从起居行走到饮食礼俗，从方言土语到文学艺术，科尔沁部落与仍在草原腹地过着游牧生活的蒙古部落已经有了不小的差异。他们或许失去了一些固有的、传统的文化特质，但更多的是吸纳异质文化的特质，并进行有效的扬弃和改造，使之适用于自己，或在借鉴、吸纳的基础上创新，创造出既不同于传统母体，又不同于传输供体的文化新质。比如科尔沁人格外喜欢的胡尔沁乌力格尔，显然是更适合于聚居村落的民间艺术样式。早先的胡尔沁乌力格尔主要以自拉自唱的方式讲述英雄镇压蟒古斯的故事。随着汉文化的传入，特别是自从科尔沁地区产生了为数不少的兼通蒙汉两种语言文字的文人先生，大批汉族通俗文学作品、野史传奇故事被翻译成蒙古文，胡尔沁乌力格尔便以各种演义、史传为主要讲述内容了，而且有了蒙汉参半的新名称——本森乌力格尔（即本子故事）。文化嫁接的这一成果不仅丰富了科尔沁蒙古文化，还为人民群众提供了喜闻乐见的艺术产品。如今，本森乌力格尔已经成为蒙古民族宝贵的文化遗产，经国务院批准被列入第一批国家级非物质文化遗产名录。

然而，重要的是科尔沁人的生产生活方式的改变，器物用具、起居饮食、风俗习惯、审美情趣的变化并没有改变他们作为蒙古人的本质特征。他们的语言文字、思维方式、情感世界依然是蒙古人的，甚至在其他地方已经不多见的古老文化的某些遗迹，在科尔沁蒙古人当中却被较好地保留了下来。如萨满教的宗教礼仪在很多蒙古部落中早已淡去，在科尔沁地区倒以活态形式保留了下来；一些英雄史诗的篇章在其他地方已经失传，而在科尔沁同样以活态形式流传下来了。诸如此类的事例还有很多，科尔沁蒙古人在继承和保存文化传统方面所做出的贡献是巨大的。科尔沁文化作为古老的蒙古文化的一个地域性文化，不仅依然保持着蒙古文化固有的本质特征和基本要素，还随着社会历史的变革、时代的前进，吸纳了大量活性元素，内涵得以丰富，外延得以扩展，正在以崭新的姿态走向未来。

其实，不仅科尔沁文化，包括蒙古文化乃至草原各民族文化在内的草原文化整体上也是如此。因为，这是文化发展的内在规律所决定的。

二、蒙古族文化代表着草原文化的发展方向与趋势

人们不应该忘记，号称马背民族的蒙古族是怎样从一个曾经征服欧亚大陆的强悍民族逐渐衰微，以一个弱小民族的身份跨进现代历史大门的。元朝灭亡以后的几百年间，蒙古社会再也没有过哪怕短暂的辉煌，有的只

是连绵不断的战乱、贫穷与疾病、社会生产力的停滞甚至倒退。难怪弗拉基米尔佐夫在《蒙古的社会制度》中不禁大发感慨，蒙古帝国时期还用轱辘车拉载货物，北元时期却倒退为用牲口驮运了。[1]

清代，蒙古民族再度回归到统一的、多民族的祖国大家庭，也曾分享"康乾盛世"的强盛。"康乾盛世"虽然将中国传统社会推向了一个新的高峰，但这已经是中国封建社会的回光返照了。此后不到50年，鸦片战争爆发，中国逐步沦为半殖民地半封建社会，曾经创造灿烂的古代文明的东方大国，变成了帝国主义列强任意劫掠的"东亚病夫"，其中的原因可以从多方面去分析和总结。但倘若从文化的视角分析，文化变革的滞后不能不说是一个十分重要的原因。在西方，起源于意大利的文艺复兴运动到16世纪已经席卷整个欧洲，从而揭开了近代欧洲的序幕。到18世纪中叶，工业革命奏响了西方现代化乐章的序曲。而同一时期，包括蒙古上层在内的清帝国统治者，还在以"天朝上国"自居，为文化礼仪隆盛而陶醉。当道光皇帝听说英国女王自择配偶，认为那是不开化的表现，曰："蛮夷，不知婚姻大事，父母

---

[1] 弗拉基米尔佐夫. 蒙古的社会制度[M]. 贡格尔扎布，译. 蒙古文版. 呼和浩特：内蒙古语言文学历史研究所历史研究室，1978：169.

做主。"战败的清朝将军，试图用巫术魔法扭转败局，期望用污秽之物来破坏西洋火炮的威力。甚至20世纪的钟声业已敲响之时，在慈禧太后那里，装电灯仅仅是为了观赏颐和园的夜景，修铁路只是为了恭谒西陵——上坟扫墓。可见中国封建统治者主导的封建文化到了何等腐朽没落的地步。

于是，洋务运动、维新变法、辛亥革命、五四运动，旨在变革社会、变革文化，实现中国人民近现代化梦想的一次次浪潮汹涌而至。在所有这些气壮山河，为国家和民族的前途而战的社会革命、文化革命的队伍当中，都有草原优秀儿女的身影，说明草原文化内部的现代转型机制趋于形成，文化变革的动力已经孕育成熟。正如有一大批蒙古族革命先驱为中国新民主主义革命而浴血奋战一样，还有一大批蒙古、达斡尔、鄂温克、鄂伦春等民族的精英人士为民族文化的现代化做出不懈努力。近代历史上时断时续、此起彼伏的民族民主主义思潮，进入20世纪后有了质的飞跃，其主流逐渐演变成为新民主主义文化运动，并且与新民主主义革命相结合，在中国共产党的领导下，推翻了帝国主义、资本主义、官僚主义三座大山，迎来了历史的新纪元。

内蒙古自治区成立以来，特别是新中国成立以来的60年间，草原民族的文化事业得到了突飞猛进的发展。

我国社会主义制度和各民族一律平等、民族区域自治的法律地位，党和国家一贯坚持和实施的尊重、关怀少数民族，大力扶持少数民族经济文化事业的一系列方针政策，从根本上保障了我国各民族人民保存、更新和发展自己文化的权利，也为各民族的文化建设事业提供了广阔的发展空间。一些少数民族仅仅用半个世纪，从原始社会过渡到社会主义社会，走过了过去多少个世纪都不曾走完的历程。作为内蒙古主体民族的蒙古族的文化事业的发展进步，更是举世瞩目。半个多世纪以来，蒙古族文化发展、变迁的方向和趋势无疑是科学、民主与文明，这也是当代草原文化的未来走势。随着传统游牧业向定居畜牧业、半农半牧业的转型和社会经济的发展，便于拆装、便于迁徙的蒙古包逐渐被居住舒适、经济实用的土木和砖混平房取代，文明、舒适成为人们的基本追求。如今在牧区，马匹、骆驼不再是最方便快捷的交通工具，汽车、摩托车已经相当普及，人们更看重的是马、驼所承载的文化象征意义和竞技休闲的乘用价值。现在很少有人相信萨满巫术、喇嘛诵经的祛病避邪功效，科学养生、现代医疗的观念已经深深扎根于普通大众的平常生活……

一个民族的文化发展水平必然会集中体现在科学、文教事业上。可以肯定地说，历史上的任何一个时期，蒙古民族从来不曾拥有像现在这么多的科学家、文学家、专家教授，从来没有像现在这样丰富的文化产品供给普通群众去消费，蒙古族大众的整体文化素质从来没有达到现在这样的高度。内蒙古自治区现有蒙古族人口约400万，用蒙古文出版的报纸、期刊达数十种，约每万人平均拥有一种报纸杂志。仅内蒙古人民出版社一家，在1951—1991年的40年间，出版蒙古文图书4400多种，年平均100多种。进入21世纪以来，蒙古文出版事业更有了跨越式的发展。自治区现有7家出版社出版蒙古文图书，全区每天都有1种以上的新书出版，各地报刊每天都有数十上百篇文学新作发表。近年来，蒙古族牧民作家、诗人的大量涌现，已经成为内蒙古文学的一大景观，其中有不少作者出版有多部中长篇小说或诗歌散文集。我们再以国民受教育程度为例，它向来是一个民族整体文化水准的重要指标之一。新中国成立前，绝大多数蒙古人根本没有接受正规教育的机会，能够读书看报的文化人寥若晨星。如今，九年义务教育不但已经普及，就是上大学、读研读博，接受高等教育，对普通农牧民子女也不再是什么奢望。据《内蒙古2008年国民经济和社会发展统计公报》显示，全自治区年末在校大学生31.67万人，其中，少数民族9.81万人，蒙古族8.63万人；在校研究生10722人，其中，少数民族3831人，蒙古族3382人，上述各项比例均比上年度有了较大幅度的上升。历史的进步、社会的发展、蒙古族人民群众整体文化素质的大幅度提升，使蒙古族文化的内涵得以空前丰富，文化适应能力、创新能力、竞争能力均有了明显的提升。从有形的文化特质，如日常用品器物，到无形的观念形态，如思想情趣、价值取向，我们可以举出无数个鲜活的例子，说明蒙古族文化紧随时代的步伐，在创新、吸纳、更新中发展的事实。蒙古族文化的发展方向，无疑是在保持民族传统和特色的同时，融入时代精神和现代性向现代化迈进的方向。就像蒙古族传统乐器马头琴，经过科学的改造以后，音量显著增强了，音域显著宽广了，表现力显著强化了，从而使马头琴的生命力也变得更加顽强、更加旺盛了。一句话，走向科学，走向民主，走向现代，这是作为草原文化主要代表的蒙古族文化给我们的重要启示，也是对当代草原文化发展方向与趋势的昭示，表明富有生命力的草原文化同当今世界所有进步文化一样，伴随时代发展的脚步，昂首向前。

三、草原各少数民族文化面临的机遇与挑战

在全球化的大背景下，国际文化竞争同政治、经济、军事竞争一样加剧，总体上处于弱势地位的发展中

国家和民族的文化如同他们的政治经济一样，既面临着发展机遇，又面临着严峻挑战。

首先，全球化浪潮不仅深刻改变着人类的经济发展进程，而且正在对各国各民族的文化建构产生着深远影响。信息革命使经济全球化的影响迅速投射到文化领域，日益彰显出它的特殊效应。以往那些阻碍文化传播的人为或自然的种种壁垒正在不断被摧毁，文化传播变得空前快捷，使我们能够博采众长，很方便地吸纳世界各民族文化的精华，用以丰富和发展自己了。其次，各民族的有识之士，乃至广大普通民众，都在表现出进取的、开放的文化诉求，正在积极投身于面向世界、面向未来的民族文化的现代建构当中，使我们的文化比以往任何时候都更具活力了。再次，经过30年的改革开放，我国的综合国力日益增强，为各民族文化的共同繁荣发展提供了强大的依托，使各民族的文化、教育、科学事业驶入高速发展的快车道，有望使各民族文化得到长足的发展。这是蒙古族文化和草原各少数民族文化的历史性机遇。

然而，对民族文化而言，全球化和现代化也是一把双刃剑。全球化浪潮和全方位的对外开放，意味着我们必将面对外来文化，特别是强势文化的冲击。从此，我们再也找不到一块不受外界浸染的"净土"来保存自己的文化。不同文明、不同民族将不可避免地处在全球这个大的地缘环境中进行运作，他们相互间的协作与依存，不同文化相互间的传播与影响将空前加强。在此过程中，并非所有得到的都是你所希望得到的，也并非所有失却的都是你应该丢掉的，一些并非我们希望的文化因子可能要取代我们本来要力图保留的文化因子。换言之，不同文化之间的交往也许根本就不可能公平。历史证明，交往越狭隘的文化也就越难于获得正常公平的交往。在不同文化之间的交往过程中，少数民族文化所受到的震撼会更大，所经受的痛苦也会更多。因为少数民族文化大多属于交往范围相对狭小、影响力相对较弱的"亚文化"，它们对外来文化的输入往往处于被动接受的状态，而对文化传统的保护常常又力不从心。在当今这个各种文化相互激荡、相互交融的现实背景中，能不能保护自己区别于其他文化，使之成为独特类型的诸要素？如何来保护民族文化赖以存在的"文化生态"，这或许是蒙古族文化和草原其他少数民族文化所共同面临的问题。

由于生产生活方式的改变和现代文明的冲击，民族文化的一些特质逐渐在失去它往昔的功能，一些传统的既科学简洁又行之有效的生产生活技能，一些令人叹为观止的民间工艺、绝艺绝技，还有那些美妙绝伦的民间艺术样式、艺术体裁、艺术作品正在流失甚至消亡，其中不乏"一朝失传，终成千古恨"的民族文化瑰宝。更为重要的是，随着工业社会、商品社会的建立，传统社会的人际关系、道德准则、价值取向也在发生多向度的变化，而且一些变化未必都是积极向上、符合人类久远价值标准的。草原民族的传统美德在遭受不良文化的浸染，淳朴善良的民风不时在遭受贬抑，草原文化用以处理和调适人与自然的关系、不同群体不同文化之间的关系、人与人的关系的传统理念，即"崇尚自然、践行开放、恪守信义"的核心理念，不时在遭受践踏或挑战。如急功近利的经济目的将崇尚自然的生态理念束之高阁；丧失文化"自我"的盲目媚外，使践行开放悄然变味；权力崇拜、金钱崇拜招致尔虞我诈，恪守信义的道德信条遭受践踏，等等，不一而足。

特别是草原各民族的语言文字保护问题，堪称任重而道远。一个民族语言所体现的思维方式、所包含的文化成果、所保存的丰富信息，是其他任何语言所不能承载的。所以，我们才把语言看作民族文化最基本的、最具本质特征的要素，才把它称作自成体系的特殊文化。在多语种社会，一些语种交际范围的扩大，自然意味着另一些语种交际范围的缩小。特别是进入现代社会以来，弱小民族的语言受冲击的程度空前加剧。一些语种正在消失，一些语种已经成为濒危语言，从而使濒危语言的保护成为世界性的课题，"语种消亡与物种灭绝一样可怕"的警告时有所闻。尽管新中国成立以来，国家在保护和发展少数民族语言文字方面投入了大量财力，做了中国历代政权都不可能做到也不肯去做的大量工作，使少数民族语言文字工作有了前所未有的繁荣局面。但是，由于少数民族人口少、民族语言交际范围有限，难以成为全社会通用语言等原因，民族语言文字的使用范围持续收缩的局面至今尚未得到遏制，且有继续扩大之势。这种势头如果顺其自然，任其发展，则只会加速其萎缩的进度，保护、保存和发展民族语言与民族文化也将成为一句空话。因此，国家应当一如既往，依靠法律、政策和市场手段，切实采取有效措施，鼓励少数民族使用本民族语言文字，鼓励在少数民族地区工作和生活的汉族同胞学习使用少数民族语言文字，启动和实施抢救、保护、研究濒危语种的系统工程，并不断加大力度，扶持少数民族文化教育、新闻出版事业，像保护生物物种和生态环境一样来保护少数民族的语言文字。这是一项迫在眉睫、功在千秋、充分体现我国社会主义制度优越性的系统工程。一个民族的文化传统是该民族由历史沿传而来的一笔巨大的精神财富，是赖以维系该民族生生不息、绵延不断的精神纽带，是该民族生存发展的文化基础。不进则退,这是已经被文化历史上的无数个事实证明了的硬道理。草原民族的文化建构,走向科学、走向民主、走向现代的草原文化,必须勇敢面对危机与挑战,传承和发展本民族的优秀文化传统,特别要发扬开拓进取、勇往直前的民族精神,完成自己的文化更新发展任务,才能适应新的生存境遇,跟得上时代的前进步伐,屹立于世界民族之林,绽放于人类文化之苑。

（本文是作者主持完成的"草原文化研究工程"课题成果之一。执笔：包斯钦）

转换管理机制　推进学术创新

——兼论草原文化学科创建模式

当今世界正处在一场深刻的变革当中，我国的和平崛起和中华民族伟大复兴的历史任务，对人文社会科学提出了许多新的要求，党和人民对人文社会科学研究机构寄予厚望，要求它成为"信得过、用得上、靠得住、离不开"的重要智库。这一切对人文社会科学科研管理工作也提出了更高的要求，要求我们转变管理理念，转换管理机制，推进学术创新，提供优质服务。

在这种新形势下，内蒙古社会科学院确定了"担当使命，直道而行"的办院理念和"学科立院、人才强院、精品兴院、开门办院"的发展思路。近年来，我们以建设社会主义新智库为目标，着力打造"三个中心，两个基地"（蒙古学研究中心、草原文化研究中心、民族理论与民族政策研究中心；应用对策研究基地、基础理论研究基地），强化管理，深化改革，推进体制机制创新，使全院科研实力日益增强，学科布局日趋合理，对外影响力不断提高，为把内蒙古社科院建设成为一个实力雄厚、充满活力、富有地区特色和民族特色的地方哲学社会科学研究基地迈出了重要的一步。

一、以学科建设引领项目实施，以项目实施推动学科建设

学科建设是哲学社会科学的基本建设。学科建设包括资料建设、理论建设、人才队伍建设和平台建设，这里既包括已有学科的调整和发展，又包括新兴学科的创建和培育。

草原文化学科是近年创立的一门新兴学科。从某种角度说，对草原民族文化的研究，可谓历史悠久，所有冠名在北方各民族名下的哲学、宗教、民俗、文学艺术、社会组织、军事思想的研究以及兴起于20世纪末的游牧文化研究，均属于这一范畴。改革开放以后，"草原文学"、"草原文化"等提法开始散见于报刊。虽然，当时的研究还没有科学界定"草原文化"这一概念，还没有形成后来的声势和影响力，却让我们发现了十分看好的新的学术增长点。真正将草原文化作为整体的研究对象展开全面系统的研究，其时间则几乎与新世

纪同步。2004年，为了配合内蒙古自治区民族文化大区建设，把草原文化研究引向深入，我们启动了"草原文化研究工程"，该项目后来被列为国家社会科学基金特别委托项目和重大委托项目。随着研究的深入，我们发现草原文化既不同于传统蒙古学研究，又不同于传统的北方民族研究和游牧文化研究，不论草原文化概念的内涵、外延，还是研究对象、研究方法，都无法沿用以往的理念和范畴。我们逐渐认识到草原文化研究，在以往的学科框架内难以充分展开，难有大的突破，它应该是一门独立的学科。经过几年的集体攻关，到2007年时，我们陆续取得了一批较有分量的学术成果。它们证明草原文化不但是一个独立学科，而且还是科学认识草原地区人类文明史，正确处理当前政治、经济、社会、文化、生态建设面临的一系列复杂问题所必需的学科。

通过对草原文化学学科创立过程的梳理和分析，我们将内蒙古社科院培育和创建草原文化学学科的基本经验，概括为"以学科建设引领项目实施，以项目实施推动学科建设"的模式。这是一个新的学科建设模式，它揭示了这样一个规律：一个学科的创立和发展过程，就是一个项目攻关和学科建设相互依存、双向互动的过程。

草原文化学科的创立和这些年所取得的科研成果，

使我们认识到，科研管理工作必须从实际出发，抓住契机，锐意改革，处理好学科建设和项目实施的关系，强化管理，提高效益，推动科研生产力的发展。这是科研管理工作的出发点，也是落脚点。

首先，以学科建设引领项目实施。重大科研项目的攻关是创新理论和繁荣发展哲学社会科学的一个重要手段。但重大项目的立项不能盲目和随意，必须从学科建设需要出发来确定，必须为促进老学科发展，培育、创建新学科服务。也就是说，重大科研项目的实施必须有利于促进学科建设和发展，必须优先研究解决学科建设中关键的或重大的学术理论问题以及社会发展过程中出现的重大现实问题或重点、难点问题。要以学科建设的大目标来引领和指导项目立项和研究，以持续性的重大项目研究支撑和推动学科建设，形成学科建设与项目实施相互依存、相互促进、良性循环发展的关系。

其次，以项目实施推动学科建设。项目立项，特别是重大科研项目的立项和实施，必须立足于学术发展和现实发展需要，提出和攻关重大现实问题和学术问题，并通过从学科建设角度指导和引领项目立项并实施攻关，来满足需要、解决问题、创新理论，进而推动学科的建设和发展。2004年，内蒙古社科院从自治区建设民族文化大区的现实需要和研究中华多元一体文化的学术需要出发，立项并实施了"草原文化研究工程"。然而，对像草原文化这样上下几千年，横跨多个民族、多种生产方式，涉及多个学科门类的大型项目，要进行全方位、交叉立体、系统深入的研究，必须改变单兵作战的模式，打破部门和地区界限，整合各方面的力量，集体攻关，协同作战。草原文化研究一、二期工程均采取公开招投标方式，面向全国组建项目攻关团队。参加者来自多个省、自治区、直辖市的数十个科研院校。他们充分发挥各自的专业特长，对草原文化不同领域、不同层次的重大学术理论问题进行深入系统的研究，使草原文化研究真正成为立体交叉、全方位的系统工程，从而保证了工程的顺利实施。此项工程之所以能够在较短时间内取得重大成就，应当归功于全国草原文化研究领域众多专家学者的集体智慧。

经过这些年的不懈努力，目前，草原文化研究资料建设已经初具规模，研究队伍已经初步形成，理论建构有了重大进展，推出了一批具有较高学术水准、在国内外产生重要影响的原创性科研成果，初步构建了草原文化的基本理论体系。可以说，一门全新的人文社会科学学科——草原文化学业已基本形成。正因为如此，《内蒙古自治区国民经济和社会发展第十一个五年规划纲要》将草原文化学确定为自治区重点学科，由自治区党委和中国社科院分别做出决定，在内蒙古社科院设立内蒙古草原文化研究基地和中国草原文化研究中心，并分别于2008年12月、2009年7月正式挂牌运行。尤为重要的是，草原文化是中华文化的主源之一，也是中华文化的重要组成部分和动力源泉之一，在中华文化发展史上具有重要的地位和作用的观点，得到了学术界的广泛认可和赞同；研究提炼的草原文化核心理念——"崇尚自然、践行开放、恪守信义"，被自治区党委和政府采纳并日益深入人心。草原文化研究的学术理论成果，已经开始进入区内外的高校教材。北京大学、中央民族大学以及上海、深圳、台湾等地的科研院所，纷纷邀请内蒙古社科院草原文化研究专家做学术报告，并给予高度评价。这些都说明草原文化学及相关研究正在得到学术界的广泛认同。

同时，草原文化研究的理论和实践所产生的辐射作用，已经或正在对我国蒙古学研究、北方民族史研究、游牧文明史研究、游牧畜牧经济研究、生态文化研究等相关学科产生着十分积极而深刻的影响。

草原文化学学科创建实践证明，"以学科建设引领项目实施，以项目实施推动学科建设"的学科创建模式是完全可行的，它反映了某些特色学科的形成和发展规律。其特点在于：

一是从学科的培育到创立只用了几年时间（传统意义上的学科创立往往需要很长时间，短则十年八年，长则几十年），但由于立项并实施为数众多的不同学科专家学者参与的重大研究项目，对草原文化不同领域、不同层次的重大理论问题进行全方位的、深入系统的研究并取得丰硕成果，因此，也就避免了因培育时间短暂而导致一个学科不成熟甚至名不副实的尴尬。

二是项目立项时不但对重大学术理论问题给予了高度关注，而且充分考虑到了现实的实际需要。草原文化不仅是中华文化的主源之一，还是中华文化的重要组成部分和根本的动力源泉，在中华文化发展史上具有重要的地位和作用。因此想要充分研究和梳理中华文化史，深入揭示其发展规律就必须研究草原文化。与此同时，内蒙古自治区党委、政府着眼新世纪发展而做出的一项重要战略决策就是加快文化发展，建设民族文化大区，先后出台了支持和加快文化事业和文化产业发展的一系列重大决策。内蒙古独特而丰富的草原文化资源，是加快文化发展、建设民族文化大区的历史根基和现实基础。因此，开展草原文化研究是内蒙古民族文化大区建设所必需的。

三是在项目实施过程中，始终有意识地抓建构理论、培养人才、资料建设、构筑平台、媒体宣传、成果转化等环节，为草原文化学学科的创立做了全方位的准备。

二、认真组织集体攻坚项目，着力抓好基础建设项目

人文社会科学研究，本质上是个体性极强的创造性劳动，需要充分尊重专家学者的个人劳动、个性特点和学术专长。但是，一方面许多重大现实问题和学术理论问题的解决，需要凝聚集体的智慧，特别是一些内容庞杂、工程量浩大的项目，仅仅依靠单个人"十年磨一剑"的意志根本无法完成。另一方面，许多重大现实问题或学术理论问题，要求我们适时拿出具有真知灼见的研究成果，并及时转化成为社会的价值导向，以引领实践活动。因此，必须抓住一些具有重大理论意义、学术意义和现实意义的重点、难点、热点问题或深层次问题，集中优势兵力，以课题组的形式进行集体攻关。内蒙古社科院近年来实施的"草原文化核心理念研究"、"草原文化与蒙古族文化关系研究"、"弘扬草原文化核心理念，提升内蒙古文化软实力"等集体攻关项目（每一项都由几篇系列论文构成），就是从自治区的现实需求和学术发展需求出发的科研效率高、社会效益好的项目。

2008年，我们组成课题组开展草原文化核心理念专题研究，先后召开十余次学术研讨会、座谈会，听取上百位专家学者的意见，概括提炼草原文化的核心理念——"崇尚自然、践行开放、恪守信义"，并进行了充分论证和阐述后以系列论文形式发表。如今，这一研究成果已经产生广泛而深刻的社会影响。自治区党委、政府高度肯定研究结果，明确提出要弘扬草原文化的核心理念，一年一度的"中国·内蒙古草原文化节"也决定以弘扬草原文化核心理念为办节主旨，并每年写成条幅悬挂在大街小巷。内蒙古社科院同内蒙古电视台摄制成5集草原文化访谈系列电视片——《草原文化的核心理念》，两次播出后均引起积极反响。随后联合拍摄的5集草原文化访谈系列节目——《文明的足迹——草原文化的历史贡献》播出后也引起很好的反响。

"草原文化研究工程"启动以来，蒙古族文化和草原文化的关系问题始终是学术界众说纷纭的问题。有些观点将二者等同起来，也有些观点把二者割裂开来。显然，不论哪一种观点，既不科学又不符合历史事实，更不利于草原文化优秀传统的继承和弘扬。鉴于此，2009年，我们再次组成课题组，对蒙古族文化与草原文化的关系开展深入研究，并以系列论文形式发表，同样产生了很好的社会效果。

文化软实力是一个地区综合实力的重要组成部分。近年来，内蒙古虽然在较短的时间内创造了经济社会超常规发展的奇迹，被称之为"内蒙古模式"，但还未根本改变或摆脱欠发达状态，文化软实力尚不能够与经济增长速度相匹配，从而使内蒙古发展的不平衡性日渐凸显，成为全面可持续发展所必须着力解决的一个重点。于是我们又组建课题组研究撰写并发表"弘扬草原文化核心理念，提升我区文化软实力"系列论文，在分析与评价内蒙古文化软实力现状的基础上，着眼文化软实力的具体特点，从本地区的实际出发，重点探讨了草原文化对提升内蒙古文化软实力的意义和作用以及全面提升内蒙古文化软实力的有效途径等问题。我们相信，这些成果必定会给人们带来一些新的启迪。

　　除"草原文化研究工程"之外，我们还启动实施了与草原文化研究密切相关、同属草原文化学科建设的若干重大学术研究工程。比如，为期10年的"内蒙古民族民间文化遗产数据库"工程和为期20年的"蒙古语语料库"建设工程。2004年启动的"内蒙古民族民间文化遗产数据库"，是一项搜集、整理并以数字化技术存储蒙古、达斡尔、鄂温克、鄂伦春等内蒙古本土少数民族民间文化遗产资料，为民族优秀传统文化的保护、利用和传承提供新型平台的系统工程。内容涉及民俗、民间文学、民间艺术、民间文化传承人等四大类型，具有存储、检索、提取、演示等多项功能，且具有开放性、动态性的特点，内容和功能可不断充实、完善。这是国内第一家少数民族民间文化遗产数据库。2005年正式启动的"蒙古语语料库"建设工程，其最终目标是建成一个由功能库、统计库、语料库、辅助库等4个子库组成的、可用计算机对入库总量约为2亿个的蒙古语词历史语料和现代原始语料进行定量定性分析研究，并具备全方位、多层次开发利用价值的语料库，该语料库对少数民族语言的保护、利用和语言演化规律的研究，具有重大意义。经过项目组几年的努力，目前，业已完成内蒙古境内56个旗（县、区、市）的语料搜集工作，总采访量达5036人次，原始语料采集量达3304小时，并已初具检索、视听、编辑、添加、复制等功能。这也是国内在建的第一个少数民族语料库。

内蒙古社科院与内蒙古自治区新闻出版局的合作项目"蒙古文《大藏经》影印出版工程"于2006年启动，现已完成约400卷的全部扫描工作并已出版50余卷。内蒙古社科院与内蒙古教育出版社为期10年的合作项目"《蒙古学文献大系》出版工程"（包括蒙古文、汉文、满文、藏文和外文五大系列文献的纸介出版、电子出版以及数据库建设等内容）于2008年启动，现正在稳步推进。

内蒙古社科院与中国社会科学院中国边疆史地研究中心合作的为期5年的国家社科基金特别项目"北部边疆历史与现状研究"也于2010年正式启动。

三、精心搭建各类平台，努力创造一流品牌，多途径转化科研成果

学科建设是一个系统工程，不仅包括人才建设、资料建设、理论建设，同时还包括平台建设。经过这些年的不懈努力，内蒙古社科院蒙古学学科、草原文化学学科等基础性学科以及应用学科都已基本实现学科平台建设的"三位一体"化，即学术刊物、学术团体（包括研究基地、研究中心）、学术会议的一体化，正在努力将其打造成"名优品牌"平台。

蒙古学是内蒙古社科院具有民族特色和地方特色的人文学科，是内蒙古社科院的立院之本。近年来，通过加强蒙古学学科建设，人才建设、资料建设、理论建设都上了一个新台阶，平台建设的成效也很显著。如由内蒙古社科院发起组建的全国性学术团体——中国蒙古学学会和由内蒙古社科院承办的三年一度的中国蒙古学国际学术讨论会，院里主办的学术刊物《中国蒙古学》和《蒙古学研究年鉴》，为蒙古学学科的纵深发展，提

供了学术组织、学术交流、学术成果推广的高端平台。《中国蒙古学》、《内蒙古社会科学》（蒙古、汉文版）已成为自治区乃至国内同类刊物中的知名品牌。由内蒙古社科院创建、创办的内蒙古草原文化学会、中国·内蒙古草原文化主题论坛，设在院里的内蒙古草原文化研究基地、中国草原文化研究中心等科研平台，也分别成为草原文化学科及应用学科主要的科研、交流、推广、转化平台。这些平台的建成，为促进成果刊登、信息交流、资源整合，推进学科发展，为加速成果转化，使之尽快成为党和政府的决策依据，成为全社会的舆论导向、价值取向，发挥了重要作用。

（本文系作者与金海研究员的合著，原载于《社会科学管理与评论》2010年第3期，收入本书时已作较大删改）

内蒙古的"文化大区"建设应如何定位

——"民族文化大区"与"草原文化大区"概念内涵辨析

近年来,全国各省和自治区都相继寻找并发现各自的特色优势,纷纷提出了"建设经济大省(区)"、"建设文化大省(区)"等奋斗口号和战略目标。在这种各省、自治区都重新发现自己的优势,重新调整自己的战略目标,以便在国家未来发展格局中赢得一个不可替代的独特地位的全国性大潮中,我区也提出了"建设民族文化大区"的口号。作为一种战略目标,它是在全面、深入地研究分析内蒙古地区长期以来的历史文化积淀、自治区区情现状和未来发展潜力的基础上提出来的。这一提法,不但第一次把文化从经济的附属地位中解放出来,从全局的高度给予其独立的地位,而且更重要的是,它在一定程度上体现了内蒙古这一多民族聚居区之文化的历史特点和现实实际以及自治区目前和未来在文化方面的竞争优势与核心特色。因此，它的创新性和导向性是无可怀疑的。该战略付诸实践后，为自治区文化事业和文化产业的特色化发展，为不断满足自治区各族人民群众日益增长的精神文化需求做出了重要贡献。

一、"民族文化大区"概念的模糊性及其明晰化的必要

建设"民族文化大区"，顾名思义，就是建设以民族文化取胜的自治区。但值得注意的是，从字面意义上看，"民族文化大区"这一概念的内涵和外延是比较模糊的、笼统的，人们很难一目了然地看出其确切内涵。它的这一特点，实际上直接来自于其中的"民族文化"这一概念的性质。从逻辑角度看，民族文化是民族学和文化学的二级概念（民族、文化是一级概念），抽象程度比较高，仅次于民族概念和文化概念，属于一般概念，其内涵不具体、不明朗，所以，不易被人一看或一听就能立即直接感触到其具体确指。正因为如此，留下了人们具体把握它时产生歧义的空间和可能性。学者们曾先后提出各种不同性质的概念，以期概括和把握内蒙古地区多民族文化的做法，就是一个明显例证。这说明，同一个内蒙古地区的民族文化，所给予不同学者的

具体感触和印象是大不一样的。

另一方面，其他一些省、自治区也曾提出"建设民族文化大省（区）"的口号。这样一来，原本出于以突出和追求个性特色为目的的想法，在字面表达上却出现了相互趋同、事与愿违的现象。按理，两个以上民族聚居区的文化都叫民族文化，但具体到各个地区来说，民族文化的具体内涵和特色又各有不同。因此，为了使模糊表述清晰化，以便一目了然地凸现各自的特色，这些省区也都应该用具体的三级概念来置换"民族文化"这个模糊的二级概念为宜。因为，随着概念逻辑层次的逐级下降，其所指代的事物的特性才会越发明朗化，才会越发显出它所指代的事物的差异性。

从某种角度说，任何文化都是民族的（氏族、部落文化是民族文化构成的前提，而国家文化则是民族文化的综合），但是，由单一民族构成的国家的文化，一般不叫民族文化，而是叫国家文化。只有在两个以上民族存在的国家内才叫民族文化。因为，一个民族只有和其他民族相互杂居或产生交往关系的时候，才会产生主观上认同民族、客观上区别民族的需要。而在我国，民族文化又只是少数民族文化的泛称，而非特指内蒙古自治区少数民族的文化。也正因为如此，"建设民族文化大区"这一口号被提出以后，学界专家们做了将其中民族文化概念的内涵和所指进一步清晰化、明确化的尝试，提出了马背文化、游牧文化、成吉思汗文化等概念，以期用更加具体可感的概念来概括内蒙古地区的多民族文化。但由于他们都没有找到贯穿内蒙古地区古今文化、连接内蒙古地区各民族文化的一条红线，因而都不免失之片面。要将"建设民族文化大区"的战略目标更加具体可感、深入人心，并使其转化为积极的文化行动，同时要想给他人以关于内蒙古地区文化的更形象、更深刻的印象，就有必要将民族文化这一概念的内涵进一步具体化和明晰化。近几年，我区理论和实践领域的有关积累，已经提供了这种可能。

二、"草原文化大区"概念的提出是"民族文化大区"概念内涵具体化、明晰化的必然结果

近几年，我区学术界开展草原文化研究取得了显著成绩，在很多重大理论问题上达成了共识。专家们认为，把内蒙古地区多民族在历史上所创造的和正在创造的博大精深、独具特色的文化，应概括为"草原文化"。所谓草原文化就是指世代生息在草原地区的先民、氏族、部落、民族共同创造的一种与草原生态环境相适应的文化。它是一种从生产方式到生活方式、从观念形态到实践过程都同草原生态相适应的一种文化形

态。草原文化的本质特征是重生态，它与重伦理的中原文化有着本质的区别。草原文化具有开拓进取、英雄乐观、自由开放、崇信重义的精神。从建构特征看，草原文化是一种复合型文化，是地域文化与民族文化的统一、游牧文化与其他经济文化的统一、传统文化与现代文化的统一。对内蒙古草原文化，尤其对其建构特征的这些概括，得到了区内外学者及自治区各族干部群众的普遍认可。因为，他们找到了能够贯通内蒙古古今文化，连接各民族、各经济类型文化以及民族文化与地域文化的一条红线——草原地理生态及其所承载的文化。正是这条红线使内蒙古地区各民族在历史上所创造的和正在创造的文化，连接成一个不可分割的有机整体，使内蒙古地区各民族的文化具有了内在的统一性。

不但区内外学者及自治区各族干部群众对此普遍认可，而且中央和自治区两级有关领导也都对将内蒙古的特色文化概括为草原文化表示赞同并做过重要论述。

在实践领域，内蒙古的一些龙头企业和品牌产品的成功，也主要是仰赖于深厚的草原文化底蕴。他们在人类面临全球性生态危机的背景下，以一种创建"绿色品牌"的全新理念，高举以生态型为主要特色的草原文化的旗帜，赋予其产品以草原文化的生态禀赋，并以这种独特的禀赋在激烈的竞争中取胜。如伊利、蒙牛等已经创造国家品牌，正在走向世界的我区乳品企业，无不都是利用草原文化的丰富资源和无限商机的成功案例。尤其是在内地消费者中，一提到牛奶，肯定会自然地唤起他们如下一连串联想：牛奶—奶牛—绿草—草原—内蒙古等，结果他们在众多同类品牌中，肯定会毫不犹豫地选择来自内蒙古的牛奶。因为，在他们的眼里，内蒙古代表着草原，草原代表着绿色、无污染，绿色代表着新鲜、健康、生命力。鄂尔多斯羊绒衫、仕奇集团以及其他一些成功的文化产业，也都无不高举着草原文化的旗帜，无不挖掘和强化绿色、原生态、无污染等当今世界所注重的草原文化固有的价值。可见，即使是在"建设民族文化大区"战略实施的过程中，在理论和实践领域内，人们一直是将内蒙古地区的民族文化理解、把握、概括成草原文化的，并取得了可喜的成就。

另外，在外地人的想象中，内蒙古从来就是一片"天苍苍，野茫茫，风吹草低见牛羊"的景象。在他们的眼里，内蒙古就是草原，草原就是内蒙古；内蒙古文化就是草原文化，草原文化就是内蒙古文化，两者是等同的。

上述种种情况表明，用"草原文化大区"概念明晰"民族文化大区"概念的内涵，应该说是事物发展的一个非常自然而正常的过程，是自治区经济社会发展和人们认识能力提高的必然结果。在内蒙古来说，草原文化和民族文化所指的是同一个东西，只不过一个是具体的表达，而一个则是抽象的表述而已，并没有本质的区别。

三、"草原文化大区"的提法及其意义

把内蒙古地区的区域文化内涵概括、定位成草原文化，并把"草原文化大区"的中心内容赋予"民族文化大区"建设，对于对内在政策理解、文化身份认同以及加强全区各民族之间的凝聚力方面，对外在树立和明确内蒙古的文化形象和文化身份，进而在国家未来发展格局中顺利赢得鲜明的特色文化、优势文化的战略地位等方面，都具有重要的现实意义和深远的历史意义。

赋予"民族文化大区"概念以"草原文化大区"的深刻内涵，定会使我区特色优势或核心竞争力的定位较之以往，内涵更加准确，特色更加鲜明，而且更有利于民族凝聚力的进一步强化。

首先，"草原文化大区"的提法，一语点破了"民族文化大区"提法所原有的、未曾明确化的具体内涵。它不但消除了因概念模糊而产生歧义的空间和可能性，而且这一提法本身也非常切合内蒙古地区文化发展的历史事实和现实实际以及未来走向。过去，有些学者为概

括内蒙古文化而提出来的所谓马背文化、游牧文化、成吉思汗文化等概念，都存在不同程度的片面性。如马背文化的提法，是抓住了内蒙古文化的一个重要方面，但是它的着眼点只在于历史，从中无法见出当今内蒙古各族人民逐渐脱离马背，开始走向现代化交通工具等巨大发展。游牧文化的提法，是从经济类型入手抓住了内蒙古文化的一个十分重要的特点，但很多其他经济类型的文化被剔除在外了。成吉思汗文化的提法，是从历史人物作用角度抓住了内蒙古地区历史上所创造的文化的核心部分（即作为内蒙古古代文化集大成者的蒙古族文化）和核心人物（成吉思汗），但其他民族所创造的文化都未能被涵盖进去。唯有草原文化这一概念才全面、系统而准确地概括了内蒙古地区文化的本质和特征，它充分涵盖了内蒙古地区文化的历史和现实，及其多民族性、多经济类型性等诸多特征。

其次，"草原文化大区"的提法，使"民族文化大区"提法所原本内蕴的内蒙古区域文化的特色，更加鲜明地凸显了出来。专家们已经研究证明，草原文化是中华文化的三大主源之一，它与长江文化和黄河文化三足鼎立，一同撑起了中华文化的灿烂天空。历史事实表明，草原文化的起源比长江文化和黄河文化还要早。中华文化的发展过程，实际上也是中原农耕文化与北方

（主要是内蒙古地区）草原文化不断相互激荡、碰撞、吸收、融合的过程。这说明，居于我国北方草原核心区域的内蒙古地区的文化特色和文化优势，就是也只能是草原文化。在中华文化大家庭和国家未来的发展格局中，甚至在人类面临全球性生态危机的当今世界文化格局中，内蒙古将作为特色优势占据独特地位的也应是草原文化。当然，新疆、西藏等地区的民族文化中，也有草原文化的成分（但他们的文化在具体内涵上与内蒙古草原文化又有所不同），但从历史和现实看，草原文化的中心始终在内蒙古地区。因此，用草原文化这一概念来概括、命名内蒙古地区多民族所创造的文化，于情于理，均当之无愧。

最后，"草原文化大区"的提法，对内更有利于增强各民族的凝聚力，对外更有利于树立一个更加明确具体、和谐统一的内蒙古文化形象。由于草原文化这一概念充分涵盖和肯定了在内蒙古地区文化的历史发展过程中各民族所做出的重要贡献，因而获得了自治区各族干部群众的普遍认可。因此，"草原文化大区"的提法，定会使全区各民族进一步感受到这一提法与民族区域自治制度之间的一致性，定能进一步激发各族人民的文化认同感和继续创造文化的信心，定能有力地增强民族凝聚力，定能有效地提升我区文化事业和文化产业的竞争力，从而有力地促进内蒙古自治区经济社会等各项事业的和谐发展。

（本文系作者与董树君、乌恩、金海同志合著）

文化的春天

——学习党的十七大报告的体会

29年前,郭沫若先生在全国科学大会上饱含激情地宣告:"科学的春天到来了!"这一昭示时代变革和发展的呼唤,表达了我国一代又一代知识分子蕴藏已久的共同心愿,在全社会产生广泛而持久的影响,成为那一代人共同的历史记忆。

29年后的今天,伴随"嫦娥一号"奔月的光荣与梦想,我们也不妨模仿郭老的口吻说:"文化的春天到来了!"刚刚闭幕的党的十七大使我们更加坚信,随着中华民族的伟大复兴,我们必将迎来中华文化大繁荣大发展的时代!

一、中华文化繁荣兴盛的基础与条件

什么是文化?有人说,文化是人的生存方式,因

而人通常被认为是文化存在物；有人说，文化是人的精神价值，因而人常常通过文化并在文化中寻找到自己的根基和归宿；有人说，文化是人所创造的物质财富和精神财富的总和，因而人只能通过自己的创造物和创造能力演绎文化。所谓仁者见仁，智者见智。然而，不管文化概念多么宽泛深奥，也不管我们对文化概念做出何种定义，文化一定同民族同在，文化的繁荣兴盛一定同民族的发展强盛同在。尽管历史也不乏例外，但就民族与文化相互普遍关系而言，其正相关性是不言而喻的。因此，党的十七大坚决地提出，中华民族伟大复兴必然伴随着中华文化繁荣兴盛。

改革开放20多年来，我国进入了快速发展的历史时期，人们的观念发生深刻的变化，综合素质有明显提升，追求更加自主和多样化，特别是创造财富的热情和能力空前高涨，生活水平不断提高，综合国力显著提升。

与此相适应，我国社会充满活力，影响力与日俱增。乔舒亚·库珀·雷默2004年5月撰写了一份题为《北京共识》的研究报告，提出中国正在以惊人的榜样力量和令人望而生畏的大国影响作为显示实力的主要手段。中国的新思想在国外产生了重大影响，它正在指引世界其他一些国家在有一个强大重心的世界中如何保护自己的生活方式和政治选择。雷默把这种新的动力和发展物理学称为"北京共识"。"北京共识"涉及政治、生活质量和全球力量对比等各个方面，它意味着锐意创新和试验，"不仅设法弄清如何发展自己的国家，而且还想知道如何与国际秩序接轨"，求变、求新和创新是这种共识中体现实力的基本措辞。"北京共识"正变得越来越流行并且给世界带来了希望，在这种情形下，中国承担着新的责任。今后五年将是中国塑造自己国际形象的重要契机，中国不仅要通过经济手段，而且还要通过典范作用来帮助和重塑这个世界。如果说雷默的报告在试图说明中华崛起的时代已经来临，那么我们只要引申一句就会得出不容置疑的结论：中华民族崛起时代的来临，即意味着中华文化繁荣强盛时代的开始。这是历史与逻辑的内在统一。

如果我们用历史拐点的理论解释中华文化繁荣强盛的历史基础和条件，那么党的十七大提出推动文化大繁荣大发展，就预示着中华文化新的大发展大繁荣的时代已经开启。在我看来，所谓历史拐点的理论，就是用一系列看似偶然却蕴含深刻必然性的历史事件去分析和阐释某一时期历史进程和发展的方法。这种方法具有简明、深刻和生动的特点，使人在纷繁曲折的历史过程中能够准确抓住其发展的关节点。例如，我们用历史拐点的理论分析改革开放新时期，我们用恢复高考、农村土地承包、国企改革、市场化改革目标的确立等就能大致描绘出迄今为止这一历史的发展脉络。具体到文化大繁荣大发展来说，我们从这几年"国学热"的兴起、社会主义核心价值体系的确立以及党的十七大提出的关于繁荣中华文化的构想等，已经看到中华文化新一轮勃兴的宏大轮廓。

二、中华文化繁荣兴盛的标志

什么叫文化繁荣兴盛？怎样看待文化繁荣兴盛？这是讨论中华文化繁荣兴盛问题时必须予以回答的问题。我认为，一个民族、地区或国家文化的繁荣兴盛至少应当具备这样几条：一是文化成为时代的主题或主题之一，如精英引领文化、大众关注文化、领袖评点文化等等；二是能够代表时代发展和历史进步的思想、观念和思潮蓬勃兴起，并被人们广泛接受，成为时代发展进步的主导原则；三是在思想理论、文学艺术、科学技术各个领域涌现出一批堪称大师的人物和传世作品，担当起承继传统、开拓未来的使命。在当代文化与经济愈来愈融为一体的历史背景下，文化的产业化和文化生产力的发展也应当被视为是文化繁荣兴盛的标志之一。

如果这些标准大致能够成立，我们感到中华文化已开始进入一个新的繁荣兴盛时期。自五四运动以来，我国虽然历经多次各类形式的"文化热"，但没有哪次像我们目前面临的这样，文化已经是人们普遍关注的焦点，文化已经是时代发展的主导原则和主题之一，正如党的十七大报告所指出的那样："文化越来越成为民族凝聚力和创造力的重要源泉，越来越成为综合国力竞争的重要因素，丰富精神文化生活越来越成为我国人民的热切愿望。"更为重要的是，我们党在指导思想上不断坚持与时俱进，在继承和发展邓小平理论、"三个代表"重要思想的基础上又提出了科学发展观这一发展中国特色社会主义必须坚持和贯彻的重大战略思想。科学发展观，第一要义是发展，核心是以人为本，基本要求是全面协调可持续，根本方法是统筹兼顾。在科学发展观的指引下，民主法制、自由平等、公平正义和以人为本等现代公民意识与理念，被庄严地写入党的十七大报告当中，成为党在新时期引领社会发展进步的重要价值取向之一。至于大师，虽然现在还没出现，但这一定是需要巨人并将产生巨人的时代。去年，温家宝总理就找到几所大学校长，向他们关切地询问培养我们自己的大师问题，在思想文化界引起热烈的反响。这表明，我们所处的时代已经到了这样一个发展时期，即我们需要大师而大师又呼之欲出的时期。为此，我们不仅应当怀有一份期盼之心,而且应当有一种付诸行动的努力。这不是说我们都去争做大师(当然,有条件和希望者还是应向这个方向去努力),而是要为大师的出现尽一份我们应有的力。"我想,天才大半是天赋的;独有这培养天才的泥土,似乎大家都可以做。做土的功效,比要求天才还切近;否则,纵有成千成百的天才,也因为没有泥土,不能发达,要像一碟子绿豆芽。"[1] 我想,鲁迅当年的感叹和警示,至今还未失去穿透力。

的确,我们正处在一个深刻变化的时代。套用雅斯贝尔斯的"轴心时代"理论,我们可否认为,世界不同文明在经历了2500年发展之后,今天是否已开始新一轮的"轴心时代"?如果这一新的"轴心时代"即将开启,毫无疑问,其重要标志就是中华文明的伟大复兴。就像在2500年前为人类造就"轴心时代"付出智慧之光,成为那个"轴心时代"的重要一极一样,中华文化新的繁荣强盛必将为世界未来发展开辟新的走向和路径。

三、中华文化繁荣兴盛的路径选择

任何能够独立发展的文化,从其发展进程来说,

---

[1] 鲁迅. 未有天才之前——一九二四年一月十七日在北京师范大学附属中学校友会讲[M]//鲁迅. 鲁迅全集:第一卷. 北京:人民文学出版社,2005:177.

大体都有一种承继传统、吸纳外来文化和自我创造的过程。在这个过程中，在某一阶段可能承继传统的成分多一些，在另一阶段可能吸纳外来文化或自我创造的成分多一些，但在整个过程中，传继、吸纳、创造三者缺一不可，否则不是断裂发展的链条，就是失去发展的活力。不仅如此，传继、吸纳、创造三者往往会互为条件和缘由，互相促进、互相转化，甚至融为一体，不可分割。比如，在承继传统中推陈出新，在吸纳外来文化中弘扬传统。事实上，所谓的传统，在原本意义上就是创造的结果。这个过程，概括起来说，实际就是一种不断整合与创新的过程，整合中孕育创新，创新中实现整合，如此循环往复，以至无穷。

按照这种理路分析，我们认为，当今时代中华文化繁荣兴盛想必也按此整合与创新的方式去实现。具体说来，就是整合中华传统文化、马克思主义和以当代西方文化为主的一切外来文化，并以此为基础实现新的创新。

马克思主义及其在当代中国的最新发展成果——邓小平理论、"三个代表"重要思想与科学发展观，是我们建设中国特色社会主义、全面实现小康社会的指导思想和根本方略，在推进当代中华文化大繁荣、大发展的历史过程中具有重大的战略地位与作用。一方面，它作为我们整个事业的指导思想和根本方略,对中华文化的繁荣发展担当着重要引领作用——它是中华文化发展的方向、旗帜和灵魂,离开马克思主义的指导,中华文化就不可能沿着先进文化发展的方向继续前进。另一方面,马克思主义又是我们构建中国特色社会主义核心价值体系的主要内容,是当代中国主流文化的核心、源泉与根据,在中华文化建设过程中长期并将继续处于主导和支配地位。因此,我们必须坚持马克思主义,坚持以发展的马克思主义指导、丰富中华文化新的繁荣。

中华文化源远流长,博大精深,是我们中华民族赖以生存发展的血脉与根基。在漫长的历史进程中,中华文化曾多次面临磨难与危机,但总是在最危险的时刻,能够焕发生机,自如地战胜各种挑战和威胁,开始自己新的历史进程,铸造自己新的辉煌。面对中华文化厚重的传统,我们也曾不止一次地表现出我们的困惑、无奈或反叛,并由此引发了我们一次又一次如何面对传统的争论,然而我们总是发现,在每次争论之后,我们总是对我们的传统有新的认识,总是从我们的传统中获得新的启示和滋养。这就是我们的传统,这就是我们共有的精神家园。在全球化趋势深入发展、各种思潮加剧激荡的今天,"我们必须充分认识我国传统文化的历史意义和现实价值,以礼敬自豪的态度对待我们的优秀文化传统,努力在继承优秀传统文化的基础上铸造中华文化的新辉煌"[1]。

吸纳以当代西方文化为主的各外来文化,是当代中华文化整合创新的必由之路。毋庸置疑,当代西方文化有很多腐朽没落的东西,也有很多方面同我国国情不相适应,但不可否认的是,西方文化里面也有很多符合时代发展要求、顺应人类共同追求方向的东西,在世界各民族文化中发挥着广泛而深刻的影响。事实上,在今日中国,在我们今日中国文化中,我们已经吸纳并在继续吸纳着当代西方文化,西方文化已经广泛地渗透到我们的日常生活中,成为我们今日中国文化的有机组成部分。在日益开放的当今时代,我们要弘扬中华文化海纳百川的优秀传统,"以更加自信的心态、更加开阔的视野,吸纳百家优长、兼集八方精义,使中华文化不仅植根于民族优秀传统文化的沃土,而且符合世界发展进步的潮流"[2],成为既有中国特色又具世界品格的优秀文化,为人类文明的发展进步做出新的贡献。

中华文化大发展大繁荣的时代已经开启。这是我

---

[1] 刘云山. 更加自觉、更加主动地推动社会主义文化大发展大繁荣[N]. 人民日报. 2007-10-29（6）.

[2] 刘云山. 更加自觉、更加主动地推动社会主义文化大发展大繁荣[N]. 人民日报. 2007-10-29（6）.

们继29年前迎来科学的春天之后迎来的又一个春天——文化的春天。在这历史转折关头，我们一定要按照党的十七大提出的"更加自觉、更加主动"的要求，顺应时代和实践的发展，坚持社会主义先进文化前进方向，以更深刻的认识、更开阔的思路、更饱满的激情、更有效的行动，大力推进中华文化大繁荣大发展，为中华民族伟大的复兴提供精神动力与智力支持。

文化与文化的力量

在我这篇简短的文章中,首先我想说明的是,不想过多地讨论什么是文化问题,虽然这一问题是我们论题中不可回避的。我只想强调,在我们这一主题中,只有把文化置于观念形态这一较小领域,才有可能集中揭示它所具有的已被我们认识或尚未认识的各种力量所在。

其次,我很想知道文化的力量究竟是一种什么样的力量呢?现在很多人都在讲约瑟夫·奈,并毫不犹豫地将文化纳入他提出的"软实力"范围。把力量分为软和硬,很形象,很生动,是一个大发明,可以用来说明很多问题,这也是约瑟夫·奈的理论为什么有这样的影响力的缘故吧。然而,文化的力量一定是软的吗?或者,我们还有没有可能用其他方式表述文化的力量?实际上,当我们描述经济、军事的力量是一种硬实力并以此同文化的力量相区别的时候，自觉或不自觉地已经暗示文化也是一种硬实力，因为即使从最狭隘的意义上讲，文化也渗透和蕴含在经济和军事实力之中。我们不能设想，如果离开文化，如果摈弃关于经济、军事的一系列思想、观念和理论，我们还怎样谈论经济、军事问题，怎样增强经济和军事实力？所以，我们必须从软、硬实力的误区中摆脱出来，从一种更为客观的角度观察和描述文化的力量。

第三，我想着重探讨文化力量的作用方式。文化力量的展现范围和作用方式可能是多种多样的，然而给人最突出、最直接的印象是它的全面性、持久性和深刻性。

说文化的力量具有全面性，不仅因为文化是民族凝聚力与创造力的源泉，是国家和地区综合竞争力的重要因素，是经济社会发展的重要支撑，还因为文化是通过体现在人们精神世界并通过人们精神世界而发挥作用的，是无处不在、无所不用的。所以，联合国教科文组织明确规定，发展最终应该以文化来定义，文化是发展的最高目标。

说文化的力量具有持久性，是因为文化是民族的血脉。中华民族绵延五千年，在人类文明历史的长河中经久不衰，不断焕发出新的生命力和活力，从一定意义上说，就是中华文化持续发挥作用，不断创新发展的结果。"周虽旧邦，其命维新。"古老而生机不断的中华文化，作为中华民族文化的血脉，同中华民族生生不息的历史完全融为一体，是这一历史进程中真正的主导力量。

说文化的力量具有深刻性，主要体现在它的作用对象上。比如作用在人、个体的人身上，关乎人的综合素质和人的精神世界的提升和丰富，关乎人的自由全面的发展，所以恩格斯坚决地指出："文化上的每一进步，都是迈向自由的一步。"

作用在民族和族群上，关乎民族性格的塑造和形成，关乎民族精神的涵养和传承。我们说犹太民族是一个崇尚智慧的民族，就是因为犹太民族具有崇尚智慧的文化。据《圣经》记载，当所罗门王登上权力之巅时，他没有向上帝求富足、求荣耀、求长寿，而只向上帝祈求智慧。在希伯来原典中有许多关于智慧的条文，反映出犹太人对智慧的推崇、追求与赞扬。

作用在文明创造主体上，能够从根本上决定不同文明体系的内在规定性和历史走向，雅斯贝尔斯用富有魅力的"轴心时代"理论深刻地阐释了这一点。亨廷顿的"文明冲突论"虽然其结论让人难以苟同，但也试图从一个新的视角说明文化在人类整体发展进程中所具有的深刻力量。

当然,我们在肯定文化的伟大力量的时候,必须防止"文化决定论"和"泛文化论"。这两种理论虽然有利于我们深刻认识文化的地位与作用,但偏离客观实在的认识,即使很动听,也不是我们的追求所在。同时,我们必须清醒地认识和区别文化的建设力量和破坏力量。文化可以造就一个民族、造就一个时代,文化也可以葬送一个民族、葬送一个时代。我们看到一个时代终结了,看到一个民族消失了,有时是因为它赖以存在的文化失去了活力和生命力,有时只是因为一种外来文化的破坏力量所致。而且文化的破坏力量,积聚到一定程度往往形成一种爆发力,一夜之间可以改变它所要改变的现存东西,这也是我在前文中不愿把文化简单地纳入"软实力"范畴中的理由之一。

试论和谐文化的内涵品质及功能

党的十六届六中全会明确把建设和谐文化作为构建社会主义和谐社会的重要任务提出，并深刻指明了建设和谐文化在构建社会主义和谐社会中的重要地位和作用。那么，什么是和谐文化，怎样建设和谐文化呢？这是理论界和学术界正在深入研究和认真回答的问题，也是思想文化领域的热点、难点问题之一。下面，我就什么是和谐文化，如何看待和把握和谐文化的内涵、品质、功能问题谈谈自己粗浅的认识与体会，请老师批评指正。

一

和谐文化，作为一种精神文化形态是指人们对包括人自身、人与人、人与社会、人与自然等宇宙万事万物和谐状态及其本质、规律的感悟、认识和期许，以及由此形成的理念、精神与思维方法、价值取向等。前者是后者的基础，后者是前者的升华，两者结合起来才能有效发挥和谐文化特有的功能。正因为如此，我们在提出构建和谐社会、建设和谐文化的时候，不仅要求深化对和谐社会的认识，还要求培育一种和谐精神，树立一种和谐理念。

那么，什么是和谐，事物的和谐状态又是怎样呢？在中国汉语表达方式中，"和"与"和谐"都是一个意思，从《广雅》、《说文解字》到今天的《辞海》、《现代汉语词典》都是这种解释。而"和"这一概念早在西周末年就已出现，《国语·郑语》讲"和实生物，同则不继"；到孔子时代又提出"君子和而不同，小人同而不和"（《论语·子路》），把"和"的概念直接同道德范畴联系起来，进一步拓展了"和"的内涵与外延。此后，"和"成为中国历代思想家重点关注与阐释的重要命题之一，"和"文化也成为中华文化的基本精神与特征之一。

我国这种"和"文化的优良传统和精神，为我们今天建设和谐文化，推进和谐社会发展提供了丰厚的精神资源和文化基础。因此人们不约而同地把目光转向我国传统文化，对传统文化进行新的梳理与阐释，提出了一些很有价值的观点和意见，如庞扑将"礼之用，和为贵"、"以他平他谓之和"、"君子和而不同"的经典命题概括为三种"和谐原理"[1]；王杰提出"和"有四个基本特征：整体中的平衡、差异中的协调、纷繁中的有序、多样性的统一[2]。有学者还将和谐与矛盾进行比较，认为和谐是矛盾的一种运动状态，是矛盾的同一性的展开[3]，二者既有联系又有区别[4]等等，为人们进一步深入认识和理解和谐理论与和谐文化，提供了不同的视角与思路，颇具启迪性。

通过上述回顾与梳理，我个人认为，所谓和谐或事物的和谐状态，大致有这样几种情形：一是指多种事物相互联系、彼此共存的状态。这种状态同事物的矛盾状态相比突出的是"多"，而不只是彼此对立的双方；如果把事物的矛盾状态看作是"一分为二"，是对立的统一，那么，事物的和谐状态就是"一分为多"，是多样性的统一，多是其首要的前提。最早提出和阐释

---

[1] 庞扑. 和谐原理三题[N]. 文汇报，2007-05-07（6）.

[2] 王杰. 对和、同、中、庸等几个概念的梳理——中国贵和尚中文化系列谈之二[N]. 学习时报，2007-03-26.

[3] 庞元正. 和谐社会理论与矛盾学说[N]. 学习时报，2007-05-14（3）.

[4] 左亚文. "和谐"与"矛盾"的关系辨析[N]. 光明日报，2007-03-20（11）.

"和"这一概念的周太史伯强调的也是"多"："故先王以土与金木水火杂，以成百物。是以和五味以调口，刚四肢以为体……"（《国语·郑语》）。"和"、"和谐"是中华民族的优秀文化传统，为什么计划经济和"文革"时期不讲和谐文化呢？除去政治、经济的因素不说，单从文化的角度讲，计划经济时期实行的是公有制、"一大二公"和党的"一元化"领导，强调的是"一"，排斥的是"多"，因此不会讲"和"，也不可能讲"和"；"文革"时期实行的是"斗争哲学"，强调的是"一分为二"和"二"之间的相互排斥与对立，根本无视"多"或"多"的存在，因此不会讲"和"，也不可能讲"和"。今天我们建设有中国特色社会主义，面对多种经济成分、多种经济利益主体、多种分配方式、多种社会阶层和多种思想观念并存的现状，我们必须看到并顾及各方的存在及利益诉求，这就要求我们必须讲和谐，讲"和而不同"，这是时代赋予的任务，是历史发展的趋势。

二是指多种事物相互联系、彼此依存的状态。这种状态同事物的矛盾状态相比突出的是事物之间的相互依存、协调和平衡，而不只是事物之间的差别及差别之间的对立与排斥。孔子讲"礼之用，和为贵"，既明确差异又强调协调，赞叹"先王之道，斯为美"。在中华传统文化视野中，和谐不是没有差别，更不是否定差别，而是在承认差别的前提下更关注差别之间的联系、依存、协调和平衡。协调、平衡要讲方法，要遵循规则，要做到目的和规律的统一，按我国传统文化讲，就是要"持中"，要"允执其中"、"叩其两端"（孔子语），达到"与天地合其德，与日月合其明，与四时合其序，与鬼神合其吉凶"。（《易·乾卦·文言》），所谓"致中和，天地位焉，万物育焉"（《中庸》）。没有尺度，背离规律，超越限度，就会破坏事物的和谐状态，是不符合事物的和谐运动规律的。

三是指事物相互作用、有序发展的状态。这种状态同事物的矛盾状态相比突出的是事物发展的有序性。有序既是事物生存的常态，又是事物发展的常态。打破即存的有序，固然可以催生事物新的飞跃，但新的有序也随之诞生。事物的发展不在于有序本身，而在于一种有序与另一种有序之间的关系，在于一种有序向另一种有序的过渡或转换。"和实生物"，事物在和谐状态下也能够积聚活力与生机，催生创造与发展。和谐不是守旧，和谐不是不要创新，和谐文化也是创新文化、发展文化。孔子讲"和之至也"，就是说明事物在和谐状态下有超越，有新生。

从以上分析看，基于事物和谐状态认识的和谐文化，是这样一种文化：

（一）是一种包容文化。它倡导人们以包容的心态看待事物的多样性和多样性的统一，积极涵养一种包容的心态。面对当今世界人与自然关系日趋紧张，各种文明、利益集团并存并时有冲突的复杂局面，我们能够提出并践行"和谐世界"的理念，既是基于和谐文化的包容品质，又是这种品质的最好体现。

（二）是一种人本文化。它坚持人文思维与人文关怀，倡导"养人之欲，给人以求"（《荀子·礼论》）既注重自我和自我的修养，追求身心平衡，超越自我，做到"不以物喜，不以己悲"，又尊重他人，注重民生，坚持"己所不欲，勿施于人"，"民为贵，社稷轻之"，充满人文精神。我们党继承、弘扬这种人文精神，提出坚持以人为本，构建和谐社会，强调要始终把最广大人民的根本利益作为党和国家一切工作的出发点和落脚点，实现好、维护好、发展好最广大人民的根本利益，不断满足人民日益增长的物质文化需要，做到发展为了人民、发展依靠人民、发展成果由人民共享，促进人的全面发展。这是我国优秀传统文化在当代的升华，更是共产党人伟大社会理念的生动写照。

（三）是崇尚公平正义的文化。这种文化承认差别，但要求差别必须在一定限度之内，限度是这种文化的核心，所谓"中也者，天下大本也"（《中庸》），"中者，天下之正道"（程颐语）。在社会生活领域，这种被称为"大本"、"正道"的"中"就是公平正义。它是和谐社会的基石，也是和谐文化的灵魂。离开公平正义，和谐文化就会失去生命力，就不可能作为一种价值体系服务于社会。因此在我国经济社会发展的新时期、新阶段，我们必须更加牢固地树立公平意识，更加坚定地维护公平正义，积极推进以"权利公平、机会公平、规则公平、分配公平"为主要内容的社会公平保障体系，使全体人民共享改革发展的成果，共同实现更加美好的和谐社会。

总之，和谐文化作为一种具有独特内涵、品质的文化形态，最核心的内容，是崇尚和谐理念，体现和谐精神，大力倡导社会和谐的理想信念，坚持和实行互助、合作、团结、稳定、有序的社会准则。也就是以和谐理念贯穿于相关的文化形态和文化现象之中，以和谐作为该类文化的基本价值取向，并以此影响其他各种文化形式，促进整个和谐社会的建设。

二

和谐文化作为社会主义和谐社会不可缺少的构成部分，标志着社会主义和谐社会的发展状况和程度，又直接影响着社会主义和谐社会的发展方向。因此，建设社会主义和谐社会必须重视和发挥和谐文化的功能与作用。

和谐文化具有导向、凝聚、整合、包容、协调、激励等多种功能，但主要是用和谐思维、和谐理念、和谐精神为社会主义和谐社会建设提供价值根据与尺度。

和谐文化要为树立和坚持社会主义核心价值体系服务。党的十六届六中全会在思想文化建设上的一个重大理论创新，就是提出了建立社会主义核心价值体系的重大任务。社会主义核心价值体系是社会主义制度的内在精神和生命之魂，它决定着社会主义的发展模式、制度体制和目标任务，在所有社会主义价值目标中处于统摄和支配的地位。因此，我们只有充分认识社会主义核心价值体系的重要地位和作用，正确理解社会主义核心价值体系的深刻内涵，才能保证社会主义的正确方向，才能抓住社会主义价值需要、价值创造和价值实现的关键，也才能在文化建设和意识形态建设中突出重点、抓住根本。所以全会强调，社会主义核心价值体系是建设和谐文化的根本。

和谐文化必须弘扬以人为本的理念。坚持以人为本，是科学发展观的核心，是构建社会主义和谐社会的内在要求，也是社会主义和谐文化的基石。因此，和谐文化必须以人的全面发展为目标，以人民群众的利益为根本价值取向，为不断满足人民群众日益增长的物质文化需要，切实保障人民群众的经济、政治和文化权益提供价值根据和服务。

和谐文化必须牢牢把握公平正义的尺度。实现公平正义，是构建社会主义和谐社会的重要内容和基本条件，也是社会主义和谐文化活的灵魂。因此，和谐文化必须积极倡导公平正义的理念，积极营造践行公平正义的社会氛围和环境，为逐步消除影响社会公平正义的矛盾和问题，在更大的范围内全面实现社会公平正义提供价值导向和尺度。

和谐文化必须坚持创新精神。创新是一个民族进步的灵魂，是一个国家兴旺发达的不竭动力。作为能够从本质上体现中国特色社会主义的和谐社会，说到底是充满活力与创造力的社会。与之相适应，作为反映社会主义和谐社会的和谐文化，本身就应当是一种创新文化。因此，和谐文化建设必须大力倡导创新精神，为人们在中国特色社会主义建设实践中进行理论创新、体制创新、机制创新提供精神资源与动力。

总之，和谐文化是一种具有丰富内涵和优越品质的文化。无论从思维方法还是价值取向上讲，和谐文化都是一种尊重差异、包容多样的文化，是坚持以人为本、充满人文关怀的文化,是崇尚公平正义、坚持道德基准的文化,也是保障和推进事物有序发展、持续发展、创新发展的文化。和谐文化既是和谐社会的组成部分,又是和谐社会的支撑与保障。因此我们必须坚持马克思主义在意识形态领域的指导地位,牢牢把握社会主义先进文化的前进方向,弘扬民族优秀文化传统,借鉴人类有益的文明成果,倡导和谐理念,培育和谐精神,坚持用和谐思维、和谐方法、和谐尺度观察和处理问题,充分发挥和谐文化在我国社会主义和谐社会建设事业中的积极作用。

民族心理素质是民族最具有普遍性的特征

民族是一个十分复杂的历史范畴。迄今为止,人们对它还没有形成一个统一的认识,还有必要进行深入的研究。本文仅就一般民族定义或民族特征中最具有普遍性的特征问题,进行一些探讨。

一

斯大林在《马克思主义和民族问题》一文中给民族下过明确的定义:"民族是人们在历史上形成的一个有共同语言、共同地域、共同经济生活以及表现在共同文化上的共同心理素质的稳定的共同体。"这是斯大林对马克思主义民族理论的一大贡献。但是,斯大林的这个定义有它特殊的适用范围,是特殊民族的定义。

首先,从这个定义的内容来看。第一,斯大林用来作为民族特征之一的共同经济生活是指以资本主义经济为内容的共同经济生活，这种共同经济生活只是在封建社会开始解体、资本主义经济开始形成的时候，随着商品生产的发展、统一市场的形成而形成的。因此，在这种特定条件下形成的民族只能是特定的民族。第二，斯大林的民族定义不仅强调了在民族形成时的四个特征的统一性，认为历史上形成的人们共同体"只有一切特征都具备时才算是一个民族"，而且还强调了民族形成之后四个特征的统一性，认为四个特征中缺少任何一个特征即不称其为民族。因此，这个任何时候都保持四个特征的民族也只能是特定的民族。

其次，斯大林在给民族下定义的同一文章中，明确指出："民族不是普通的历史范畴，而是一定时代即资本主义上升时代的历史范畴。"他在这里指的正是资产阶级民族。在《民族问题和列宁主义》一书中，他又做了如下说明："世界上有各种不同的民族。有一些民族是在资本主义上升时代发展起来的，当时资产阶级打破封建主义和封建割据局面而把民族集合为一体并使它凝固起来了，这就是所谓'现代'民族。"

可见斯大林的民族定义是有明确含义的，是专指"现代民族"或"资产阶级民族"的。因此，我们可以说斯大林的民族定义是一个特殊民族的定义。有人不同意这种看法，认为斯大林虽然认为世界上有各种不同的民族，但他实际上指出的只有"资产阶级民族"和"社会主义民族"，因此除了这两种民族之外，或者说在资本主义以前，并没有什么民族存在，所以斯大林的民族定义不能被看作是特殊民族的定义，而是科学的一般民族的定义。

可是我们在马克思、恩格斯著作里却见到了另外的民族。他们在《德意志意识形态》中指出："物质劳动和精神劳动的最大的一次分工，就是城市和乡村的分离。城乡之间的对立是随着野蛮文明的过渡，部落制度向国家的过渡，地方局限性向民族的过渡而开始的。"这就是说，民族在原始社会向奴隶社会过渡的阶段，就随着国家的产生而产生了。恩格斯在《劳动在从猿到人转变过程中的作用》一文中更明确指出："从部落发展成了民族和国家。"恩格斯在《家庭、私有制和国家的起源》一书中，又以希腊、罗马、日耳曼三个古代民族作为典型的例证，说明了由部落发展而来的民族。同时，我们在马克思、恩格斯著作里还见到了各种不同类型的民族，例如"狩猎民族"、"游牧民族"、"文明民族"、"商业民族"、"野蛮的民族"、"农民民族"、"资产阶级的民族"等等。可见除了资产阶级民族以外，还有其他种类的民族存在。因此，斯大林所说的民族的定义不是一般民族定义，而是特殊民族的定义。

斯大林的民族定义虽然是一种特殊民族的定义，但它仍然是我们探讨民族的一般特征的可靠依据。我们可以从斯大林所总结的四个特征中找到民族的一般特征。

二

在民族的四个特征中，哪一个特征能够作为民族的一般特征呢？

共同语言是每个民族形成的必要条件，也是每个民族的重要特征，但语言不能作为民族的一般特征。第一，共同语言的消失并不妨碍一个民族的继续存在。例如，苗族、满族、畲族原来都有自己的语言，但是后来由于民族之间的长期杂居，使他们逐渐丧失了自己的语言而通用汉语。当然汉语也可以作为他们的共同语言，可是他们并不都讲汉语，如居住泰国北部的苗族就讲泰语，而居住在黑龙江省爱辉、富裕两县的部分满族又讲满语（少数人讲满语并不说明满族没有失去本族语言）。瑞士人的例子更加突出。他们是一个多语言的民族。据有关资料统计，1960年，在瑞士人中讲德语的占75%，讲法语的占20%，讲意大利语的占4%，讲雷托罗曼语的占1%。瑞士人虽讲多种语言，但他们仍然自称是一个单一的民族。第二，一种语言并不是一个民族所专有，如德意志人、奥地利人、卢森堡人都用德语；英格兰人、苏格兰人、美利坚人和几乎全部爱尔兰人都用英语；塞尔维亚人、克罗地亚人、门的内哥罗人和波斯尼亚人都使用塞尔维亚—克罗地亚语，如此等等。这些都说明语言和民族并不完全一致。因此，语言不能成为民族的一般特征。

共同地域同共同语言一样，虽然也是民族形成的必要条件，但不能成为民族的一般特征。第一，在民族形成之后，共同地域这个特征的消失，并不妨碍一个民族的继续存在。我国东北的达斡尔族，历来生活在黑龙江流域，具有同一的地域。可是在17世纪有一部分达斡尔人征军到新疆并在那里居住下来，这样就与东北达斡尔人失去了地域上的联系，但他们彼此至今仍然作为一个单一的民族而存在。这样的例子是非常多的。如我国回族就几乎分散到全国各地。我国其他少数民族如蒙古族、苗族、藏族或多或少都有这种特点。如果把犹太人、吉普赛人也当作民族的话，那就更能说明问题。拿吉普赛人来说，除印度和东南亚外，分布在世界各地的吉普赛人共有850万至900万。他们半数居住在欧洲，其中三分之一强，约356.9万人又集中在欧洲东部，包括巴尔干各国。中东和东非的吉普赛人在100万以上。北美和南美分布较少，平均约占当地人口的0.5%，估计有189.7万人。此外，有些小的分散的集团还生活在菲律宾、西印度以及夏威夷群岛。第二，共同地域也不是一个民族所独有的。例如，我国东北的达斡尔族、鄂温克族、鄂伦春族基本上是在同一地域上形成和发展起来的，并且长期生活在同一地域里。这种地域的同一性，并没有影响他们形成不同的民族，更没有影响他们各自作为单一的民族而存在。不同民族生活在同一地域的例子更是不胜枚举，如中国、苏联、南斯拉夫等多民族的国家，都有很多不同的民族生活在同一地域中。总之，无论是一个民族分散居住的现象，还是几个民族共同杂居的现象，都说明民族地域的分界和民族之间的区别是不完全一致的。因此，共同地域不能成为民族的一般特征。

既然地域的分界和民族的区别并不完全吻合，那么，显然所谓的共同经济生活也是如此。几个民族可以生活在同一经济生活中，彼此有密切的联系，也可以有一个民族生活在不同的经济生活中，彼此失去经济上的联系。我国各族人民互相帮助、共同合作的生活就说明了第一种情形，而第二种情形在我们熟悉的苗族身上也可以得到说明。苗族人数总计约有800万人，除其中多数居住在我国的南部外，其余部分还分布在老挝、越南、缅甸、泰国等地。他们不仅在地域上相隔甚远，而且彼此生活在以不同的经济形态为内容的不同水平的经济生活中，所以很难说他们彼此有什么经济上的联系和有什么共同的经济生活。可见经济生活上的区别和民族的区别也并不是完全吻合的。因此，共同经济生活虽然是民族的重要特征，但同样不能作为民族的一般特征。

我认为，民族的共同心理素质是可以作为民族的一般特征的。这是因为民族心理素质是在其他三个特征的基础上产生的。

没有共同语言、共同地域、共同经济生活，民族心理素质是不可能形成的。因此，民族心理素质的形成就标志着民族的形成。我们只要看到具有这种共同心理素质的人们共同体存在，就可以判明它是一个民族。反过来，民族心理素质的消失也标志着民族的消失。这是因为民族心理素质是民族诸特征中最稳定的一种特征，在民族特征逐一消失的过程中，只有民族心理素质的消失才最终标志着民族的消失。民族心理素质的这种特性是由民族心理素质的相对独立性决定的。民族心理素质虽然依赖于其他特征，是在其他特征的基础上形成的，但是当它一旦形成之后，就可以相对独立地存在，并在其他特征消失之后，还能继续存在并保持该民族的存在。我国有些少数民族，例如满族、苗族、仡佬族、畲族等等，目前就处在这样的阶段。他们有的失去了部分民族特征，有的失去了除民族心理素质以外的其他全部特征，单靠着民族心理素质维持着民族的生存。就拿满族来说，他们现在既没有共同的地域、共同的经济生活，又没有共同的语言，他们只有满族人的感情和满族人的自我意识，并以此作为中华民族的一员而存在。总之，民族心理素质的形成标志着民族的形成，民族心理素质的消失标志着民族的消失。这是民族心理素质成为民族一般特征的第一个原因。

民族心理素质能够作为民族一般特征的第二个原因在于民族心理素质是民族诸形成条件的综合反映。

民族心理素质作为对民族形成条件的反映，具体表现在各族人民的文化艺术、风俗习惯之中。例如，我国古代少数民族契丹族的萨满教就是契丹游牧生活条件的反映。在契丹萨满教中，资历最老的是麂鹿神，后来由于狩猎转为次要的生产部门之后，麂鹿神作为猎神就退居次要地位了，而白马神和青牛神就居于首要地位，被称为天神和地祇。白马神和青牛神占据主要地位这种现象就是游牧生产劳动在契丹社会生活中占据主要地位的反映。再拿我国古代的汉族来说，它除了具有勤劳、智慧、勇敢等品格外，还有某种保守的性格。这种性格正是该族长期以自然经济为基础的生活反映。现代民族也是如此。在俄罗斯现代民族形成的过程中，16世纪、17

世纪的农民战争，城市起义以及合并土地的战争，都对该民族的形成起了特别重要的作用，直接培养了俄罗斯民族的坚毅勇敢的性格。这种性格明显地表现在17世纪俄罗斯的伟大的文学艺术作品中，例如，《卡尔普·苏图洛夫》、《萨瓦·格鲁岑的故事》、《命运山》等文学作品，分音节的多声歌唱法的音乐，雅罗斯拉夫和科斯特罗马的教堂壁画以及俄罗斯当时宏伟的建筑，都反映了这些特点，都是具有民族风格的伟大作品。英吉利人向来是以对信仰的忠诚和忍耐精神著称的，这恰好说明了清教在英吉利人形成民族过程中的作用。美利坚人的实干精神则同他们组成民族成分的具有创业精神的移民是分不开的。这些都说明民族心理素质是民族诸形成条件的综合反映。正是这种反映说明了民族心理素质所具有的相对的独立性和持久的稳定性，从而进一步说明了民族心理素质成为民族的一般特征的原因。

民族心理素质成为民族一般特征的第三个原因在于它的普遍性。民族作为人们的一种共同体，不仅划分为许多单一的民族，还可以划分出很多不同类型的民族。无论是单一民族还是不同类型的民族，他们彼此之间都存在着一定特征形式方面的差异性。从单一民族的角度来看，正如我们上面举过的很多例子一样，有些民族完全具备四个特征，有些民族不完全具备四个特征，甚至有些民族只具备一个特征，但是无论每个民族保持民族特征的程度相差多大，他们彼此之间有一个共同性，即他们都具有民族心理素质这一特征。我们可以举出没有共同地域的民族，没有共同经济生活的民族，没有共同语言的民族，甚至可以举出这三者都没有的民族，但是我们举不出一个没有共同心理素质的民族。民族心理素质存在于每一个民族之中，这就是民族心理素质的普遍性的第一层意思，这一层意思也说明了民族心理素质成为民族的一般特征的原因。

民族心理素质普遍性的第二层意思是指民族心理素质存在于各种不同类型的民族之中。无论是原始民族、古代民族、现代民族，还是农民民族、资产阶级民族、社会主义民族以及其他种种民族。无论它们彼此之间差别多大，但都具有共同心理素质这样一个民族特征。这就是不同类型民族之间的同一性。正是这种同一性才使不同类型的民族，在差别很大的条件下，都被划分到民族这样一个人们的共同体之中。因此民族心理素质普遍性的第二层意思也说明了民族心理素质成为民族一般特征的原因。

民族心理素质的主要特点在于它是通过民族自我意识直接表现出来的。所谓民族自我意识，简单地说就是指民族成员对该共同体的一致认识和统一的自我称谓，它具有对内联合本族成员，对外与外族区别开来的双重作用。民族自我意识是集中了民族共同地域、共同语言、共同经济生活于自身的概念，也是从中反映民族利益、民族感情的范畴，因此它就成为民族心理素质的直接表观。

民族心理素质的另一个特点，是通过民族文化具体地表现出来的。文化这个概念，在这里是一个含义广泛的概念，它不仅包括文学艺术、风俗习惯、宗教信仰等精神文化，还包括生活方式、生产技能等物质文化。民族心理素质在文化上的表现分为内容和形式两个方面。从内容上看，各民族的文化都反映各民族的历史、生活及民族利益。从形式上看，各民族的文化都具有各民族的形式。根据这个特点，我们就可以通过民族文化的内容和形式两个方面来把握民族心理素质。这样，民族心理素质就不再是抽象的不可捉摸的东西了。

民族心理素质可以作为划分民族的主要标志。恩格斯在《波河与莱茵河》一文中指出，民族的实际分界是"由语言和共同感情来确定的"。在对生活在边界地区的语言上相近的法国人和意大利人的民族归属问题做了分析之后，恩格斯又说："在这种情况下，民间语并不能作为民族归属问题的标准。"这两段话说明，识别民族的主要标准只能是民族感情。这种民族感情同斯大林所说的民族心理素质是一致的，因此，我们也可以说民族心理素质是判别民族的主要标志。由于民族心理素质又直接表现在民族自我意识之中，所以民族自我意识就成为判别民族的直接标准。这一点在实际的民族识别工作中已经得到确认。1872年，彼得堡国际人口统计会议认为，民族归属和语言归属是不同的，确定民族归属必须以被统计调查者的自我意识为依据。苏联在1926年、1939年、1959年、1970年进行居民统计的时候，对民族归属问题也主要是取决于民族自我意识的。我国在20世纪50年代民族识别工作中对很多少数民族的族别也是根据他们的自我意识来确定的。例如，对满族、苗族就是如此。

在实际工作中，用民族自我意识进行民族识别是件很复杂的工作。识别那些具有明显的民族自我意识的民族还比较容易，可是有些民族并没有明显的自我意识，他们往往根据别人对他们的称谓来勉强建立民族的自我意识，如云南的蔗园、广西的疍民等，他们本来保持着汉族的特点，但不知道自己是汉族，就根据当地人对他们的称呼，认为自己是少数民族。针对这种情况，单靠民族自我意识是不行的，我们还必须通过民族文化来判断他们的民族心理素质。根据同样的道理，我们可以把广西的布壮，云南的布沙、布依等人，划归为同一个民族，因为他们虽然住在异地，用不同的称谓，但他们仍然保持着相同的语言、风俗习惯和历史传统。比较复杂的是那些表面上有民族自我意识的人们。对这种人必须把他们的民族自我意识同民族心理素质在文化上的表现结合起来考察。如果他们不具有真正的民族自我意识，就不会在文化上有什么表现。如果这样做还不能解决问题，那就必须考察它在历史上是否具备了民族形成的条件。如果考察的结果证明他们在历史上未曾具备过形成单一民族的条件，那么他们的民族自我意识就是空洞的、虚假的，因此他们就不是一个单一的民族。如果考察的结果证明他们在历史上曾经具备过民族形成的条件，那么有两种情况：一种是他们的民族形成条件确实是他们自己所独有的，那么他们的民族自我意识就是这种条件的反映，是真实的，因此，就应该承认他们是单一的民族；另一种情况是他们的民族形成条件同另一民族是同一的，他们只是另一民族的成员，只是由于某种原因与本族相离，并同本族之间产生了某种隔阂，因而就不愿意承认自己是该民族的成员，所以就认为自己是另一个单一的民族，但又没有脱离其源族的特点，例如贵州的穿青、广西的六甲、湖南西部的土家人等，他们或者不愿承认自己是汉族，或者不愿承认自己是少数民族，对于这样的人，只能归回到原来的族别上。

总之，在民族识别问题上，必须把民族心理素质的两个特点结合起来考察，即一方面要看民族自我意识，另一方面还要看民族心理素质在文化上的表现，只有这样，才能全面掌握民族心理素质，使它在民族识别工作中发挥它作为民族一般特征的作用。不仅如此，还必须进一步把民族心理素质同民族的其他特征结合起来，才能准确地掌握民族心理素质，才能做好民族识别工作。民族识别工作的实践，同样证明了民族心理素质是民族的最一般的特征。

（本文原载于《求是学刊》1982年第2期，转摘于《新华文摘》1983年第7期）

试论民族共同心理素质及其发展变化的特点

——兼同《中国大百科全书（民族卷）》商榷

民族共同心理素质虽然是一种比较抽象的社会心理现象，却是民族的一个十分重要的特征。深入研究和探讨民族共同心理素质及其发展变化的特点，不但有助于我们正确认识和把握民族发展与消亡的客观规律，而且有助于我们搞好党在社会主义初级阶段的民族工作，进一步增强各民族之间的相互理解与信任，巩固和发展平等、团结、互助的社会主义民族关系，促进各民族的共同繁荣。

什么是民族共同心理素质呢？新近出版的《中国大百科全书（民族卷）》回答说，所谓民族共同心理素质，就是"指各民族在形成和发展过程中凝结起来的表现在民族文化特点上的心理状态"。经过研究可以发现，这种解释，至少在概念的科学性上还不是十分准确的。按这种定义去理解，民族共同心理素质实质上就是民族共同心理状态。而心理状态的特点是具有一定的稳定性，但又只能保持较短暂的时间，呈现出较大的波动性和起伏性。可见，只用"心理状态"界说"共同心理素质"是不确切的。实际上，民族共同心理素质就是民族的共同心理特点。它在外部关系上，主要表现于物质文化与精神文化的民族形式中。比如，一个民族的建筑技术和风格，语言文字、文学艺术和饮食、服饰的特点，以及社会风尚、节日和民族传统等等，都能表现出一个民族的性格、情操和爱好。在内部关系中，民族共同心理素质则主要寓于民族心理结构的心理过程和个性心理特征之中（心理状态也是心理结构的一个组成部分，但它不体现民族的共同心理特点）。具体地说，在心理过程这一层次上，它主要蕴含在民族认识（包括民族自我意识在内）、民族情感、民族意志上；在个性心理特征这一层次上，它主要蕴含在民族性格、民族气质、民族能力这三个因素中。比如，蒙古民族豪放、刚毅、粗犷的特点，就是蒙古民族的共同心理素质在民族性格上的反映，或者说蒙古民族在性格上具有豪放、刚毅、粗犷的鲜明特色。总之，民族共同心理素质虽然比较抽象，但绝不空洞，它不但表现在丰富多彩的民族文化上，而且直接存在于十分具体、丰富和生动的民族心理现象之中。换句话说，民族心理素质就是由民族情感、意志、性格、气质以及民族自我意识等诸种要素构成的，一个民族在情感、意志、性格等方面的特点，就组成该民族心理素质上的特征。

在从静态的角度确认民族共同心理素质的性质、表现形式和构成要素之后，还需要从动态的角度进一步考察民族共同心理素质发展变化的特点。我认为，从发展变化的角度看，民族共同心理素质主要有较持久的稳定性和可变的渐进性两个基本特点。

民族共同心理素质之所以有其稳定性，主要是由以下三点决定的。

第一，民族共同心理素质同其他任何精神现象一样，有它相对的独立性。民族共同心理素质是在民族共同语言、共同地域、共同经济生活的基础上产生和发展起来的，没有后者就没有前者。但是，民族共同心理素质伴随其他三个特征形成之后，就有相对的独立性，不是随着其他三个特征的消失而立即消失，而是在其他三个特征一一消失之后，仍继续存在一个相当长的时期，保持其民族自我意识和心理素质上的特点。

第二，民族共同心理素质亦同其他任何精神现象一样，不是被动地反映客观世界，而是能动地反映客观世界，能动地作用于客观世界的。毫无疑问，民族共同心理素质是民族诸形成条件综合作用于一个民族精神面貌上的产物。但是，这种民族共同心理素质实际上是民族的主体在精神、意识、心理中能动地认识、反映民族诸形成条件的结果。比如共同地域，它之所以成为民族的一个重要特征，不但因为它是构成民族这一人们共同体的生存场所，而且在于共同地域内的诸如地形、地貌、土壤、气候特点被生活在这一地域内的人们认识、反映和利用，并在他们的心理中凝结成某种特征的结果。

第三，民族共同心理素质具有鲜明的排他性。民族与民族之间，在经济生活中可以互通有无，相互往来；在地域上可以彼此杂居，友好相处；在语言、文字、文学技术、风俗习惯等文化领域中可以相互学习，取长补短，共同发展。但在心理素质上，一个民族很难学习别的民族，很难改变本民族在兴趣、爱好、情感、气质、性格上的特征。这种排他性，通常又在两种情境下表现比较突出。一种情境是当一个民族在政治、经济、文化上比别的民族处于优越地位时，很容易产生轻视别的民族的心理，因而就用各种方式自觉或不自觉地拒绝别的民族的文化闯入自己的精神王国。另一种情境是当一个民族受到异民族的侵略、压迫和歧视时，反抗压迫的民族精神和对压迫民族的反抗与拒斥心理就十分鲜明，民族的自我意识和归属感也更加强烈。

民族共同心理素质在社会历史的进程中虽然具有持久的稳定性，但也不是一成不变的，只是变化的过程极其缓慢而已。民族共同心理素质的可变性，可以从以下三个方面加以说明。

从民族共同心理素质反映的内容来看，它是可变的。民族共同心理素质是在民族诸形成条件的基础上形成的，是诸形成条件在民族心理上的反映。因此，随着民族物质生活条件和社会环境的变化，特别是各民族之间日益广泛的交往，民族共同心理素质也必然发生潜在的变化。比如，有些因素趋向淡化，有些因素则更富有个性。在历史上，一个民族被另一个民族同化或几个民族共同组合为一个新民族的现象，就是民族共同心理素质随同民族其他特征的变化而发生演变的典型模式。

从民族心理素质的表现形式看，它也是可变的。民族文化是民族共同心理素质的表现形式。而民族文化，是随着社会生产力的发展、科学技术的进步以及各民族之间的频繁往来，不断发展变化，不断从落后走向进步的。其中，民族的物质文化发展变化尤为显著。以衣着为例，国内五十多个民族，从古至今，几乎都在服饰上经历了几个演变阶段。比如我国人口最多、历史悠久的汉民族，在殷商时期穿着的主要是上衣下裳，秦汉以后流行的是袍服，清代以后便流行旗袍，五四运动以后流行了中山服和学生服，目前西服则成为时装。民族服饰的这种变化，不但体现了民族物质生活条件的改善和生产技术的发展，而且体现了民族的爱好、兴趣等审美心理的日益丰富和发展。正如郭沫若所说："衣裳是文化的表征，衣裳是思想的形象。"

再从民族心理素质的内在构成要素来看，其可变性也是十分明显的。在民族共同心理素质的构成要素中，民族爱好、兴趣、认识、意志和能力等要素发生变化的现象比较普遍。民族服饰的变化，住宅风格、生活与饮食习惯、生产工具的发展变化，都体现着一个民族的爱好、兴趣、审美心理和能力等等的变化与进步。此外，民族心理结构、思维方式等民族共同心理素质中较稳定的要素也是要发展变化的。汉族是我国具有光辉文化传统的民族。勤劳、智慧、坚韧不拔是该民族的主要性格特征。但是，长期的自然经济和封建专制主义给这个伟大民族极富逻辑性的思维方式中，布下了封闭型的阴影，妨碍了汉族人民经济文化的发展。但汉民族是一个具有高度自我调节和自我组织能力的民族之一。自从辛亥革命推翻封建专制制度以来，特别是在社会主义现代化建设时期，随着自然经济向商品经济的逐步过渡，汉族人民不断解放思想，开阔眼界，开始实现思维方式由封闭型向开放型的转化。当前中国经济、政治、文化发展的模式和改革的思路,都表明了这一历史的趋势。这是汉民族的共同心理素质在历史的进步性上发生的一个具有深远意义的变化。

需要特别指出的是,随着各民族间日益密切、频繁的交往,各民族之间在心理素质上的共同因素也在日益增多。比如在兴趣、爱好方面,各民族之间相互一致的地方越来越多,甚至在性格、气质上也有很多相近之处。这些都是民族共同心理素质构成要素发展变化的现象,也是社会主义民族关系发展的趋向之一。

综上所述,民族共同心理素质作为表现在民族文化上的民族心理特点,主要由民族认识、情感、意志和民族能力、性格、气质等要素构成。这些要素,在发展过程中,从总体上说,既高度稳定又将逐渐变化;从单个要素来看,有些日趋淡化,为更多民族所共有,有些则更富个性,民族特色日益鲜明。从发展社会主义民族关系的角度讲,前者使各民族之间的团结更加巩固,后者使各民族之间的互助合作更有现实意义,产生真正的互补效应。

(本文原载于《内蒙古社会科学》1988年第1期)

谈马克思主义关于社会革命与民族问题关系的基本思想

民族问题是社会革命总问题的一部分，这是马克思主义民族理论的一个基本原理。这一原理的科学概括，应该说是由斯大林明确提出来的。1918年，斯大林在论述俄国十月革命和民族问题的时候，谈到了这一点。他说："民族问题不能认为是什么独立自在的、一成不变的问题。民族问题只是改造现存制度总问题的一部分，它完全是由社会环境的条件、国家政权的性质并且一般地是由社会发展的全部进程决定的。"[1]后来，斯大林在其他著作中又进一步发挥了这一论点，指出在资本主义上升时期，民族问题是资产阶级民主革命总问题的一部分；在帝国主义和无产阶级革命时代，民族问题是

---

[1] 中共中央马克思恩格斯列宁斯大林著作编译局. 斯大林全集：第四卷[M]. 北京：人民出版社，1956：140.

世界无产阶级革命总问题的一部分；在社会主义时期，民族问题是社会主义革命和社会主义建设总问题的一部分。这就是斯大林关于民族问题同社会革命总问题的相互关系所做的著名论断。

斯大林明确地概括和阐发了民族问题是社会革命总问题的一部分的原理。但是这一原理的基本思想，最初还是由马克思和恩格斯所提出的。对这一点，我们应当有一个历史的和明确的认识。马克思、恩格斯在世的时候，当时在欧洲各国不仅普遍爆发了资产阶级民主革命，而且在一些国家里兴起了民族解放运动的高潮，诸如波兰人民反对俄国、普鲁士和奥地利三国"神圣同盟"瓜分波兰的斗争，意大利、匈牙利等反对奥地利帝国统治的斗争，爱尔兰人民争取解放的斗争，等等。马克思、恩格斯正是在总结这些民族解放运动经验的基础上，确立了民族问题是社会革命总问题的一部分这一原理的基本思想。

马克思在总结波兰人民同"神圣同盟"斗争的经验时，曾充分肯定1846年克拉科夫起义把争取波兰独立的问题与资产阶级民主革命联系起来的原则。1848年2月22日，马克思在布鲁塞尔举行的纪念克拉科夫起义的纪念大会上发表演说时指出："领导克拉科夫革命运动的人深信，只有民主的波兰才能获得独立，而如果不消灭封建权利，如果没有土地运动来把农奴变成自由的私有者，即现代的私有者，波兰的民主是不可能实现的。"[1]他高度赞扬"克拉科夫革命把民族问题以及被压迫阶级的解放看作一回事，这就给整个欧洲做出了光辉的榜样"。[2]根据克拉科夫的经验，马克思提出，在资产阶级革命时代，民族问题是与资产阶级民主革命联系在一起的，是从属于资产阶级民主革命的。马克思和恩格斯在《共产党宣言》中还指出："……在任何一个国家，资产阶级的统治离开民族独立是不行的。因此，一八四八年革命也就不能不使直到当时还没有统一和独立的那些民族——意大利、德国、匈牙利——获得统一和独立。"[3]这就告诉人们，资产阶级民主革命要求民族独立，民族独立要适应资产阶级革命的要求。马克思、恩格斯在指出这一点的同时，并没有忽略资产阶级革命在民族问题上的局限性，认为波兰独立的问题，在资产阶级看来，是无关痛痒的事情，波兰的独立，只有年轻的无产阶级才能实现，因为波兰工人阶级需要波兰

---

[1] 中共中央马克思恩格斯列宁斯大林著作编译局. 马克思恩格斯选集：第一卷[M]. 北京：人民出版社，1972：293.

[2] 中共中央马克思恩格斯列宁斯大林著作编译局. 马克思恩格斯选集：第一卷[M]. 北京：人民出版社，1972：294.

[3] 马克思，恩格斯. 共产党宣言[M]. 北京：人民出版社，1972：21-22.

独立。这样，马克思、恩格斯自然地把民族解放事业与工人阶级的利益联系起来了。

在论述波兰问题的时候，马克思进一步发挥了民族问题与社会革命相联系的思想，直接提出了把民族解放运动与无产阶级革命联系起来的原则。马克思在《论波兰》一文中指出："要使各民族真正团结起来，他们就必须有共同的利益。要使他们的利益能一致，就必须消灭现存所有制关系，因为现存的所有制关系是造成一些民族剥削另一些民族的原因，……因此，无产阶级对资产阶级的胜利同时就是一切被压迫民族获得解放的信号。"[1] 马克思、恩格斯在总结波兰民族解放斗争经验时，还提出了压迫其他民族的民族不能获得解放的科学论断。这一论断极其扼要地指明了民族解放与无产阶级解放的辩证关系：第一，被压迫民族的解放运动，对于无产阶级革命是一种有力的支持，压迫民族的无产阶级必须坚决支持被压迫民族的无产阶级争取民族解放的斗争；第二，被压迫民族的彻底解放，必须有赖于无产阶级革命，因为只有无产阶级革命才能铲除民族压迫的根源，从而实现被压迫民族的彻底解放。

列宁高度评价了马克思、恩格斯的这一科学论断，

---

[1] 中共中央马克思恩格斯列宁斯大林著作编译局. 马克思恩格斯全集：第四卷[M]. 北京：人民出版社，1958：409-410.

认为这是国际主义和社会主义的根本原则。列宁指出，马克思同那些借口为了社会革命而否认民族问题的蒲鲁东分子相反，始终坚持从无产阶级革命利益出发，要求实现被压迫民族的解放和自由。马克思高度重视民族问题，认为民族解放是实现社会解放的重要条件。马克思之所以改变了过去自己对爱尔兰的态度，支持爱尔兰同英国分离，要求英国工人阶级支持爱尔兰的独立，就是因为爱尔兰的民族解放，不仅是爱尔兰人民实现社会解放的首要条件，而且也是英国工人阶级争得解放的重要条件。

马克思十分重视民族问题，但又不像小资产阶级民主派那样，把民主要求当作绝对的东西，置于无产阶级革命总任务之上。与此相反，马克思总是要求无产阶级争取民主的斗争必须服从于无产阶级推翻资本统治的斗争。根据这一思想原则，在欧洲资产阶级大革命时代，马克思坚决要求民族运动必须适应社会革命的要求。马克思之所以支持波兰人民争取民族独立的斗争，是因为波兰独立的要求符合当时欧洲民主革命的总要求；马克思之所以反对捷克和南方斯拉夫人的泛斯拉夫主义运动，是因为这一运动是直接为当时的欧洲反动势力的堡垒沙皇俄国服务的。列宁在谈到马克思关于社会革命与民族问题关系的基本思想时，对马克思的这一思想做了一个概括的说明,他说:"民族问题和'工人问题'比较起来,只有从属的意义,这在马克思看来是无可置疑的。但是他的理论同忽视民族运动的观点有天壤之别。"[1] 列宁的这一概括说明,为我们提供了理解和运用上述马克思基本思想的重要原则。根据马克思主义关于社会革命与民族问题的精辟论述,结合我国和内蒙古自治区的革命实践,我们在从事社会主义现代化建设和进行各项民族工作的过程中,有几个理论的和实践的问题是必须明确的:首先是要以马克思主义为指导,正确认识民族问题的长期性和复杂性,把握民族问题同社会革命总问题的辩证关系,反对轻视或忽略民族问题的倾向。十年内乱期间,林彪、"四人帮"反革命集团,肆意践踏党的民族政策,破坏民族团结,否认存在民族差别和民族问题,造成了严重的后果。打倒"四人帮"以后,在批判"左"的错误的实践中,党的民族政策逐步得到了落实,对民族问题的认识又重新回到了马克思主义的轨道。特别是党的第十二次代表大会,把民族问题提到了新的高度。正如胡耀邦同志在十二大报告中指出的:"民族团结、民族平等和各民族的共同繁荣,对于我们这个多民族的国家来说,是一个关系到国家命运

---

[1] 中共中央马克思恩格斯列宁斯大林著作编译局. 列宁选集:第二卷[M].北京:人民出版社,1972:548.

的重大问题。"这对我们理解民族问题的重要性有着深远的意义。我们应当懂得，搞好民族团结，做好民族工作，不仅是在少数民族地区工作的汉族同志和当地少数民族同志的事，而且也是我们全党和全国各族人民共同的大事。

其次，则要正确理解社会革命和民族问题的主次关系，反对把民族问题置于社会革命总问题之上或与之并列起来的观点。这就是说，我们在反对轻视民族问题倾向的同时，也要反对夸大民族问题的倾向。夸大民族问题，把民族问题提到不适当的地位，这在理论上是十分错误的，在实践上也是十分有害的。因为，民族问题作为社会革命总问题的一部分，必须服从社会革命的总的利益和要求，否则，它就会被社会所抛弃。即列宁所指出的，在个别条件下，当部分可能与整体相矛盾时，就要抛弃这一部分。另一方面，民族问题也只有被置于社会革命总问题之中，才能真正得到解决。从根本上讲，发展我国少数民族经济文化事业，消除各民族间的事实上的不平等，也只有在社会主义现代化建设全面发展的总进程中才能逐步实现。历史证明了这一点，三中全会以后出现的各民族共同发展的繁荣景象，也生动地说明了这一点。因此，在当前和今后民族工作的理论和实践上，我们一定要牢记马克思主义关于社会革命和民族问题关系的基本论述，正确地理解和掌握社会革命和民族问题的辩证关系，做好各项民族工作，搞好我们全国各族人民的共同事业。

（本文系作者在全区纪念马克思逝世100周年学术报告会上的演讲，原载于《内蒙古社会科学》1983年第4期）

关于推进蒙古学学科建构的若干思考与设想

从2005年开始,在内蒙古自治区党委、政府的关心支持下,在广大学者的共同努力下,我们已经成功举办3届中国蒙古学国际学术研讨会,为促进中国蒙古学同国际蒙古学之间的对话与交流、推动中国蒙古学研究事业创新发展,做出应有的贡献。在大致每3年召开一次的研讨会上,作为研讨会主办方的内蒙古社会科学院和中国蒙古学学会,都要发表主旨演讲,介绍和分析一个时期以来蒙古学研究现状,包括其成就、问题和未来走势等,为会议研讨提供背景材料。这次,我想改变以往演讲的指向,将目光更多地由过去转向现在和未来,就个人认为的关乎蒙古学学科建构和未来发展的有关问题提出几点思考和设想,供与会学者参考、讨论,提出批评意见。

一、定义或重新定义蒙古学

什么是蒙古学？这一一向被认为是再熟悉不过或不是问题的问题，实际上一直没有得到很好的解答，甚至没有得到认真追问，即使有一些讨论或解答，其意见也没有得到更多认可和接受。记得2012年我在中国第三届蒙古学国际学术研讨会上演讲时曾提出"蒙古学是研究蒙古族形成发展历史与现状的一门科学"，试图给蒙古学一个定义。今天又重新提出这一问题，不是为了单纯的定义而定义，而是通过定义以及由定义引申的逻辑，解决蒙古学学科建构中存在的一些实际问题。例如我们当前的蒙古学研究，一方面存在研究对象、边界、时间界限不清晰以及已有的少数定义与实际状况不相适应的问题；一方面存在学科属性，即蒙古学是一门综合性学科还是一门单一性学科界限模糊并由此引发的蒙古学各分支学科相互隔离、整体研究严重不足的问题。我们指出这些问题，不是要求学科的对象、边界、时间界限等永远保持不变，这实际不可能，也不符合学科发展的规律，我们只是要求对这种发展变化有一种理论自觉和把握。我们认为，这有利于打破蒙古学内部各分支学科长期处于分隔的状态，为蒙古学的整体研究提供一种学理基础，从整体上确立和巩固蒙古学的学科地位和作用；

同时也有利于为那些全面精通蒙古族历史、语言、文学、艺术和文化的蒙古学大师的成长，提供一种新的学术空间。可以说，蒙古学发展到今天，已经迎来需要新的学术大师而又能够造就新的学术大师的时代。

二、树立经典意识，确立蒙古学的经典体系

无论我们怎样理解和认识经典，对于一种文化或学术体系来说，经典一定是它的命脉和根基，是它的价值依据和话语源头。经典不仅在历史上形成，经受历史的检验，而且在每一新的历史时期，都使人们重新回到它自身，从中发现问题，寻求意义。因此，经典对任何一种学术体系来说，不是有没有、要不要的问题，而是如何面对、如何选择、如何传承的问题。

对于经典，我们可以将之分为不同类型和层级，例如元典和派生性经典。由于元典在经典体系中处于源头或母体地位，在任何一种文化或学术体系中，其数量都是屈指可数的。例如儒家文化，在其浩如烟海的文献典籍中，其真正意义上的元典只有《诗》、《书》、《礼》、《乐》、《易》、《春秋》六经，加上《论语》、《孟子》、《大学》、《中庸》，统称为"四书五经"（《乐》已失传）。后世如东汉时期的"七经"、唐代的"九经"、宋代的"十三经"，虽都统称

作"经",但其中的一些传、记,只是阐述"五经"之义之作,以我们的理解当属派生性经典。参照叶舒宪先生文化编码理论,也可以将元典称为一级经典,将派生性经典称作二级经典、三级经典。

由于经典是在历史上形成的,也是在历史上创新发展的,因而每个时代既有深入解读、阐述和梳理、界定历史经典的义务,又有书写、创造属于自己时代经典的历史责任。

对于我们蒙古学来说,梳理和界定自己的学术经典,是项颇具开创性的工作,很有意思也很有意义,需要认真做好。当然,由于人们对经典的认识不同,可能一时难有统一的结论,但只要认真对待,终会取得成果。以我个人理解,这里试将以下著作列为蒙古学的经典。

(一)《蒙古秘史》,是蒙古族历史文化的话语源头和价值依据,是蒙古学真正具有元典意义的经典。

(二)《史集》、《黄金史纲》、《蒙古源流》、《蒙古黄金史》,是《蒙古秘史》的重要延续和补充,也是研究蒙古族历史文化的重要经典依据,可以并列为蒙古学经典体系之中的派生性经典序列。

参照儒学界定和传承经典的传统,我们既可以将元典意义上的《蒙古秘史》称作蒙古学的经典,又可以将上述列入蒙古学派生性序列的《史集》、《黄金史纲》、《蒙古源流》和《蒙古黄金史》，同《蒙古秘史》一并称为蒙古学的"五大经典"。不过，界定经典不是一件简单的事情，既需要详尽地讨论和论证，又需要一个逐步形成共识的过程。这里，我只是提出问题，供大家讨论此事是否可行。

当然，确立经典意识，创建蒙古学经典体系，我以为更为重要的是要深化蒙古学研究，坚持以问题为导向，着眼解决关乎蒙古学创新发展的重大问题，努力让我们今天的学术成果成为未来的经典。

三、梳理蒙古学发展脉络，创建蒙古学知识和范畴体系

蒙古学自诞生以来，历经数百年创新发展，在蒙古族历史、语言、文学等各个领域取得了一系列重大研究成果，成为一门有世界影响的学科。但与蒙古学各个领域取得的成果相比，蒙古学对自身发展状况的研究却有明显的不足。例如，蒙古学作为一门博大精深的学科，至今没有一部概论类著作，难以将自身研究对象、方法和概念、范畴等进行系统梳理和科学辨析，从而影响到学科建构基础的学理深度。同时，这种状况不仅与其他很多有概论的学科相比有明显差距，而且与自身作为一门成熟学科的地位也是不相称的。还有，蒙古学作为一

门有较长研究历史的学科，对自身起源、形成、发展的历史还缺乏深入系统的梳理和研究，急需相关的研究扎实推进。

鉴于上述情况，我们想利用两三年的时间，试做如下三件事：

（一）编写《蒙古学概论》和《蒙古学史》，全面系统研究蒙古学起源、形成和发展的历史，进一步明确蒙古学发展的历史脉络和分期，进一步分析阐述蒙古学的学科属性和研究特点及其规律，积极推进蒙古学知识和范畴体系的形成。《蒙古学概论》的编写工作已经启动，《蒙古学史》正在进行前期立项论证，欢迎感兴趣的学者同我们合作。

（二）建立发表共识或宣言的机制。参照其他学术机构的做法，在充分讨论并基本取得一致意见的基础上，就蒙古学研究领域一些学术问题，包括一些名词术语的阐释和汉译规范，例如"成吉思汗"一词做何解、"蒙古"一词是什么意思、叫"苏力德"好还是叫"苏鲁锭"等等，以中国蒙古学学会或有关著名学者联名的方式发表共识或宣言，以推进相关问题的研究。在我看来，学术不仅需要置疑、讨论、争鸣，还需要形成共识，从而更好地把学术研究形成的共识转化为公共知识体系。共识，不一定是最终的真理性认知，但一定时期的一定共识,也是学术进步的阶梯和标志。共识,不仅可以在时间积累中自然形成,也可以人为组织推进和成就。

(三)树立学派意识,加强学派建设。上面刚刚讲要推进形成学术共识,这里又提出建设学派问题,是不是前后矛盾呢?其实不然。共识可以在学派内部产生,也可以在不同学派之间形成,而且更广泛的共识,也只能在不同学派之间讨论和争鸣中逐渐形成。如果说讨论、争鸣是学术繁荣的重要方式,那么学派就是其重要支撑体系。中国社会学家、中国社会运行学派创始人郑杭生说得好:"学派是学术发展的最实质性的平台。有无学派,特别是有无著名的学派,是一个学科是否繁荣、是否有影响力以至于国际影响力的重要标志之一。"由于我至今徘徊在蒙古学学术研究领域之外,还不十分清楚我们蒙古学内部有无学派之分,也不大了解各学派各自秉持的共同学术主张和核心观点是什么,但我想,我们蒙古学不管有学派或没有学派,都有一个重视学派意识,加强学派建设的问题。这也是加强蒙古学学科建设,推进蒙古学繁荣发展的题中应有之义。

四、积极推进蒙古学同不同文明之间的对话与交流

从20世纪80年代开始,在全球一体化和文化多元并

起的时代背景下，孔汉思、哈贝马斯、科布等一批知名学者，采用多种方式，发起推进当今世界不同文明、不同宗教、不同文化之间的对话与交流，提出了人类共同伦理原则，推动联合国发表《推动未来之桥》的宣言。我国许嘉璐、叶小文、邢贲思等知名人士和学者，也以世界汉学大会、尼山世界论坛为平台，推进儒学参与这种对话，并提出将"己所不欲，勿施于人"的儒学理念，纳入罗斯特提出的各文明之间相互对话与交流的"黄金法则"之中。中国国家主席习近平也高度重视这一问题，从去年以来前后两次倡议召开亚洲文明对话，推动不同文明、不同宗教交流互鉴、取长补短、共同进步。

这种各文明之间深度对话与交流的态势，也给我们蒙古学提出了做何选择、如何应对的新的时代课题。我们这届蒙古学国际研讨会，之所以以"草原丝绸之路与世界文明"为主题，除了回应中国政府倡导的"一带一路"这一重大战略问题外，还有一个重要旨趣，就是通过围绕这一主题的研讨，直接推进蒙古学参与到以"一带一路"为平台的世界文明之间的交流。

实际上，我们蒙古学历来就有参与世界文明交流的传统与优势。这种优势，从根本上说，就是来源于蒙古民族的文化软实力，来源于蒙古民族优秀传统文化。

例如，蒙古民族那种崇尚自然、闲适、自由和英雄的精神，那种践行开放、简约和信义的品格，过去是、现在是、将来仍然是人类文明的重要瑰宝，也是可以用来摆脱当下人类面临的诸如环境恶化、资源短缺等困境的不可多得的重要智力和精神资源。我们的任务，说到底就是从学理上进一步深刻阐释这种民族文化的精神实质，并努力将学术话语转化为公共话语，以此作为我们参与世界文明之间对话的思想基础和话语体系，从而更好地为人类文明新的发展进步做出我们应有的贡献。

在蒙古学全面发展的历史时期，进一步推进蒙古学学科建构所涉及的问题很多，今天只提出以上四点供大家参考。这里顺便简要介绍一下与以上设想有关的我们正在做的一件事，即"内蒙古民族文化建设研究工程"。这一工程设立于2013年，是由中国蒙古学学会会同内蒙古社会科学院组织实施的，内容包括文献整理出版系列、专题（概论、史）研究系列、社会历史调查系列、蒙古学文献翻译出版系列、内蒙古历史文化推广普及以及"走出去"项目和数据库建设项目六个方面，资金规模达1.3亿元人民币。当然，这项研究工程所涉内容不全是蒙古学的，但其主体部分大多属于蒙古学，而且直接有助于我们上述设想转化为现实。例如，其中文献整理项目，可以为我们梳理蒙古学经典提供资料支撑；

概论、史系列为我们进一步提升蒙古学学术水平发挥重要助推作用；社会历史调查为蒙古学研究增添蒙古族文化当代变迁发展鲜活材料；蒙古学著作翻译出版和"走出去"项目为蒙古学的国际交流与合作开辟新的渠道，创造新的机遇；数据库建设项目，也能够为蒙古学研究提供现代科技手段和展示平台。

即便如此，我们也十分清楚，我们关于推进蒙古学学科建构的设想能否成为可能，关键不在于我们能否成功组织实施"内蒙古民族文化建设研究工程"，而在于我们的设想是否合理、可行，在于能否得到学界的认可和响应。因此，我希望与会学者对我们提出的设想能够予以关注并给予积极的回应。

各位专家学者，在人类文明正处于伟大变革的当今时代，我们蒙古学迎来了前所未有的创新发展的重要历史机遇期。让我们抓住机遇，奋发有为，有所创新、有所成就、有所进步，推动蒙古学不断造就新的辉煌。

注

在2015年12月3日召开的中国蒙古学2015年年会暨"中国蒙古学奖"颁奖大会上，我们在与会专家学者之中进行了一次"蒙古学十大经典"问卷调查。调查结果显示，我在这次演讲中提出的《蒙古秘史》、《史集》、《黄金史纲》、《蒙古源流》、《蒙古黄金史》五大经典,全部名列"蒙古学十大经典"之中。

参考文献

1. 詹福瑞. 论经典[M]. 北京:人民文学出版社,2015.

2. 刘兆祐,江弘毅. 国学导读[M]. 北京:中国人民大学出版社,2011.

3. 文精. 蒙古族大辞典[M]. 呼和浩特:内蒙古人民出版社,2004.

4. 马世年. 经典的生成[N]. 光明日报,2015-05-04日(16).

5. 刘毓庆. 中华民族的命脉与根基[N]. 光明日报,2015-05-18(16).

6. 张清俐. 让今天的学术成果成为未来的经典[N]. 光明日报,2013-12-30(3).

7. 张宝明. 品读经典 直抵本质[N]. 光明日报,2015-07-17(1).

8. 郑杭生. 学会 学派 学术——我对理论自觉从何而来的学术思考,北京日报,2014-08-25(20).

9. 叶舒宪,章米力,柳倩月. 文化符号学——大小传统新视野[M]. 西安:陕西师范大学出版社有限公司,

2013.

10. 许嘉璐. 200年河东，200年河西，未来康庄[N]. 光明日报，2014-09-22（16）.

11. 额尔德尼. 蒙古学论著索引[M]. 沈阳：辽宁民族出版社，1997.

12. 《蒙古学百科全书》编辑委员会. 蒙古学百科全书·历史文献卷[M]. 呼和浩特：内蒙古人民出版社，2012.

（本文系作者在中国第四届蒙古学国际学术研讨会上的演讲）

试论蒙古族文化的基本特征及其在民族性格上的体现

近年来，蒙古族文化研究得到学术界的普遍重视，各类研究成果不断问世，呈现出前所未有的繁荣景象。但有一种倾向值得关注，即分类的、微观的、实证的研究，诸如蒙古族服饰文化研究、蒙古族饮食文化研究、蒙古族礼仪文化研究等单方面突飞猛进，而整体性的、概括性的、定性的研究，诸如蒙古族文化的基本分类及其特征、蒙古族文化的基本精神、蒙古族文化的核心理念等总体滞后，使蒙古族文化研究内部出现不平衡、不协调的问题，从而影响蒙古族文化研究的深入推进，也影响蒙古族文化影响力的进一步提升。

一、关于蒙古族文化的整体研究

1934年，美国著名文化人类学家弗兰茨·博厄斯为露丝·本尼迪克的《文化模式》撰写绪言指出："注意活的文化，已造成一种对每一文化之整体性的更为强烈的兴趣。人们越来越感到，从其一般背景下抽出的某种文化特质，很难让人明白理解。"因此，"把一种文化的意义作为一个整体来加以把握的渴望，迫使我们把对标准化行为的描述看成仅是通向其他问题的铺路石"。[1]这里，博厄斯不但肯定了本尼迪克所带来的文化人类学新的研究范式，而且指明了文化人类学只有遵循这一研究范式，即从整体上关照对象的方式和路径选择，才能更好地把握和揭示研究对象的本质及其意义，以避免陷入博厄斯所指好似歌德所讽刺的"处境"。[2]

博厄斯所指好似歌德所讽刺的"处境"，在蒙古族文化研究中几乎随处可见，并且成为一种有充足理由的"当然"现象。之所以出现这种现象，一方面是因为对于任何一种文化研究，微观的、实证的观察和描述都属基本的和基础性的研究，没有这样的研究，其他任何研究，包括我们一再强调的所谓整体研究，都将无从进

---

[1] 露丝·本尼迪克. 文化模式[M]. 何锡章，黄欢，译. 北京：华夏出版社，1987:2.

[2] 博厄斯在同一篇绪言中，把文化人类学家只知描述各种文化范畴而不知它们之间联系的现象，比作歌德所讽刺的那样："谁要真正认识描述生命之物，先得寻找精神的本质归宿，如果缺乏精神的沟通，那他就没得到生命的全部。"

行；另一方面是因为微观的描述性研究，较之整体的抽象性研究，或许更易于入手，其成果也易于得到认可。与此相反，整体的研究就不那么容易了。被誉为开启中国国民性研究先河的美国传教士明恩溥曾深有体会地说："也许有人会说，向人们展示中国人的真实素质，这种努力纯属徒劳。"他还引用伦敦《泰晤士报》驻华记者柯克先生"为失败地描述中国人素质而致歉"的例子，证实这种研究的费力不讨好。[1]

即使这样，我们的学者，我们已经意识到上述问题严重性的学者们，明知从整体性入手开展蒙古族文化研究的难度，还是坚定地迈开了自己探索的步伐。例如，朋·乌恩在其研究蒙古族文化的著作中，在分门别类描述蒙古族文化现象之后，明确提出蒙古族文化的基本精神问题，并指出这种精神主要体现在蒙古族坚韧不拔的执着性、关爱生命的普惠性、包容异己的开放性、遵循规律的开拓性等方面。[2] 那仁敖其尔先生更深入一步，在他和赛音德力根合著的《成吉思汗与蒙古文化》一书中，将古代蒙古族文化概括为"奇颜文化"，并从"奇颜智慧"、"奇颜精神"两个层次对奇颜文化进行了比

---

[1] 明恩溥. 中国人的素质[M]. 北京：学林出版社，1999：1.

[2] 朋·乌恩. 蒙古族文化研究[M]. 呼和浩特：内蒙古教育出版社，2007：164-178.

较系统深入的阐述，是从整体上研究蒙古族文化不可多得的专题著作。还有一些学者的研究也很有特色，这里就不做更多的引述。

这些研究表明，从整体上研究蒙古族文化，即使有这样那样的难度，只要我们重视，只要认真去做，一定会逐步发展并取得积极成效。这一点，已经被我们已有的学术活动所证实。现在的问题是，对于蒙古族文化进行整体研究问题，学界还没有引起应有的重视，已有的研究还不够深入、不够系统、不够集中，特别是在诸如蒙古族文化的基本特征、精神实质等主要问题，仍缺乏必要的共识。这也是本文提出问题并加以讨论的缘由所在。

二、关于蒙古族文化的基本特征

蒙古族文化的特征问题，是蒙古族文化研究的中心话题之一。蒙古族文化的特征，可以从两方面进行研究。一方面，可以从不同角度进行观察和分析，可以得出不同的结论。例如，有的人将蒙古族文化的特点或精神概括为"开放性、刚毅性、崇德性"，有的人概括为"感恩自然、诚实守信"，有的人概括为"自由开放、随遇而安"，有的人概括为"坚韧不拔、甘于奉献、敬重自然、关爱生命"[1]，等等。

另一方面，可以从不同层级上进行分析和概括。这种不同层级主要体现在两点：一点是其主要性，即一种文化的特点较之于其他文化的特点，虽然不能完全加以区别，但也十分显著，令人印象深刻。例如，张岱年、方克立先生就是从中国文化的主要特点及其与西方文化的差异性上，将"天人合一、以人为本、贵和尚中、刚健有为"视作中国文化的基本精神。[2] 另一点是其唯一性，即一种文化的特点较之于其他文化的特点是独一无二的，没有任何可以交叉的边界。例如，余秋雨先生就不同意将"刚健有为、自强不息、海纳百川、厚德载物"看作中国文化的特性，认为这种文化观念和精神特质是大多数民族所共有的，只是语言表述不同而已。他认为，中国文化的特性是"在社会模式上，建立了礼仪之道；在人格模式上，建立了君子之道；在行为模式上，建立了中庸之道"，"三足鼎立"，"三道统一"，构成中国文化不同于其他文化的唯一特性。[3]

---

[1] 宝力格. 蒙古学研究年鉴[M]. 呼和浩特：内蒙古社会科学院，2014：109-111.

[2] 张岱年，方克立. 中国文化概论[M]. 北京：北京师范大学出版社，2004：286-299.

[3] 余秋雨. 何谓文化[M]. 武汉：长江文艺出版社，2012：13-16.

蒙古族文化研究也试图在这两个层级上积极推进，我们已经列举的许多研究项目充分说明这一点。只是，迄今为止的研究，既没有让人确切认识到蒙古族文化的独特性在哪里，又没有让人确知蒙古族文化的主要特征是什么。

鉴于这种情况，我们综合以上两方面的研究，吸纳和融汇以上两点不同层级的学术追求，提出蒙古族文化的基本特征问题。

根据我们以往的研究，我们将蒙古族文化的基本特征，概括为如下三句话：一是崇尚自然，二是崇尚自由，三是崇尚英雄。

这三句话的意思是蒙古族文化在处理人与自然的关系问题上，表现为一种崇尚自然的文化；在处理人与自我的关系问题上，表现为一种崇尚自由的文化；在处理人与人的关系问题上，表现为一种英雄文化。并且，这种崇尚自然的文化，崇尚自由的文化，崇尚英雄的文化，作为蒙古族文化的三大基本特征，相互之间既有借助、给力的一面，又有补充、弥合、延展的一面，共同形成一种有机的整体，从而有效发挥出蒙古族文化的整体功能。例如，奉行崇尚自然的文化，必然树立和倡导"约孙观"，坚持认识规律、遵循规律，从而获得真正意义上的自由，不断实现由必然王国向自由王国的飞跃；奉行崇尚自由的文化，坚持认识规律、遵循规律，必然树立和倡导"伊克伊"思想，坚持人与自然、人与社会、人与自我身心的和谐；同时也可以有效抵制和克服个人英雄主义，因为英雄历来是来自于群众，代表群众的长远利益，在维护和实现群众利益和命运的历史进程中成为英雄、成就英雄业绩的。说到这里，我不禁想起马克思和康德关于自由的论断。我们知道，马克思是从认识和把握必然的视角阐述自由问题的，认为自由就是对必然的认识。作为蒙古族文化三大基本特征之一的崇尚自然、崇尚自由的文化，实际上就是从知行统一上表达了人们从必然王国到自由王国的向往和追求。而康德，如果说是从人的道德和先天绝对性，即他所谓的道德律令引出人的自由本性的话，那么，蒙古族文化就是从崇尚英雄这一内在品质中引申出民族集体人格的最高目标，即英雄。因为，在蒙古人看来，英雄一定是对历史、对民众负责并有所作为的人。这就同康德一样，也是从责任出发、围绕责任做文章的。

但问题是，这三句话，这三个崇尚，几乎是世界各族所共有的，只是表达方式不同而已。那么，我们为什么还要把这三个崇尚当作蒙古族文化的基本特征呢？

这是因为，这三个崇尚虽然在内在品质上同其他民族崇尚的精神没有更多实质性的区别，但从理论和实践的结合上看，从知行统一上认识，蒙古族对待自然、对待自由、对待英雄的态度和方式，显然是独具特色的。蒙古族作为游牧民族，从生产方式、生活习俗到思维定式、思想感情，都以一种敬畏和爱慕的心情崇尚自然，将人与自然和谐相处当作一种重要的行为准则和价值尺度，一以贯之，融汇到自己全部生活之中。同时，这种"逐水草而居"的生活方式，为他们提供了相对宽阔的生活天地和自由环境，因而在民族文化特质形成过程中，自由因子已经成为他们生活的一种依据和凭借，对于他们来说，自由早已不再是纯粹的精神王国的至上原则，而是人们在现实生活中践行的对象。而英雄之于蒙古族来说，就像一个人的名字同他本人一样，显示为一种简明的指代关系。难怪在蒙古男子当中，人们至今大多喜欢起用"巴特尔"这一称为"英雄"的名字，而这一习俗在其他民族中是很少见的。这说明，蒙古族是一个崇尚英雄的民族，蒙古族文化是孕育英雄、崇尚英雄的文化[1]。

如果说得再明白一点，崇尚自然、崇尚自由、崇尚英雄，对于很多民族来说只是一种思想观念和精神向

---

[1] 吴团英. 略论草原文化研究的几个问题[M]//胡匡敬，王学俭，董汉忠. 论草原文化：第二辑. 呼和浩特：内蒙古教育出版社，2006：1-13.

往，而对于蒙古族来说，更重要的是它不只是一种观念和向往，而且是一种行为、一种实践，是生活本身的实际内容。从这个意义上说，崇尚自然、崇尚自由、崇尚英雄就是在蒙古民族的物质和精神生活中，获得一种独特的认识与行动、理念与实践的双重品格，并由此成就和升华为蒙古族文化的三大基本特征。

我们说崇尚自然、崇尚自由、崇尚英雄是蒙古族文化的三大基本特征，并不排除蒙古族文化还有其他特征，只是说这三大特征是蒙古族文化各种特征中具有鲜明的标识性，主导作用大，涵盖面广，解释功能强，并直接影响到民族性格的形成和发育。这要求我们以高度的文化自觉，加以深刻认识和把握。

三、蒙古族文化在其民族性格上的体现

根据著名心理学家荣格的研究，一个民族的"集体人格"是其民族文化长期沉淀的结果，是其民族文化在其民族性格上的体现[1]。

---

[1] 瑞士心理学家荣格（C.Gustar Jung，1875—1961）说："一切文化都沉淀为人格。不是歌德创造了浮士德，而是浮士德创造了歌德。"他在这里所说的"浮士德"，已经不是一个具体的人名，而是指德意志民族的集体人格，也就是德意志文化的象征。这种集体人格早就存在，歌德只是把它表现了出来罢了。（余秋雨. 何谓文化[M]. 武汉：长江文艺出版社，2012：7. ）

那么，蒙古族的文化在蒙古族的性格上有怎样的体现呢？

我们认为，蒙古族崇尚自然、崇尚自由、崇尚英雄的文化，在其民族性格上的体现就是闲适、浪漫和豪放。

闲适，是一种从容，是人与自然和谐生活的逻辑象征；浪漫，是一种优雅，是自由生活，诗意的栖居；豪放，是一种豁达，是英雄气概的外化。

这就是说，蒙古民族崇尚自然、崇尚自由、崇尚英雄的文化，造就了蒙古民族闲适、浪漫、豪放的民族性格。反过来，只有认识蒙古民族闲适、浪漫、豪放的民族性格，才能真正懂得蒙古民族崇尚自然、崇尚自由、崇尚英雄的文化特征。

这就像辜鸿鸣先生对美国人、德国人、法国人与中国人性格做出的著名比较那样。辜鸿铭说："事实上，要懂得真正的中国人和中国文明，那个人必须是深沉的、博大的和纯朴的。因为中国人的性格和中国文明的三大特征，正是深沉、博大和纯朴。""美国人发现要想理解真正的中国人和中国文明是困难的，因为美国人，一般说来，他们博大、纯朴但不深沉。英国人也无法懂得真正的中国人和中国文明，因为英国人一般说来深沉、纯朴却不博大。德国人也不能理解真正的中国人和中国文明,因为德国人,特别是受过教育的德国人,一般说来深沉、博大却不纯朴。在我看来,似乎只有法国人最能理解真正的中国人和中国文明,固然法国人既没有德国人天然的深沉,又不如美国人心胸博大和英国人心地纯朴——但是法国人,法国人民拥有一种非凡的,为上述民族通常说来所缺乏的精神特质,那就是灵敏。这种灵敏对于认识中国人和中国文明是至关重要的。"[1]

辜鸿鸣上述精彩的比较,虽然不一定准确,却给我们以重要启示,即不同民族的性格,在很多方面是交叉的,其中一些性格特征也是不同民族可能共有的,但有一点是明确的,即一个民族的几种性格特征聚合一起,可能就是独一无二的。蒙古族闲适、浪漫、豪放的性格特征就是这样的。其中任何一种性格特征都可能与其他民族所共有,但三者作为一个整体,同属于蒙古族,就是与众不同。

当然,蒙古族闲适、浪漫、豪放的性格特征,不是任何时候都是一样的,也不是一成不变的。那仁敖其尔先生就曾指出,作为蒙古族传统文化精髓的"奇颜精

---

[1] 辜鸿鸣. 中国人的精神[M]. 海口:海南出版社,1996:5-6.

神"的最早定义是"刚毅、勇敢、大无畏"[1]，而没有后来追加的其他内容。这就像唐朝时期的中国人同宋朝时期的中国人，在文化和性格上都有很大不同一样。[2] 同理，不同地域、不同部落的蒙古人的性格也有这样或那样的差异。罗布桑却丹就曾注意到这一点："外蒙古人之性格观其表略显粗犷，而观其内则刚毅且远虑者居多。内蒙古人之性格观其表略显机敏，然缺乏沉毅和远虑。"[3]

然而，值得注意的是，蒙古族文化心态和性格理想中，唯一不变的是对英雄的崇拜和向往。就像有的民族把人格理想定为"绅士"，有的民族把人格理想定为"骑士"，有的民族把人格理想定为"武士"一样，蒙古族把自己的人格理想定为"英雄"。

这是蒙古民族崇尚自然、崇尚自由、崇尚英雄的文

---

[1] 那仁敖其尔，赛音德力根. 成吉思汗与蒙古文化[M]. 海拉尔：内蒙古文化出版社，2007：65.

[2] 例如："唐代女人外向泼辣，宋代妇女却内敛柔和；唐代女人喜欢骑着高头大马招摇过市，宋代妇女却只能站在重重帷帘之后，掀起一角向外悄悄张望一下。……唐人粗豪，宋人细腻。……唐人热烈，宋人内敛。……唐瓷大气，宋瓷精致。……唐诗热烈，宋词沉思。"（张宏杰. 中国国民性演变历程[M]. 长沙：湖南人民出版社，2013：80-82. ）

[3] 那仁敖其尔，赛音德力根. 成吉思汗与蒙古文化[M]. 海拉尔：内蒙古文化出版社，2007：15.

化特征和闲适、浪漫、豪放的民族性格，在人格目标上的最高追求，具有某种神圣的终极价值。

对此，实际已有不少学者注意到并有深刻阐述。例如，包斯钦、金海在讨论草原精神文化问题时就曾讲到，以蒙古族文化为重要代表的草原文化，在长期的历史发展过程中，"成功地塑造了英雄这一理想人格，并且赋予其'力勇义智'四项内涵，使其化成一种普遍的社会道德力量，以指导人们的人格塑造和价值追求"[1]。

总结以上讨论，可以概括地说，蒙古民族文化的基本特征是崇尚自然、崇尚自由、崇尚英雄；与此相适应的民族性格特征是闲适、浪漫和豪放。在这三种性格特征之上，高高矗立的是英雄人格理想。这就不难理解，蒙古民族为什么往往被人们称作英雄的民族。当然，以英雄作为人格目标追求的民族，英雄所具有的品格，诸如诚信、勇敢、坚毅，也是其民族性格的基本表现，而且是不证自明的。也正因为这样，对此这里就不展开专门的讨论了。

补记

2015年12月3日，在中国蒙古学学会2015年年会暨

---

[1] 包斯钦，金海. 草原精神文化研究[M]. 呼和浩特：内蒙古教育出版社，2007：380.

"中国蒙古学学奖"颁奖大会上发表这篇演讲的当天,我们在与会专家学者之中进行了一次有关蒙古民族主要性格特征的问卷调查。调查结果,正如我们的预想一样,很难得出一种统一的认识。然而,即使这样,我们从中还是读到两点重要信息。一是正如我在演讲中讲到的那样,蒙古族性格问题至今没有得到很好的研究,甚至没有得到有意识的思考。例如,我们收回有效问卷40份,答案却多达42种,且五花八门,有的答案,如"崇拜自然"、"不突出民族共同意识"等,很难作为民族性格的表述语。这也难怪,据美国国家老龄问题研究所对49个国家4000个公民所做调查显示,本民族或本国人往往看不清自己的国民性(《参考消息》2006年2月有28日)。二是有两项答案,即"豪迈(豪放)"、"英勇(勇敢)"认可度较高,前者为55%,后者为50%。应当说,在没有给定参考选项的问卷调查中,这一认可度还是相当高的。这说明,我们的学者对蒙古民族的主要性格特征,是有相对一致的认识。更为重要的是这一认识,同人们包括蒙古族民众的自我认识,也是大致相当的。

鉴于这种情况,如果让我把我提出的蒙古民族闲适、浪漫、豪放三大性格特征进一步概括为一种主要性格特征,我愿把豪放作为唯一选项,用豪放定义蒙古族的主要性格特征，就像人们通常讲的德国人严谨、法国人浪漫、以色列人智慧那样，蒙古民族是一个以豪放著称的民族。把豪放视作蒙古民族的主要性格特征，同蒙古民族把英雄作为人格理想之间具有某种内在的必然性。道理很简单，性格豪放的民族，一般来说都会崇尚英雄；而崇尚英雄的民族，一般来说都会有豪放的性格。对于蒙古民族来说，豪放就是它崇尚英雄的文化在其民族性格上的集中体现。

（本文系作者在中国蒙古学学会2015年年会暨"中国蒙古学学奖"颁奖大会上的演讲）

关于设立敖包节的构想

在今天的敖包文化学术报告会上，我首先想说明的是，我在不同场合也做过不少次的演讲和讲话，但是从来没有像今天这样激动。我想之所以这样，是因为过去多年来从未像今天这样在孕育一个新的节日的氛围中参加学术会议，也从未像今天这样在分享新的节日快乐的心情中做演讲。自6月9日来到鄂托克旗乌兰镇，从人们喜悦的眼神中、从人们忙碌的身影中、从夏日里巴特尔乌兰敖包那庄严而热烈的色彩中，特别是从昨天节日现场的活动和氛围中，我深切地感受到我们盼望已久的敖包节已经来到了我们生活中，已经成为我们生活中的一部分。此时此刻我很高兴能够代表中国蒙古学学会、内蒙古民俗学会和自治区敖包节推展委员会，向所有为敖包节推展筹备工作付出努力的同事们和朋友们，向所有参加节日活动的兄弟姐妹们，向期待在未来的时候分享敖包节节日快乐的所有蒙汉族和其他民族的同胞们，表达我内心深深的敬意！

今天，借此机会我想谈三个问题。

第一个问题，设立统一节日的意义。我想从节日的性质和功能谈起。什么是节日呢？简单地说，节日就是岁时节令当中具有特殊和标志性意义的日子。用学术语言讲，节日就是人类调节与自然、社会之间关系的一种手段和模式，也是人类同自然、同群体、同自身进行对话的方式。节日作为文化的重要内容和重要载体有多个功能和多种价值，但概括起来主要有这样三点：一是能够体现巨大的文化凝聚力，是一个民族或一个地区文化软实力的重要象征和标志，对外能够体现文化身份，对内能够增强文化认同。二是节日是构建人与自然、人与社会和谐关系的一个重要方式，能够调节人们的生活节奏、表达自我内心情感、增强社会群体之间的相互理解。三是能够唤起人们对于美好生活的向往和追求，能够满足人们创造绚丽多彩生活的需要。通过节日文化，我们分享生活的幸福、感知人与人之间心灵的沟通和情感的寄托。所以说，节日在丰富人们精神文化生活方面，所具有的作用是不可替代的。这是就节日的一般性质、功能而言的。

那么，具体到我们今天的话题，我们为什么要设立蒙古族统一节日呢？我们在课题研究和反复讨论当中，结合自治区"8337"发展思路，结合自治区党委九届十一次全委（扩大）会提出的"努力把内蒙古打造成为祖国北部边疆经济发展、民族团结、文化繁荣、边疆安宁、生态文明、各族人民幸福生活的亮丽风景线"的要求，研究设立蒙古族统一节日的必要性和紧迫性，最终概括为这样"五个有利于"：一是有利于传承民族优秀文化。节日是一个平台也是一个窗口，具有传承民族历史、文化记忆的重要功能。我们前一阶段搞了一个蒙古族文化元素活力的调查，征集到200多项蒙古族的文化元素，其中被认为有活力的元素有48项，这是一个好的现象。但另一个方面，令人担心的是被列为前10项有活力的文化元素，其最高认可度也只有48.5%。在这种情况下，怎样传承民族文化，需要做的工作很多，这当中设立一个蒙古族统一的节日无疑是重要的选项。二是有利于丰富中华文化内涵。节日文化，包括少数民族的节日文化是中华文化的重要组成部分，因而设立蒙古族统一节日，自然也是对中华文化的又一次丰富与创新。三是有利于民族团结，维护祖国统一。民族文化的繁荣发展是中华民族文化繁荣发展的题中应有之义，也是其必要的前提。只有包括蒙古族在内的少数民族文化不断有新的发展，才能不断地增强"四个认同"，更好地巩固社会主义民族关系，建设中华民族美好的精神家园。四是有利于推动加快民族文化强区建设，特别是有利于文化与旅游深度融合，创新文化与旅游业态，开创文化与旅游相互借力、共同发展的双赢局面。五是有利于丰富群众精神文化生活。在我们的节日文化问卷调查中，有96.3%的受访者赞成和支持我们设立蒙古族统一节日。这说明，设立这样一个节日是一项得民心的事情。需要说明的是，我们问卷调查的受访者既有农牧民又有城镇居民，既有蒙古族、汉族又有其他民族，应当说是我们全区各民族共同的愿望。

第二个问题是关于节日选项的说明。在问卷中征集到的节日选项有十几项，但相对比较集中的是敖包祭祀和那达慕，敖包祭祀比那达慕更集中。经过我们反复研究，确定将敖包祭祀提升为敖包节，并将敖包节作为蒙古族统一节日的最终选项。我们的考虑有五点：第一，敖包祭祀具有悠久的传统。据考证，包括大家十分喜爱的那达慕也起源于敖包祭祀。第二，敖包祭祀内涵十分丰富，既有祭天祭地祭祖，又有其他文体经贸活动，充分表达了人们对于美好生活的追求。第三，敖包祭祀活动仪式庄严而神圣。在我们关于设立蒙古族统一节日的研讨会上，有一位来自文化界的人士讲，我们设立的节日一定要有灵魂。这是一个形象的说法，我理解这种灵魂来自节日所孕育的文化内涵和人文精神，同时也来自节日仪式的庄严和神圣。历史的经验表明，没有民间信仰基础的节日很少受到民间认可，也难以传承。第四，敖包祭祀活动有很强的包容性，从文化内涵到仪式和建制上都能与时代发展同步演变。这种与时代同步发展变化的文化特性为敖包节吸纳新的文化发展元素提供了基础，也为我们在新的时代把它推展为一个统一的节日提供了必要条件。第五，时间相对统一。敖包祭祀各地虽有不同的日期，但大部分地区都集中在农历五月十三。这一点跟那达慕比起来作为节日选项的优越性更为明显，因为那达慕在时间安排上随意性更大。

第三个问题，简要介绍一下敖包节的推展工作。昨天，我们在敖包节推展的第一站——鄂尔多斯市鄂托克旗，举行了推展活动的启动仪式，从各方面的反应看推展活动非常成功，这也说明我们选择鄂托克旗选对了、选好了。据我们了解，鄂托克旗是敖包数量比较多、祭祀传统比较悠久的地方，特别是蒙汉群众共同参与的特点比较明显，昨天的推展活动也证实了这一点。我们要认真总结这次推展活动的经验，把它融入我们的下一步推展活动中。这里，我简要介绍一下敖包节的推展计划。第一，关于推展方式，我们叫作政府支持，民间推进。民间推进主要是采取社会组织、企业和各界人士共同参与的方式。第二，关于推展的原则。我们首先是倡导节日的统一，包括各种节日要素，特别是时间、仪式和内涵上尽可能做到统一，但我们不强求同一，同时认可民间在不同的时间以不同的仪式进行祭祀活动，所以叫"倡导统一，不强求同一"。第三，推展活动的主要措施，包括举行学术研讨会，历史上知名敖包的普查、整理，建敖包博物馆，编排敖包主题文艺演出节目，制作拍摄敖包主题电视专题片，创作敖包主题歌，设计制作敖包图案等。总之，希望通过学术研究、文化产品开发、人才培养各个角度全面推进敖包节推展工作。第四，关于推展的步骤。从今年开始利用三年时间进行推展活动。在这个工程中如果能形成比较普遍的共识，我们就提请自治区政府将敖包节确立为自治区的法定节日。第五，在推展活动中需要注意的问题，总的说就是要处理好传统与现代的关系。一方面，要继承好传统，把着力点更多地放在挖掘和弘扬传统文化的内涵上，而不要在敖包的大小、敖包的豪华装饰上攀比，更不必因为设立敖包节而到处建敖包；另一方面，要创新发展，把着力点更多地放在注重满足现代人的心理需求、消费需求和娱乐需求上，千方百计增加敖包文化的凝聚力、影响力和吸引力，同时要避免因商业运作而可能导致的敖包文化庸俗化。一句话，我们提倡用设立统一节日的方式、符号化的方式传承敖包文化。我们知道，一旦敖包节在广大群众心目当中形成一个符号，节日的功能就会事半功倍，无论你身在何处，它都有可能唤起你对民族文化的一种记忆或向往。

最后，我想概要说明的是，我们推展的敖包节是这样的节日，首先它是传统的，但又不仅仅是传统的，它同时又包含一切应当包含的时代特征和时代精神；它首先是蒙古民族的，但又不仅仅是蒙古民族的，它同时也是各民族守望相助、相濡以沫的文化平台；它首先是区域的，但又不仅仅是区域的，它同时也是我们伟大祖国北部边疆一道亮丽的风景线。敖包是有缘人来相会的地方，敖包节是有缘人来相会的日子。基于这样一个信念，我们相信敖包节一定会成为一个继承天人相谐传统、传承现代生态文明理念的节日，成为维护社会和谐、巩固民族团结的节日，成为寄托人们对未来生活美好向往、满足人们精神文化需要的节日。

（本文系作者于2014年6月11日在鄂托克旗敖包文化学术报告会上的演讲）

关于狼图腾问题的几点讨论

这几天,随着《狼图腾》电影的放映,又引起新一轮狼图腾问题的讨论,而且由于微信、微博等新媒体的作用,其参与人数之多、影响之大远远超出前一轮的讨论。这里,我之所以用"狼图腾问题"这一表述,是想把《狼图腾》电影,尤其是《狼图腾》小说同由作品引起的狼图腾和狼性问题一并加以讨论。

一、关于作品及其讨论

小说我是前几年看的,很多细节已记不大清楚了,但对其揭示的主题还是印象深刻。电影是前两天看的,堪称大手笔之作。这里愿借一位朋友发来的短信表达我的观感。短信说:"那惊世骇俗的草原风光的拍摄,那恰到好处的草原长调女声的一抹,那贴切给力的交响乐的跟进，还有那些不露痕迹的草原民俗的表现……都让我们由衷地慨叹这是一部难得的上乘大作。"如果将影片和小说结合起来看，给我留下的突出印象有这样两点：一是作品主题十分深刻，直接触及一个民族深层的文化基因，即它的原始的图腾崇拜。按照叶舒宪先生符号编码理论，这显然属于一级编码系统（图像和实物编码），关涉民族文化的传统根基，牵动民族文化心理最敏感的神经。用叶先生的话说，谁善于调动编码程序底端的深层程序，"谁就较容易获取深厚的文化蕴涵，给作品带来巨大的意义张力空间，而不停留在就事论事的描写上"。这就不难看出，《狼图腾》无论其编码定位是否准确，形象塑造是否成功，都会因为其关涉了一个民族文化的深层程序而会引起相关族群和关注相关族群文化的人们格外地关注。二是作品叙述宏大，严肃认真，是作者十年磨一剑的心血之作。特别是在颠覆性地将狼塑造为令人可敬、可亲、可爱的文化和艺术形象的同时，并没有简单地回避狼对其他生灵的危害以及人们对受害生灵受害情境的同情。这里面蕴含的恐怕不只是简单的生物链问题，而更多的是对自然、历史、文化以及生命的敬畏和尊重，甚或是由此引发的人类如何面对人与自然、传统与现代、自我与他者等诸如此类悬而未决问题的两难选择。

正因为作品以宏大叙述和精湛的艺术形式揭示深刻主题,引发广泛关注和讨论大致是可以想见的。简单梳理,讨论是在这样几个层面进行的。

第一,用动物性,例如用"狼性"、"羊性"定义民族性是否可取?苏鲁格和那木吉拉两位先生就不约而同地提出:"不宜简单地用'狼性性格'或'羊性性格'来概括整个民族的性格特征。"

第二,中华龙图腾是从草原狼图腾演变而来的吗?叶舒宪先生对此首先提出疑问并做出自己的回答。他撰文写道:"小说原本是想象的故事,《狼图腾》却自觉承担起了重要的学术论说功能,……这就不能不引起学界、知识界和教育界的关注,从学术上认真对待狼图腾说,以避免由小说虚构而导致的认识上的误导。"顺便说一句,叶先生在批评《狼图腾》的学术观点时,提出了自己与众不同的"龙图腾来源于熊图腾"的著名熊图腾说,也很有意思。

第三,狼是蒙古人的图腾吗?这是这次争论的焦点。在我看来,争论虽然比较激烈,但争论双方,无论是认同狼图腾的一方还是否定狼图腾的一方,都没有足够的证据驳倒或说服对方,但双方有一点是共同的,即自觉或不自觉地将自然狼的属性同作品塑造的狼的文化和艺术属性完全混同起来,使争论多少远离作品本身范围了。

　　《狼图腾》的讨论，当然更多在文学艺术领域，由于我们关注的视角不同，这里就不再专门引述。需要注意的是，这部作品之所以引发如此广泛的关注和讨论，除作品关涉的诸如民族历史、民族性格、民族文化认同等重大主题外，同呼应了当下社会文化心理也是有密切关系的，正如刘小萌说的那样，作品在许多年轻人心中产生的狼性共鸣，是"宣泄受压抑的情绪"，是一个值得注意的信号。这里引发我进一步思考的是中国人的价值观是否已经发生很大变化。加利福尼亚大学洛杉矶分校一项研究通过分析27万多种中文书籍中所使用的词汇来评估中国人价值观的变化。他们发现，在1970年的书中，"服从"一词出现的频率是"自主"一词的3倍，而这一对比在2008年的书中出现了翻转，"自主"一词占据了多数。而且随着时间的推移，"选择"、"竞争"、"私人"、"自主"和"创新"这些词汇在书中出现的越来越多（《参考消息》2015年3月3日）。这从一个有趣的侧面说明，我们的社会已经处在一个急剧变化的时代，而且变革的趋向总体上是积极的。

二、蒙古族图腾问题

　　图腾一词来源于印第安语"totem"，意思为"它的亲属"、"它的标记"（何星亮先生不同意这种解释，他的解释是"亲属"、"亲族"），是由英国人类学家龙格在《一个印第安译员兼商人的航海探险》（1791年）一书中率先使用并引起世人广泛关注的。将"图腾"一词引进我国的是严复先生。1903年，严复翻译出版《社会通诠》一书，将"totem"一词音译为"图腾"，并加按语指出，图腾是群体之标志，旨在于区分群体。从此，"图腾"译名成为中国通用译名。

图腾作为一种原始崇拜现象，虽然有多种表现形态，但本质上一定是某一民族、部落来源的象征，并以这种亲缘属性区别于其他崇拜形式，因此可以认为图腾崇拜是祖先崇拜的先导。

同其他很多古老的民族一样，蒙古民族在其民族、部落发展阶段，也有很多图腾崇拜现象，例如狼、鹿、熊、牦牛、鹰、天鹅、乌鸦等等，而且其中一些图腾崇拜作为一种文化基因，一直延续至今，甚至被认为或被误认为是整个民族的图腾。从严格意义上讲，把氏族社会的族群标识移作民族共同体的标识是说不通的，但从某些民族发展的历史状况看，把构成民族共同体的主要氏族、部落的图腾视作整个民族的图腾的现象也是有的，而且有其某种内在的必然性。

在蒙古族的众多图腾崇拜现象中，狼图腾无疑是争论最多的一种。

以我简要地归纳分析，支持狼图腾说者的论证，主要有以下几点：

一是《蒙古秘史》中的苍狼白鹿故事。持此说者反对苍狼、白鹿是人名，因为在《蒙古秘史》中人名旁都做标注说明是人名，唯独在"孛尔帖赤那"和"豁埃马阑勒"旁标注为"苍色的狼"和"白色的鹿"，其意图明白无误，且很有深意。同时作为皇家秘史，用神话传说叙述其历史来源，有利于增强其先天的合法性。何况我们也不宜用现代人看待狼性的眼光代替数百年前人们对狼的认识。

二是类比。论者认为，古代草原民族，如匈奴、东胡、乌孙、突厥、高车等突厥语族和蒙古语族诸先民都有狼图腾崇拜现象，以此类推，作为具有同样历史文化背景的蒙古民族在自己历史发展某一时期具有狼图腾崇拜也是可能的。

三是传说证据。论者认为，在《蒙古秘史》、《史集》、《黄金史纲》、《蒙古风俗鉴》、《江格尔》等文献典籍中载有不少狼崇拜的传说，例如汗不叫捕猎入围的苍狼和白鹿的传说、汗许苍狼随时冲进羊群捕食的传说、阿阑豁阿感光生子的传说、狼和乌鸦保护婴儿的传说、德都因格根被母狼带走养育的传说、狼孩沙鲁的故事、喀尔喀部母狼养育孩童的传说、江格尔称赞洪古尔的比喻等等，蒙古民族确有狼崇拜历史。

四是民俗论证。这方面，目前只看到一则材料，即蒙古人用狼拐骨做护身符的习俗。

否定狼图腾说的学者及其他各界人士，虽然人数占压倒多数，但论证大致集中在以下三点：

一是否定蒙古民族有图腾崇拜，进而自然排除了蒙古族存在狼图腾崇拜的可能性。此说的主要依据是图腾崇拜是氏族社会特别是母系氏族社会的产物，而随着氏族、部落群体演变为民族群体，图腾崇拜开始淡出历史，并被超越血缘关系的信仰体系，例如"腾格里"崇拜所代替，这也符合民族这一主要以历史、文化为纽带形成的人们共同体自身发展的要求。

二是否定苍狼白鹿的传说。我们知道，苍狼白鹿传说是狼图腾说的最主要也是最直接的证据。而大多数批评者，例如阿尔达扎布、札奇斯钦等学者，引用拉施特等人的权威记载，坚持认为孛尔帖赤那和豁埃马阑勒是一对人名，并经勃斡舌儿出（孛尔贴）谱系考证，在成吉思汗家族谱系当中，不仅其二十二世祖有名叫孛尔帖赤那的人，而且在其后代中亦有名为孛尔帖赤那的人，即孛舌尔儿出·那颜的第六代孙恩孙孛斡鲁的第四子。

三是无直接证据说。这也是大部分人的观点。积十年时间撰写《狼图腾——阿尔泰曾祖神话探源》一书的作者那木吉拉宣称，"无论是口头的还是书面的或考古学的资料，没有一个能够直接证明蒙古民族先民中传承以狼为图腾崇拜的信仰"，而且在详细比较突厥和蒙古族族源传说母题后明确指出，"突厥传说中图腾之神母狼登场，而蒙古传说中空缺这一角色"。

纵观以上讨论，结合《狼图腾》作品的旨趣，可以得出如下结论：

第一，《狼图腾》作者没有将狼图腾强加给蒙古族，因为无论在学界还是在民间，确有狼图腾一说。而且作品《狼图腾》以其罕见的传播力向世人展示和诠释了包括蒙古民族文化在内的整个草原文化深刻内涵和优秀品质，甚至可以将《狼图腾》用作阐释草原文化"崇尚自然、践行开放、恪守信义"这一核心理念的鲜活教材。

第二，我们虽然不能确定狼是否是蒙古族的图腾，但有一点是确定的，即我们无论是肯定狼图腾还是否定狼图腾，无论是喜欢还是不喜欢狼或狼性，蒙古人是有很深的狼文化情结的。这不但见证于很多文献记载、民间故事和传说中，而且体现在蒙古民族现实的文化心理之中，例如当代不少文化制作演出机构，热衷直接用诸如"苍狼"、"北方的狼"、"狼图腾"命名自己所属的团体和机构，以向世人展示自己的狼文化情结。

第三，学界至今对蒙古族图腾文化没有进行系统的研究。这两天我涉猎的范围虽然极其有限，但竟然没有找到一部论著或研究报告比较全面、系统地梳理、研究蒙古族的图腾崇拜问题。在我看来，这不但是蒙古族文化研究领域中的一项缺憾，而且是某种程度上导致这场狼图腾讨论的重要因素。

三、蒙古族图腾文化研究

近些年来，随着旅游业的强势崛起，图腾文化这一过去很少被人注意的文化现象，在我国很多地方，特别是边远少数民族地区迅速兴起。加之这次由《狼图腾》引发的关于蒙古族狼图腾问题的讨论，再次提醒我们，作为学界的一分子，作为学术团体和研究机构，我们必须关注当下社会的呼唤，在我们专业涉及范围内，对社会的关切做出我们应有的回应。

为此，我同马永真、包斯钦、毅松、金海、苏日娜、陶克套、旺其格等商量决定，中国蒙古学学会会同内蒙古社会科学院成立"蒙古族图腾文化研究"课题组，在总结前人研究成果基础上，分若干专题组，从文献搜集、民间传说整理、田野调查几个方面，系统展开蒙古族图腾文化研究，并争取在2~3个月的时间内，提出我们的研究报告，以改变我们的历史文化总是处于被表述的状态。

拓展研究领域　创新学科建构
推动中国蒙古学研究事业科学发展

蒙古学是研究蒙古族形成发展历史与现状的一门科学。蒙古学自诞生之日起，历经百年创新发展已经成长为一门具有世界影响力的学科。我国将蒙古学作为一门学科来研究是在新中国成立以后。从20世纪50年代开始，我国有关高等院校和科研机构配备专门人员，对蒙古语言文字、文学、历史等进行有组织、有计划的研究，形成了蒙古语言文字、文学、历史等传统学科。改革开放以来，在党和政府的关怀下，我国的蒙古学研究得到前所未有的繁荣和发展，赢得世人广泛瞩目和尊敬。如今，我国蒙古学研究围绕蒙古族的生产生活各个领域展开不同学科或独立或交叉研究，推动蒙古学呈现出研究领域日趋拓展、学科日益健全的良好局面。下面阐述中国蒙古学研究领域近年来所做的工作和取得的成绩以及我们对今后蒙古学研究的希望和期待。

一、蒙古语言文字研究

我国蒙古语言文字研究呈现出高起点、宽领域、多元性的特点。蒙古语言文字研究的传统学科得到深入，新兴交叉学科茁壮成长，应用学科不断完善，宏观与微观研究长足进步。

（一）在传统学科方面，阿尔泰语比较研究、中国北方民族语言研究、蒙古语族语言研究、古蒙古语、中世纪蒙古语、近代蒙古语、现代蒙古语、蒙古语方言土语研究以及回鹘蒙古文、八思巴蒙古文、传统蒙古文和契丹文研究领域推出了一些新成果，如《现代蒙古语》、《契丹小字研究》等，还有蒙古语方言土语调查、蒙古语方言土语划分、方言土语语言文化综合研究也取得重要进展。

（二）在新兴交叉学科方面，蒙古语言文字信息处理、蒙古文编码、蒙古文办公软件、蒙古文校对软件、机器翻译、蒙古文网络建设、蒙古语资源平台建设等正趋于规范化、系统化和产业化，认知语言学、试验语音学、自然语言理解与语音识别、语料库建设与研究等领域推出一批创新成果，如"蒙古语语料库建设工程"和《蒙古语语音试验研究》等。其中"蒙古语语料库建设工程",在中国8个省、自治区境内96个旗（县、市、区）采访并录制了6100人，3826小时蒙古语、达斡尔语、鄂温克语、鄂伦春语自然口语语料，并开始对其进行转写和标注。

（三）在应用科学方面，社会语言学、文化语言学、工具书学、词典编纂等涉及文化变迁、语言习惯、语言态度、语言文字使用问题的研究逐步深入，在促进蒙古语新词术语的制定、使用、规范以及蒙古语言文字规范化、标准化、信息化方面起到了引领作用，如《蒙古语辞典》、《汉蒙词典》等。内蒙古自治区蒙古语文工作委员会还定期发布《蒙古语名词术语公报》，为规范内蒙古自治区乃至中国境内蒙古语言文字和新词术语做了大量工作。为促进母语保护，内蒙古社会科学院每年还组织召开国际母语日纪念活动，取得良好社会效果。

（四）基于现代蒙古语和我国现行蒙古文语音、语义、语法及词汇研究，推出了《蒙古语标准音水平测试大纲》，颁布实施了《内蒙古自治区蒙古语言文字工作条例》，为学习使用蒙古语言文字提供了科学和法规双重保障。

二、蒙古文学研究

近年来中国蒙古文学研究的态势和基本特点，可以概括为"本体研究方兴未艾,交叉研究蓬勃兴起"。作家生平、创作、风格研究,文学思潮、现象研究,文学运动、文学流派研究,文本解读与阐释,文学史学研究等文学本体研究在继续深化;文学研究与人类学、社会学、历史学等相邻学科交叉重叠的研究蓬勃兴起,文学研究正在向立体交叉的方向发展。这种传统的文学研究理论与方法同各种新理论、新方法相结合,新思路、新观点与新领域衔接的研究态势和学术特点,充分体现了蒙古文学研究新的活力和张力。

(一)蒙古族古近代文学研究方面。一是古代文学研究有了多向度的推进,特别是文献学、考据学研究和不同角度的综合性学术研究进一步深化,一批较有分量的学术成果问世,以《蒙古秘史》研究为代表的古代文学研究取得新成就。二是历代蒙古族作家的非母语创作研究继续得以拓展,关于蒙古族作家汉文和藏文创作、著述的研究及蒙古族古代文论研究取得重要成就。三是蒙古文学与其他民族文学的比较研究继续深入,在文学个案研究得到强化的同时,关于文学普遍规律的探寻得到重视,《比较文学:文学平行本质的比较研究——清代蒙汉文学关系论稿》等一批重要成果问世。四是专题研究相对集中在经典作品的文本解读、人物形象分析、文化内涵解析、版本考证、文体流变研究等方面,使蒙古文学的千年发展轨迹日益清晰。这一点在《蒙古秘史》等兼具史学、文学双重属性的经典作品研究中、在近代文学与社会文化变迁研究中体现得尤为清楚。

（二）蒙古民间文学研究有了显著发展。神话传说、英雄史诗、民间故事、祝赞词、谚语、民歌研究均有较多的成果问世，学术水准、学术品位明显提升。近年来的蒙古民间文学研究呈现出如下几个特点：一是叙事研究、程式研究、民间艺人研究、文化内涵研究成为新的学术增长点，一些研究成果令人耳目一新。二是包括跨民族、跨国界、跨学科的比较研究逐渐盛行，民间文学的传播方式、流变过程、跨民族、跨文化的影响等文体继续受到学界关注，出版了《中国阿尔泰语系诸民族神话比较研究》等一批颇具影响力的学术著作。三是民间文学研究的手段和方法不断更新，采用结构分析、类型分析、程式分析、统计量化分析等多种手段，力图找出人物、情节背后的基本形式，从而开辟了文学研究的新的角度和空间。四是民间文学理论的本土化进程加快，相关理论的引进、消化、创新得到重视和加强，出版了一批民间文学原理等较有影响的理论著作和教科书，为民间文学研究的科学健康发展提供了保障。内蒙古自治区人民政府把列入联合国教科文组织人类非物质文化遗产名录的《格斯尔》作为自治区重点抢救保护项目，提出了今后五年抢救保护实施方案。

（三）现当代蒙古文学研究和批评持续繁荣。一是现代文学资料建设取得可喜成绩。以"少数民族民间文学资料库"建设为标志，现代文学资料断档的局面逐步改观，有一批鲜为人知的宝贵资料被发掘和研究，大大丰富了现代文学研究的内涵。二是当代文学批评的使命感与责任感显著增强，文学批评与当下文学对话、与创作实践对话、与受众对话成为共识，文本解读与审美批评繁荣依旧，文化解读与视界融合成为新潮，文学的传播媒介、接受机理、社会效应等问题受到热切关注，网络文学、儿童文学研究得到加强，一批有厚重感的研究成果发表。三是当代文学研究呈现出活跃局面，文学风格、流派、地域文学研究势头强劲，文学思想研究、文学思潮与现象研究潮起潮涌，文学史学研究、批评理论研究方兴未艾，创作心理研究、女性主义批评异军突起，当代文学研究队伍、成果总量始终保持着规模上的优势。

三、蒙古历史研究

随着国内外学术交流增多及新史料的发掘整理，我国蒙古历史研究领域坚持方法创新、观念突破、领域拓展，推出一批富有新意和引人瞩目的重要成果。

（一）蒙元史研究取得较多方面的成果，其论文数量可观，各类著作也相继问世，再加上考古成果、文献整理及其研究成果等，彰显蒙元史研究成果内容丰富、形式多样。一是设立并组织开展《元史会注》和"元代帝陵与蒙古族族源"的重大研究项目，积极推动蒙元史研究实现新的突破，其中《元史会注》是对清末以来学界长期诉求的重要回应，为将来可能重修《元史》奠定重要基础。二是在政治与制度研究方面，专家学者们重点在元代科举与士人，元代建制与统治机构，蒙元法律制度，元代政治、宗教政策及措施等方面推出许多新作，且有不少精彩论述，充分说明这一研究领域的活跃和研究程度的进一步深入。三是元代经济研究一向被专家学者们重视，取得多方面的成果。元世祖忽必烈重视农业发展受到专家学者们继续关注，有多篇关于元代农业与水利建设方面的论文发表。元代手工业、交通运输业以及货币、寺院经济研究以点带面，涉猎多领域，一些研究成果相继问世。四是元代社会与社会生活史研究引起重视，在衣食住行、节俗礼仪等方面研究成果较多。蒙古史学界重视蒙元时期多种宗教传播的多元文化特征研究，推出一些新颖、深化之作。五是元代的民族关系、元朝对外关系，特别是元朝与高丽的关系，较受关注，推出一些较有学术价值的新作。六是在人物研究方面，成吉思汗研究仍有新作问世，一些学者试图从新视角进一步探讨忽必烈的生平业绩，发表了新作，也有关于蒙元时期其他重要历史人物、文人儒士的研究成果。七是蒙古军事组织机构与战争的研究继续得到关注，其中有深入探讨、细致入微的新作发表。八是随着以元大都、上都为主题的学术研讨会的相继召开，元代城市建设与历史地理的专题研究得到加强，是蒙元史研究中较有成绩的一个领域。

（二）明清蒙古史研究取得许多新成绩，推出像《清代蒙古志》这样的学术前沿性著作。明清蒙古史研究成果体现在以下几个方面：一是明代蒙古史研究成果内容主要集中在明蒙政治关系、互市贸易关系以及明代蒙古其他问题的研究上，一批引人注目的成果相继问世。二是社会政治史和制度史方面的研究，在政治制度、历史人物、社会变迁、政策实施等方面新成果层出不穷。三是后金和清朝征服蒙古的100余年间的蒙古各部历史研究成为专家学者关注的重点之一，其中清代卫拉特蒙古研究成果较为丰硕。四是以清代蒙古族经济财政、宗教文化、民族关系特别是满蒙关系为视角推出的研究成果，较为深刻地揭示了清代蒙古社会状况，具有历史价值和学术意义。五是晚清以来的内蒙古近代史研究领域也推出了一系列视野开阔、具有新意的成果，使人看到这一研究领域新的发展态势。

（三）蒙古历史文献整理研究取得新进展。一是《元典章》全文点校本问世。这是元史史料建设的一个重大进展，填补了元史公文史料整理中的空白，是中国蒙古史研究进入21世纪以来的又一个标志性成就。二是蒙古史文献版本整理研究取得新成就，推出从版本学角度进行整理校勘的成果以及从历史学、文献学角度进行较为深入研究的成果。三是在档案文献整理研究方面，这几年影印出版了反映清朝逐步统治蒙古、新疆、青海、西藏的历史过程的档案文献，还整理出版了一些蒙古文历史档案文献。四是在文书文献研究方面，一些专家学者对黑城出土的800余件文书的归类与研究，补充了其他历史文献之不足。五是随着计算机网络技术的飞速发展和研究工作，对蒙古学文献信息资源进行数字化建设，为蒙古学研究提供了快捷方便的计算机网络信息服务平台，也扩大了蒙古历史文献信息的传播利用。

四、蒙古族哲学及社会思想史、宗教、民俗研究

（一）我国蒙古族哲学及社会思想史研究，在以往研究的基础上，持续平稳发展，取得新的进展。一是推出诸如《蒙古哲学原理研究》、《游牧思想论》等代表

新时期蒙古族哲学及社会思想史研究特点的著作成果。这些著作对具体领域进行系统研究，有的成果集中反映了蒙古族传统理性文化的概貌，着重梳理和探讨游牧思想，再现草原游牧文化的精神特质和深层内涵，深化和拓展了蒙古族哲学及社会思想史的研究。二是人物思想研究一直是蒙古族哲学及社会思想史研究关注的重点，也是深化研究的突破口。研究者们在继续深入研究成吉思汗、忽必烈、萨冈彻辰、尹湛纳希等人物思想的同时，人物范围、人物思想内涵均有所拓展，涉及了蒙古族历史各个阶段重要人物的各种思想意识，可谓涉及面广、新颖见解较多。值得一提的是，近几年以崭新的视角探讨成吉思汗及其思想的研究成果，展现了对这位历史伟人的全新认识。三是在概念范畴、思维方式、社会思想等的研究方面，专家学者们着重研究了蒙古族传统思维、图形思维、传统制度文化、人与自然的和谐观以及游牧文化的精神内涵、思想发展逻辑等，提出一些新观点、新见解，进一步促进了蒙古族哲学及社会思想史研究向纵深推进。

（二）蒙古族宗教研究仍集中于萨满教研究和佛教研究，内容有所延伸，推出一些较有说服力的成果。一是萨满教研究围绕萨满艺术、萨满世界理念、萨满祭词功能、萨满在蒙古汗廷的作用等，推出一些富有文化学、人类学阐释意义的成果，提升了萨满教研究水平。二是佛教研究方面，一是对于藏传佛教在蒙古地区传播及影响的研究，资料占有增多，研究方法有所改进，推出一些较有广度和厚度的成果；二是有关寺庙、历代宗教政策、宗教管理机构及喇嘛教信仰的研究，较好地体现了专家学者们注重历史与现实相观照的价值取向；三是蒙古族佛教人物研究，在其宗教活动、启蒙思想、著书立说、治学精神及社会影响等方面做了深入细致的探讨。三是更加注重宗教现状研究，专家学者们对当今宗教礼仪的恢复、宗教认知、宗教情感、宗教信仰特点等情况进行了认真调查研究，推出一批较有见解的成果，提升了研究的现实意义。

（三）蒙古民俗研究既重视见于著录的传统民俗的整理研究，又注重现实的田野调查，取得较多方面的成果。一是对蒙古族传统民俗及相关事项进行记录、分析、整理一直是蒙古民俗研究的关注点和基础性工作。专家学者们在记录、整理基础上还注重探讨各种民俗事项的象征意义、社会功能、文化根源；阐述民俗与文化的多重关系、民俗与宗教的特殊关系；透过民俗事项，考察其民俗主体的生活态度、审美趣味，这些都体现了专家学者们在民俗与社会文化的关联中对民俗现象进行深度阐释的努力，推动了蒙古民俗研究的进一步深化。

二是由于注重田野调查和综合性研究，推出一些宏观阐述民俗传承轨迹、演变过程及特点，考察传统民俗的现实变迁，论证某些民俗事项的现代功能、现实意义等的研究成果，给这一领域带来新鲜气息，成为蒙古民俗学科新的增长点。

五、蒙古族经济社会、教育、法制史、科技史研究

（一）在蒙古族经济社会研究方面，学者们围绕草原生态经济、牧区经济、农村牧区人口与牧民收入、牧区公共政策、牧民组织化等问题展开研究，推出许多面向现实、具有针对性的研究成果。对农村牧区蒙古族经济社会发生重大影响的资源、环境、产业和牧业社区生活城市化转型等问题，也成为学者们给予更多关注的交汇点，提出了一些切合实际、较为深刻的观点和见解。以内蒙古草原畜牧业的可持续发展、牧区草原退化与生态安全建设、牧区社会变迁和牧区发展为研究内容的四卷本丛书《内蒙古牧区经济社会可持续发展研究》是这方面的重要成果。

（二）在蒙古族教育研究方面，推出了一些有关蒙古族及北方少数民族教育史研究成果，而更多成果是围绕新时期蒙古族教育现状、存在问题及对策，当今学生

的心理问题与生理心理教育，某些课程教学的策略与可持续发展，优秀传统文化如何通过教育教学得以传承等问题展开的。其中，蒙古语文教育、双语教育、外语教育是研究者们关注得比较多的问题。这些研究大都以现实问题为出发点和落脚点，对于民族教育现状、提高蒙古族教育水平做了深入探索。

（三）在蒙古族法制史研究方面，借助新发掘公布的大量满文、蒙古文清代档案文献和外文研究成果的译介，在蒙古高原古代游牧民族法制、古代蒙古习惯法、蒙元时期的法制、清代对蒙法律制度的研究中，许多论文见解较为深刻，并有独具特点的著作成果问世。对于北元时期法制研究和法制文献整理以及有关民国时期蒙古法制问题、蒙疆政权时期法制状况的研究论文也有所增多。

（四）在蒙古族科技史研究方面，继续保持多学科并举的一贯特色，在与蒙古族相关的天文学史、元代科技史、蒙医药史、植物学史、建筑史及环境灾害史领域展开了较为深入的研究，有些研究还延伸到近代科技史、农牧业技术变迁及传统工艺等领域，有不少深入挖掘、详细阐释的佳作。蒙医药史研究成果较为突出。还推出了研究蒙古族数学史和数学文化的著作《蒙古族数学史》。

六、草原文化研究

草原文化研究有了新的进展，研究领域不断拓展，研究成果层次进一步提高，正在形成多学科、多视角的综合研究态势。

（一）草原文明起源，草原文化对中华文明形成过程中的历史贡献，草原文化与周边文化的互动关系以及草原文化核心理念、基本内涵、构成特征和历史价值、社会文化功能等重大理论问题的研究，取得一定的新突破，推出了一系列较高学术价值的研究成果。

（二）草原文化与蒙古族文化、游牧文化的关系研究进一步深入。蒙古族文化与草原文化的关系研究呈现一定的系统化、综合化趋势，从文化特征、社会形态、民族融合及制度文化、经济形态、宗教信仰等不同视角论证、阐释和分析二者的内在联系和蒙古族文化在草原文化发展史上的核心地位和实际作用，提出了具有重要学术价值和现实意义的新观点。

（三）草原文化的考古研究有了新发现和新成果。像红山文化、夏家店上下层文化等西辽河流域的史前文化遗存、元上都遗址、黑城遗址、元中都遗址、集宁路古城遗址和北方岩画等的考古发现、考古研究，为草原文化的纵深研究提供了新的依据。

（四）草原文学研究引起学者们的重视。推出了一批从草原文化的历史背景审视和分析草原文学的概念、特征及发展传播规律的研究成果，为草原文化的研究带给了新的视角。

（五）当代草原文化的应用研究逐渐成为学术热点。研究内容主要集中在草原文化资源的保护与开发、草原旅游业的可持续发展、草原文化的产业化对策研究、传统游牧经济文化的保护与新的社会文化秩序的建设诸多领域，推出了一些具有较高理论和应用价值的研究成果。

（六）草原艺术及民族体育得到了认真研究。在草原音乐研究方面，集中在对于蒙古族长调民歌、民歌艺术的特点及其传承发扬等的研究。美术方面的研究，集中在蒙古族传统工艺美术和民间纹饰、纹样、马烙印、鹿石、图案等方面，推出的成果数量虽然不多，但是研究角度和观点较为新颖。在民族电影研究方面，主要集中在其文化内涵、艺术特征、发展现状及存在问题、草原文化与民族电影的关系方面，并提出一些颇有建树的观点。

（七）草原文化研究平台和载体建设有所推进。2009年3月内蒙古首批建立的哲学社会科学研究基地之一——草原文化研究基地在内蒙古社会科学院正式挂牌。通过中国·内蒙古草原文化研讨会等不同形式和规模的研讨会，不断拓展草原文化的研究领域，提升了草原文化的国内、国际影响力。在资料建设方面，到目前为止共编辑出版了7部《草原文化研究资料选编》和8辑论文集《论草原文化》。

七、建设蒙古学研究、展示和交流的平台

蒙古学平台建设有了新的突破。基本上形成了以学术刊物、学术团体、学术会议为格局的蒙古学研究、展示、交流的平台。

经过几年的努力，《中国蒙古学》已成为展示和引领我国蒙古学研究和学术成果交流的综合性学术期刊。《蒙古学研究年鉴》坚持学术性、资料性相统一，每期对于蒙古学的二十来个学科做年度综述，并就研究专题、重要论文、学者、学术活动、国外蒙古学情况等做介绍和论述，反映蒙古学研究总体发展状况，成为蒙古学研究独树一帜的展示平台。"蒙古学文库"在已经出版100部著作后，又启动新一轮出版工作。《蒙古族历史文化经典文库》出版工程、蒙古语言文字出版物翻译出版工程、《蒙古学文献大系》出版工程也已列入内蒙古新闻出版"十二五"发展规划。

2011年1月中国蒙古学学会的成立，这是中国蒙古

学发展的一个里程碑。中国蒙古学学会为凝聚和组织全国蒙古学研究力量,开展广泛深入的学术研究及交流活动创造了有利条件。目前该学会正在开展的重要学术活动,一是筹备建设中国蒙古学会馆;二是组织专家学者编写《蒙古学概论》,阐述蒙古学的基本学理问题,为蒙古学的深入发展提供学科理论支撑;三是组织拍摄"蒙古学家访谈"系列电视节目,对中国蒙古学研究做出奠基性、开拓性、创新性贡献的著名蒙古学家的学术人生及成就进行新的梳理和记录。今天我们又设立中国蒙古学奖,并为获得首届中国蒙古学奖获得者清格尔泰先生颁发了奖金和证书。

内蒙古社会科学院承办的中国蒙古学国际学术研讨会自2005年以来已经举办3届。第一届有13个国家和地区的230名专家学者参加。第二届有12个国家和地区的220多名专家学者出席,收到论文120多篇。这次我们又在这里隆重举行第三届研讨会。这个研讨会正在成为国际蒙古学界有影响的重要学术会议。

八、我国蒙古学研究的突出特点及趋势

在近几年里,我国蒙古学研究资料搜集整理和学科建设向前迈进;研究手段和研究方法的现代化日益受到重视,各种数据库、信息库、网络建设长足发展;各类

学术活动频繁进行；学术人才数量有所增加，年轻学者得到培养和提高；相关学术刊物、出版社及媒体较好地发挥了为蒙古学繁荣发展提供展现和积累学术成就平台的作用；各地蒙古族历史文化资源得以深入挖掘，蒙古族非物质文化遗产保护传承、民族文化发展取得很大成就，蒙古学研究在地方和民间更大的范围内展开；在多领域推出了多方面显著的学术成果。

（一）更加注重资料建设工作。进入新世纪以后，相继启动的有关项目有内蒙古民族民间文化遗产数据库，蒙古语语料库，蒙古文《大藏经》抢救、修复、整理、出版项目，《蒙古族古籍要目题要》，内蒙古文化资源普查等大型资料建设项目，《蒙古学百科全书》有关分卷相继问世；编辑出版了《蒙古文学大系》以及著名蒙古学学者的全集或文集；资料相对薄弱的学科领域，如现代文学领域资料发掘工作也在持续进行。各种内容和形式的资料发掘、整理和出版工作，为我国蒙古学研究在更广泛的领域进行理论创新和持续发展，提供了有力的支撑。

（二）更加注重创新研究方法。许多专家学者逐渐从宽领域、多视角审视研究对象，把研究对象置于其产生发展的广阔社会历史背景中以及受外来文化影响中予以考察；着眼于研究对象与文化的互动运行，坚持在过程中把握研究对象的产生发展规律；将研究对象与蒙古族文化思维特点联系起来进行考察和从文化传播视角进行阐释，特别将其融于独特的民族文化、特定的地域文化环境加以审视。这样的努力，提升了蒙古学研究成果质量，使蒙古学界推出更多的综合把握力度较强、达到深度阐释的研究成果成为可能。

（三）更加注重拓展研究领域。这里以生态环境和生态文明建设研究为例。该项研究受到普遍关注，成为蒙古学研究的一个新的重要学术亮点。在蒙古族哲学及社会思想史研究领域，深入挖掘和阐释蒙古族生态意识、生态智慧、生态文化。在蒙古史研究领域，有一些研究成果，阐述了内蒙古地区荒漠化等生态环境问题及历史原因、影响、经验教训。在蒙古族文学研究领域，评价和阐释新时期的生态文学，表现出积极的生态关怀。蒙古族民俗、法制史研究也推出不少论述蒙古族敬畏自然、保护自然生态民俗和法律思想方面的研究成果。在蒙古族科技史研究领域，专家学者阐述了环境灾害史等研究成果。在蒙古族经济社会研究领域，草原生态保护和建设问题的研究成为重点和热点，学者们围绕草原生态与草原畜牧业、牧区生态移民、生态旅游开发、生态环境保护与建设、生态建设补偿机制与治理政策等展开研究。在草原文化研究领域，学者们对草原生态建设的现状、存在的问题及发展对策，进行了较多研究。这次蒙古学国际学术研讨会又专门以"蒙古族文化与生态文明"为主题进行专题研讨，不但表明我们蒙古学研究的一种重大关切，而且表明我们蒙古学与时俱进、关注焦点问题的良好学风和研究格局已经形成。

（四）更加注重现实针对性。专家学者们更加注重研究的现实针对性、理论前瞻性和实际应用价值。蒙古语言文字的现实变迁、使用情况等实际问题受到更多关注，研究得到加强，蒙古文字信息处理研究更是直面实际，适应需求。近几年蒙古族民间文学推出民间文学现代功能研究、民间艺人现状研究，体现出较重要的现实意义和直接的应用价值。蒙古族现当代文学研究更加注重与前沿理论、先锋意识和鲜活话题紧密联系。蒙古历史研究特别是其制度研究、经济研究、城市研究领域推出一些具有重要借鉴意义的成果。元上都申请世界遗产的成功，实现了内蒙古世界遗产"零的突破"，我国蒙古史、考古学界的前期研究成果功不可没。蒙古族教育研究大都以教育教学中的现实问题为关注点，以阐释和解决实际问题为己任；蒙古族宗教研究更加注重蒙古族宗教信仰现状的调查研究；蒙古民俗研究学者们也将更多的注意力投向传统民俗文化变迁、非物质文化遗产保护传承等问题，提升了研究视角和成果的现实针对性。

九、对今后蒙古学研究的几点期望

我国蒙古学研究近年来虽然取得举世瞩目的成就，但无论是在研究深度、广度上，还是在学科建设方面，都存在一些不能够适应时代要求和社会期望的问题。如缺乏深入系统的学科反思，"思想缺席"的状态时有出现；有些研究视域不宽，存在研究成果低水平重复现象；某些领域成果数量缺乏，相关学者群正在萎缩；组织整合研究力量不够，重大课题攻关相对薄弱；各分支学科间发展不平衡，应用对策研究能力不高，等等。我们认为这些都是发展中的问题，在党和政府的重视支持下，通过广大蒙古学专家学者艰苦努力，蒙古学研究还会取得更大的成就。为了蒙古学研究广泛深入发展，为了蒙古学在经济社会发展中更具有影响力，我提出几点希望，供大家参考。

（一）蒙古族的形成、发展与中国历史与文明、世界历史与文明有着广泛的内在的联系和相互影响。这就要求我们以开阔、高瞻的视野开展蒙古学研究，把蒙古族历史文化置于世界历史发展进程之中去认识和把握，并由此深刻理解和阐释蒙古族及其文化在人类文明进程中的地位和作用。

（二）蒙古学是一个世界性的学科，已有长期的研究历史和众多的研究成果。对于这样的学科，我们有必要对蒙古学学科本身有一个深入的认识，研究、揭示蒙古学学科的内在本质和规律、实际状况和特点，推进蒙古学的理论创新，加强蒙古学理论建设，努力形成"有学术的思想"与"有思想的学术"互为表里、相互促进的良好态势和格局。

（三）蒙古学研究是继往开来的事业，需要一代又一代人的艰苦努力。我们要面向未来，把培养年轻一代研究人员作为蒙古学学科建设的基础性工作，推动科研人才队伍建设，保证蒙古学研究事业代代相传。

（四）蒙古学研究在取得重大成果的过程中，必须要众人合作，凝聚整体合力。希望我国蒙古学的研究机构和学术团体，要团结和组织全国蒙古学专家学者，加强学术交流，深入开展学术研究，特别是要针对蒙古族历史与现实中重大理论与实际问题进行有计划、有组织的联合攻关，推进蒙古学在重大关切领域实现新的突破；进一步加强与国际蒙古学界的联系和交流，充分发挥和展示中国蒙古学在当代世界多元文化对话中的作用和在世界文化格局中的地位，为实现中华民族伟大复兴，建设和谐世界做出更大贡献。

"究天人之际，通古今之变，成一家之言。"让我们携起手来，开拓进取，上下求索，进一步推进我国蒙古学研究的创新与发展，努力形成具有中国特色、中国风格、中国学派的蒙古学研究格局，进一步推动国际蒙古学研究事业的繁荣昌盛。

（本文系作者在中国第三届蒙古学国际学术研讨会上做的主旨报告）

保护母语:我们的态度与行动

"一个语种的死亡和消失,等于永远失去我们对人类思想的认知和理解的不可替代的一部分。"
——摘自联合国教科文组织公布的
《世界濒临消失的语种版图》报告

今天,我们聚会通辽,隆重纪念"国际母语日",以表达和展现我们保护母语的态度与行动。

自2010年起,我们每年坚持举办各种形式的纪念活动,推动母语保护活动不断从学术领域向教育领域、文化领域和社会领域演进和深化。我们组织开展多种形式的学术交流活动,总结保护母语工作的成就和经验,探讨保护母语工作面临的新情况、新问题,以增强保护母语的自觉与自信;我们用各自的母语,包括蒙古语、达斡尔语、鄂温克语、鄂伦春语和汉语等，朗诵诗歌，演唱歌曲，讲述故事，还创作演出《母语之歌》，以群众喜闻乐见的形式拓展母语的使用范围和效果；我们组织开展传承母语先进集体和先进个人表彰活动，激励和动员有关社会组织和各界人士积极投身到保护母语活动中，以各自的方式努力学习使用和传承母语；我们组织成立了以部分教学科研单位和政府有关部门为组成单位的领导小组，组织开展"国际母语日"纪念活动，并将每年9月6日的"草原文化遗产保护日"确立为我区"国际母语日"纪念日，由此推进母语日纪念活动进一步规范化和制度化。

我们知道，我们上述所做的工作和努力，在社会上产生了一定的影响，也取得了一定的成效。同时我们也知道，我们所做的工作和取得的成效，与我们所要实现的长远目标和任务，还有很大的差距；我们的工作还处在起步阶段，我们要走的路还很长，需要我们做好长期努力的准备。

我们懂得，我们所做的工作是一项崇高的事业，不仅关乎我们民族文化长远发展问题，而且关乎我们所处的时代文化多元发展未来走势问题。我们历来坚持认为，语言不仅仅是人们思维、交流的工具，也不仅仅是一种文化的载体和表达方式，更为重要的是，它本身就是一种重要的文化样态、一种重要的文化资源、一种重要的文化力量、一种重要的文化基因。一种语言，特别是当它被某一族群当作母语的时候，它所"内存"的民族历史记忆、集体情感、民族性格和民族文化精神，是其他文化载体永远无法替代也无法"复制"的。对此，法国作家都德的《最后一课》和席慕蓉的深情述说——"虽然已经不能用，不能用母语来述说，请接纳我的悲伤，我的欢乐"——已经以文学的方式做出经典阐释，引起一代又一代人思想和情感的双重共鸣。所以，深刻洞悉这种现象的德国哲学家海德格尔在《通向语言的道路》中直接宣称："语言乃存在之家园。"法国哲学家萨特也认为，凭着语言，我们触摸事物、观察生活，和存在建立起真切而坚实的关系。这就启示我们，既要善于认识和运用语言的工具性特点，又要善于感知和发挥语言的人文滋养作用，真正去领受母语所特有的美和力量。

在我们热情地赞美语言、特别是母语的美和力量的时候，我们深切地感受到保护语言资源，特别是保护我们母语这一脆弱资源时所面临的紧迫状态。据有关专家研究，全世界现有的6000多种语言，有5400多种语言将于21世纪末趋于消亡，消亡比例高达90%。这就意味着这些语言所包含的人类文化财富将面临消失。我国现有120多种语言,其中处于濒危状态的语言达20余种,使用人数在千人以下的语言有15种。预计在未来20年到50年之间,将会有20%的语言不复存在。特别值得注意的是,作为我区"三少民族"之一的鄂伦春族,其语言已经被列入我国濒危语言行列。这种严峻的现实和可能出现的情况,要求我们必须以更加高度的文化自觉、更加开放的态度、更加坚定的行动,认真推进母语保护工作。

首先,我们应当做好顶层设计,把母语保护纳入国家和地区文化发展和安全战略,研究制定保护母语的条例、规划和行动方案,推动母语保护工作走向法制化、制度化的轨道。其次,要遵循语言发展演变规律,深入开展语言国情调查,研究设立濒危语言保护示范区,积极实施各种语言资源保护工程,研究建设语言文化网络博物馆,建立书面语和口语语料库,编辑出版母语音像图文多解出版物、母语学习实用教材和读本,用多种方法、多种方式、多种途径,推进母语保护工作更加科学和规范。再次,要采取一切可以采取的政策、措施和行动,动员和激励更多的人学习使用自己的母语,在使用中保护,在保护中使用,努力形成使用和保护良性互动的格局。这方面,从我区情况来看,无论是政府还是民间团体,已经做了很多工作并取得应有的成效,只是这种工作局面同我们面临的形势与任务还不完全适应，需要我们进一步加大力度，把工作做实做细，把更多的人吸引到学习使用和传承保护母语的行动中来。同时要秉持一种开放心态，既要保护母语，又要学习国家通用语言，在多种语言环境中焕发母语的生命力。正如联合国教科文组织总干事伊琳娜·博科娃女士说的那样，保护和促进母语对于世界公民意识以及真正的相互理解至关重要。懂得和会讲多种语言，就可以更好地理解我们这个世界丰富的文化互动。承认当地语言可让最大多数人发出自己的声音，积极参与到集体命运之中。另外，对于达斡尔语、鄂温克语、鄂伦春语这样没有文字的语言，还要采取特殊的措施加以保护，当务之急是除在当地中小学校开展母语教学外，中央和自治区有关高校也应当开设这三种语言的教学和研究课程，培育学习使用这三种语言的专门人才。

"态度决定一切。"这句话听起来颇有道理，但还不完美。如果态度与行动结合起来，不但会获得真理的品格，而且会拥有实践的力量。希望我们的这种认识与思维能够在我们保护母语的实际生活中得到验证。

（本文系作者在2016年"国际母语日"纪念活动上的演讲）

附

以理论创新为目标 构建草原文化新学科
——访内蒙古社会科学院党委书记吴团英

编者的话

近年来,地方社科院在繁荣发展我国哲学社会科学事业,推动各地改革开放和社会主义现代化建设中发挥着越来越重要的作用。各地党委、政府也越来越关注和重视地方社科院。为了更好地宣传地方社科院为党和国家以及各地方政府做出的贡献和成绩,进一步加强各地方社科院的学术研究与各项工作的交流,本报特组织编发"地方社科院专刊"。第一期专刊今天与读者见面了,我们期待有更多地方院在专刊这个平台上,展示本院的改革成就、学术成果和工作经验,以相互促进,共同提高。

记者:2007年8月,《草原文化研究丛书》作为向内蒙古自治区成立60周年献礼项目，在内蒙古举行了隆重的首发仪式。该丛书的出版，标志着草原文化研究取得了阶段性的成果。《草原文化研究丛书》对草原文化的内涵与特征、草原文化的历史发展与影响、草原文化的现代发展等基本问题做了比较系统的、多方位的、深入的研究论述，提出的一系列核心观点，对于我们继承和弘扬民族优秀传统文化，丰富中华文化的内涵，增强中华民族的凝聚力，构建社会主义和谐社会，具有十分重要的现实意义和深远的历史影响。草原文化已经成为内蒙古自治区最具特色、最具影响力的文化品牌。请您概要介绍一下有关草原文化研究取得的主要工作成绩。

吴团英：从广义角度讲，草原文化的研究由来已久，学术界对不同历史时期、不同民族的政治、经济、文学、语言、宗教、艺术、民俗等做了大量的探索研究，取得了一系列研究成果，为草原文化学科今天的形成奠定了基础。但是，将草原文化作为整体的研究对象进行研究，起步较晚。2004年7月，在内蒙古自治区党委、政府的直接领导下，成立了由自治区党委副书记陈光林任组长的"草原文化研究工程"领导小组，领导小组办公室设在内蒙古社会科学院，全面起动了草原文化研究工作。

在"草原文化研究工程"的实施过程中，我们始终坚持科研与宣传并举、研究与成果转化同步的原则，将工程作为集理论研究与文化品牌构造、引领文化产业于一身的系统工程来抓。"草原文化研究工程"启动后，即被列为国家社会科学基金特别委托项目，2005年，又被确定为国家社会科学基金重大委托项目、国家"十一五"重点图书出版规划项目和内蒙古自治区建设民族文化大区重点项目。2007年，由110多位专家学者参与撰写的多卷本《草原文化研究丛书》正式出版。该丛书共11卷，包括《草原文化概论》、《草原文化史论》、《草原物质文化研究》、《草原精神文化研究》、《草原文化区域研究》、《草原考古学文化研究》、《中华文化大系比较研究》、《草原文化与现代文明研究》、《北方游牧民族历史文化研究》、《蒙古族文化研究》和《达斡尔族、鄂温克族、鄂伦春族文化研究》，共计400余万字，是国内目前对草原文化进行系统研究的最完整的著述。

为配合"草原文化研究工程"，2006年，我们编辑出版了普及性的3卷本《文化内蒙古》；2005—2007年，还编辑出版了《草原文化研究资料选编》3辑，收录了国内外有关草原文化研究的论文190余篇，220余万字。

我们还举办了一系列全国性和国际性学术活动。

2005年7月，举办了草原文化高层论坛；2004—2007年，先后举办了4届中国·内蒙古草原文化研讨会，并出版了论文集《论草原文化》3辑；2005年，在首届中国蒙古学国际学术讨论会上，专设了草原文化专题单元，将草原文化研究推向国际学术界。从2007年起，内蒙古社会科学院开始与蒙古国科学院合作，开展"中蒙两国跨境草原文化比较研究"。先后在《光明日报》、《内蒙古日报》、《内蒙古社会科学》等报刊开辟了"草原文化论坛"，发表了一批较高质量的学术论文。并通过内蒙古新闻网开设了"草原文化论坛"，发表论文500余篇。《中国社会科学院院报》、《中国民族报》、《大公报》（香港）也对我们的学术动态和观点进行了报道。

记者：开展"草原文化研究工程"以来，对草原文化的概念、内涵、特质、类型、基本特征、基本精神、价值体系、历史分期、区域分布等方面的研究都取得了突破性、开创性的成果，并且拓展了草原文化的研究视野。学者们提出的核心观点，即草原文化与黄河文化、长江文化一样，是中华文明的三大主源之一的观点，正日益得到广泛认同。这是否表明，这项研究把对草原文化的认识从对过去传统民族文化和地域文化的一般认识，上升到了作为中华文化三大主源之一的战略高度？

对于作为草原文化主要发祥地和传承地之一的内蒙古的经济、社会、文化的建设和发展，将会产生怎样的影响？

吴团英：我们提出的草原文化与黄河文化、长江文化共同构成中华文明的三大主源，是中华文明发展的重要动力源泉的观点，已得到学术界和社会各界的广泛认同。党和国家领导人对草原文化的地位、作用给予了重视和肯定；在其他问题上，我们提出草原文化具有"历史传承的悠久性、区域分布的广阔性、创造主体的多元性和构建形式的复合性"的基本特征；与中原伦理型文化相比较，草原文化具有显著的生态型文化特征，其价值系统中体现了天人和谐、崇尚英雄、践行自由、开放包容、守信重义的理念；对草原文化的构建问题，我们提出草原文化是"地域文化与民族文化的统一、游牧文化与多种文化的统一、传统文化与现代文化的统一"的观点，这些观点也受到了学术界的关注和好评。

记者：随着草原文化研究成果的不断面世，草原文化学科已逐步得到世人公认。怎样认识草原文化在中华文明格局中的地位和作用，怎样通过加深对草原文化的研究，为内蒙古自治区的经济、社会、文化建设提供历史经验教训和当代发展的新思路，在这些方面，作为课题主要负责人之一的您，一定有许多话要说。

吴团英：通过前期的研究，我们越来越强烈地意识到，草原文化研究不仅是一项具有重要理论意义的课题，同时也是一项具有重要实践意义的工作。

首先，草原文化研究为中华文明多元一体的文化建构进一步提供了坚实的理论依据。在中华文明的起步阶段，草原区域曾处于领先地位，是中华"玉文化"、"龙文化"和"礼仪文化"的发祥地之一，相继诞生了"华夏第一村"、"中华第一龙"。在随后的历史进程中，草原民族不仅创造了独具特色的生产生活方式、政治经济军事制度、文学艺术、天文医学、风俗礼仪，丰富了中华文化宝库，还在与中原文化的碰撞交融过程中，以游牧民族特有的豪迈刚健的气质和品格，不断为中华文化的发展兴旺增添生机和活力，一次又一次地实现新的发展和变革，为中华文化的源远流长、长盛不衰做出了杰出贡献，促进和完善了中华民族多元一体的社会建构。"一体"防止了四分五裂，"多元"带来了持续发展的动力。元朝的建立，实现了中华民族的大统一，清朝的近300年历史，稳固了多民族国家的格局。历史证明，中华文化的繁荣发展史，自古以来就是建立在"各美其美，美人之美，美美与共，天下大同"（费孝通语）基础之上的，是草原文化与黄河文化、长江文化交互作用、融会贯通、共同繁荣的历史。我们在看到中原文化对草原文化影响的同时，也应当充分肯定草原文化对中原文化的积极补充。在近代之前，草原文化与黄河文化的碰撞和交融甚至主导了中国古代历史的发展进程。因此，没有草原文化的中华文化史是不完整的，也不符合中华文化的构建历史。

其次，草原文化研究对于保护和继承人类优秀文化遗产具有积极意义。草原文化是由生活在草原地区的匈奴、鲜卑、突厥、契丹、女真、蒙古等许多民族在不同历史时期、特定自然环境和社会环境下所创造的一种文化类型，是人类智慧多样性的展示，它是数千年间中国最广大区域、众多民族的物质财富和精神财富的积淀。在漫长的历史岁月里，草原民族在艰苦的自然环境和复杂的社会矛盾中形成了吃苦耐劳的品格和自强不息、豪迈刚健的民族精神，在他们的政治、军事、科学、艺术文化观念和体系中，蕴含着丰富的思想内容，反映出这些民族认识和对待人与自然、人与社会、人与人之间关系的基本态度和准则。他们不畏逆境的英雄主义品质，容纳百川的开放精神，注重协作的集体意识，忠诚不渝的诚信思想，天人和谐的生态理念，至今依然是包括草原民族在内的整个中华民族建设现代文明、实现民族伟大复兴的宝贵精神动力源泉，它不仅为中国特色社会主义先进文化建设增添了创新能力，还为我国增强文化软实力，抵御"文化霸权"提供了有力支持，需要我们挖掘和传承，进一步发扬光大。另一方面，对草原文化的研究和传承，符合保护文化多样性的时代要求。草原文化形成和发展，是对人类文化多样性的贡献，它所特有的自然坦荡、雄浑豪放的形式以及如前所述的丰富内涵，是在草原大地上生成并经过长期历史发展的、具有相当稳定性的文化形式，对未来仍有诸多的启迪和昭示。以草原文化中最典型的生态观为例，其中不仅含有丰富的处理人与自然和谐相处的思想资源，还有这方面的实践经验和具体行动。当我们以历史的目光回眸辽阔的草原、森林、湖泊、湿地资源千百年基本得到保护，形成我国北方一道绿色生态屏障，为保护国家生态安全发挥日益重要作用的时候，当我们看到今天的草原各族群众为恢复生态所创造和实践的"围封转移"、"轮牧休牧"的举措时，不能不对草原文化中人与自然和谐相处的内在要求有更深刻的感悟。

第三，草原文化研究有助于社会主义先进文化的建设。我国是统一的多民族国家，弘扬中华民族精神的先进文化，实质上就是民族的、科学的、大众的社会主义文化，是优秀传统文化与现代文化的有机组合。而要在民族地区的广大少数民族之中实现现代化，就必须从他们所处的地理环境、资源条件、历史文化、民族特点等实际出发，依托和借助地域的、民族的载体和形式，使我国现代文明建设既坚持社会主义的共同本质特征和方向，又具有地域和民族形式上的多样性。概括而言，草原文化一方面可以为我国现代文明提供重要的基础资源，奠定现代文明厚重的根基；另一方面，它可以为现代文明提供多姿多彩的民族形式，推动现代文明的多样化发展。事实上，近年来我们的研究和宣传在实践领域内已初见成效，为内蒙古民族文化大区建设提供了理论支持，为内蒙古文化旅游业、演艺业、影视业、出版业的发展提供了借鉴。如内蒙古每年举办的大型节事活动被冠名为中国·内蒙古国际草原文化节；自治区政府确定每年的9月6日为全区草原文化遗产保护日；内蒙古一些企业发起成立了草原文化保护发展基金会，并定期举办草原文化论坛；五星级的内蒙古饭店提出了打造"草原文化主题饭店"的口号；草原文化的概念在媒体上的使用频率也日渐提高，等等。社会各界已经充分意识到，草原文化对于内蒙古自治区文化建设具有战略意义，是内蒙古自治区民族文化大区建设厚重的文化积淀和精神资源，是内蒙古自治区最具特色、最具影响力的文化品牌。我们相信，内蒙古自治区依托草原文化的丰厚资源，文化事业和文化产业必将取得令人瞩目的成就。

第四，草原文化研究对于推进社会主义和谐社会建设具有积极意义。草原文化是由众多民族共同缔造的，再加之历史上草原民族活动空间广大，决定了其文化具有开放和包容的基本特性。中国古代历史上的每一个草原民族或带有草原民族文化背景的王朝，都是经济文化交流最活跃的时代，他们在认同和促进中华民族形成和发展过程中发挥过伟大的历史作用，中华文化你中有我、我中有你"多元一体"格局的形成，与草原民族的贡献是分不开的，这种作用迄今仍然是我们增强民族凝聚力、促进民族大团结、构建各民族共同繁荣发展的和谐社会的根基之一。作为最早成立民族自治区的内蒙古，60年来民族团结，社会稳定，经济繁荣，人民安居乐业，呈现出一派繁荣和谐的景象，为祖国建设和边疆安宁、社会稳定做出了重要贡献。这既是内蒙古各族干部群众在党的领导下，贯彻党的民族政策，坚持改革开放，不断开拓进取的结果，又是内蒙古作为草原文化的主要发祥地和传承地，受到草原文化长期熏陶的结果。历史和现实充分证明，草原文化对于构建社会主义和谐社会的积极影响是广泛而深远的。

第五，草原文化研究将成为传统学科创新的助推器。内蒙古社会科学院是一个综合性科研机构，自建院以来，以蒙古族语言、文学、历史及北方少数民族历史为对象的蒙古学研究和达斡尔、鄂温克、鄂伦春民族研究，一直是我院的优势学科。经过几代人的不懈努力、取得了丰硕的成果，以《蒙古族通史》、《蒙古族文学史》、《蒙汉词典》、《〈蒙古秘史〉校勘本》等为代表的一批优秀成果，在国际国内学术界享有盛誉。作为一门综合性学科，草原文化研究的启动，为这些学科重新梳理资料和观点，从更宏观的高度，探索不同时代、不同民族的历史文化发展规律，提供了新的视角和新的要求，为传统学科的创新和发展，整体提高我院的科研水平，注入了新的活力。

记者：草原文化研究经过几年努力，成绩斐然，能否为读者介绍几点工作经验。草原文化研究也不会就此止步，对于今后的工作，您有何展望？

吴团英："草原文化研究工程"初步成就的取得，是与党和国家领导人的关怀和鼓励分不开的。中共中央政治局委员、书记处书记、中宣部部长刘云山同志就"草原文化研究工程"的设立和实施做出了重要指示，为我们开展研究工作指明了方向；是与内蒙古自治区党委、政府的正确领导和大力扶持分不开的，自治区党委、政府领导同志陈光林、莫建成、乌兰、张国民、连辑担任"草原文化研究工程"的领导，从指导思想、组织原则、队伍建设、资金安排等各个方面保证了工程建设的顺利进行；是与国家社会科学规划办公室的鼎力支持分不开，"草原文化研究工程"被列为国家社会科学基金特别委托项目和重大委托项目。正是在方方面面的支持下，保证了草原文化研究工作初战告捷，但是，我们也清醒地意识到，作为一个新兴学科，我们未来继续研究的任务还很艰巨，从学科体系建设到基本理论观点的完善，从资料学建设到队伍培养，还有很漫长的路要走。为此我们将做出不懈的努力，同时希望继续得到各方面的大力支持，也希望有更多的专家学者加入到我们的研究队伍中来。

（本文原载于《中国社会科学院院报》地方社科院专刊2008年2月26日第5版）

中华一体多元共存不容破坏

高 平

乌鲁木齐"7·5"事件再次告诉我们，团结是福，分裂是祸。一个月前刚刚从新疆考察回来的内蒙古社会科学院院长、达斡尔族文化学者吴团英在接受记者采访时说，新疆是我国统一的多民族国家不可分割的重要组成部分，是包括维吾尔族、汉族、蒙古族等多个民族长期共同保护开发、共同繁荣发展的美丽疆域。尊重历史，尊重现实，中华一体，多元共存，不容怀疑，不容破坏。

吴团英说，一个月前，他参加了新疆塔城达斡尔族民族乡举办的"戍边节"。264年前，他们受清朝政府委派驻防新疆。大量的历史和考古资料表明，新疆自古是多民族聚居的地区。在古代历史上，曾有许多部落、民族在新疆居住。自西汉以来，新疆一直被纳入中国中央政府的管辖治理之下。元代蒙古民族在这里定居，东西交流在这里汇聚，现在新疆有三分之一的地名是蒙古语，乌鲁木齐就是蒙古语"奶皮"之意。清代在伏尔加河流域的蒙古族回归祖国，他们回到新疆就认为回到祖国。目前新疆还有2个蒙古族自治州。同时，新疆的回鹘等少数民族先民也先后在中原、蒙古高原活动居住。

吴团英说，新疆的历史是多民族共同创造的，任何歪曲历史的挑拨离间都是别有用心，注定是要失败的。新疆的发展更是有目共睹，特别是新中国成立以来，新疆民族团结，经济社会快速发展，许多指标居中西部前列。特别是各少数民族的利益得到尊重和保护，国家的各项政策、法规进一步扶持民族地区发展，新疆迎来历史上最好、最快的发展时期。新疆只有在56个民族大家庭里，才能有更加美好的明天。任何一个有良知、有公正心的人，无论是哪个国家、哪个民族的人，都应该看清"7·5"事件不得民心。

吴团英说，他出生在呼伦贝尔，那里也是一个多民族聚居区。从内心深处，他深感民族团结是我们的生命线。民族团结是我国多民族国家维护稳定的基础；民族团结是各民族繁荣发展形成合力的保障；民族团结是构建和谐社会的前提。巩固和发展平等、团结、互助、和谐的社会主义民族关系，牢固树立汉族离不开少数民族，少数民族离不开汉族，各少数民族之间也相互离不开的"三个离不开"思想，是我国56个民族的立身之本、发展之力、幸福之源。各民族只有团结互助，才能实现共同繁荣和发展。

吴团英说，他长期进行草原文化研究，中国北方广阔的草原地区也是中华文明的发祥地，是和黄河文化、长江文化一样的中华文化的主源之一。站在这个新的历史文化观下，就会抛弃狭隘的民族观、地域观，从而树立起开放的、自信的、友爱的民族观。要从文化层面，从历史文化的根源上，围绕中华民族大家庭，加强多民族多元文化间的交流沟通，发展繁荣，培养共同的历史文化认同感，通过教育和宣传，一代又一代，长久树立多民族共同缔造中华文明，多民族团结互助、友好相处的历史文化观。

吴团英说，我国是统一的多民族国家，中央和新疆地方对此次暴力事件的处理是符合国家利益、我国各民族利益的，是符合法律、人权理念的。处理的高度公开化，也显示了一个多民族大国的高度自信和政治智慧。相信在党中央和地方党委政府的领导下，在全国各族人民的支持和拥护下，新疆各族人民一定会更加珍惜民族团结，渡过当前暂时的难关，迎来新一轮的经济发展、社会进步、民族团结、政治稳定的良好局面。

（本文原载于《光明日报》2009年7月17日第10版）

弘扬草原文化 构建和谐社会

——首届中国草原文化高层论坛综述

阿勒得尔图　冯军胜

草原文化是中华文化的重要组成部分，是中华文化发展的动力源泉

中华文化是多元一体的文化，草原文化在中华文化中有着不可替代的地位与作用。

草原文化是人类社会的重要文化形态之一，是中华文化的重要组成部分。

黄河文化、长江文化和草原文化是中华文化的三大源头。也有专家认为，长江文化和黄河文化都属于农耕经济类型所产生的文化形态，均属农耕文化。因此，中华文化的基本组成应为农耕文化和草原文化两大类型。它们都拥有灿烂的物质文明和精神文明，在中华民族和中华文明的整合过程中，虽时有排斥和对抗的现象，但

总的来说是相互依存、彼此影响，两者具有不可或缺、相得益彰的密切关系。它们通过不断交融、不断整合，共同推动了中华民族和中华文明的发展与繁荣，并逐渐成为中华民族及其文化的有机统一整体。

丰富的考古资料和已有的研究正在表明，在草原文化发祥地的我国北方，不但分布有丰富的早期人类活动的印迹，如大窑文化、萨拉乌苏文化、扎赉诺尔文化等，而且拥有很多可以认证中华文明起源的文化遗存，如兴隆洼文化、赵宝沟文化、红山文化等，从而被誉为"中华文明曙光升起的地方"。

草原文化在推进中华文明的步伐中，曾产生过两大影响

一是草原文化对中国社会的发展产生过巨大影响。历史上北方草原民族特别活跃，十六国时代"五胡乱华"、北朝时期鲜卑入主、五代诸朝三为沙陀、辽金与两宋的对峙，这些史实自不待言，即使是统一强大的隋唐王朝，学界公认其繁盛得益于诸多民族的参与。元朝更是以蒙古族为主实现了全国的统一，声威远播欧亚。北方草原民族的积极活动，促进了中国的民族融合和文化整合，推动了国家的统一和不断发展壮大。处于社会发展上升阶段的塞外民族进入中原，对中原社会造成极

大冲击，带动了皇权回归，刺激了社会转型。

二是草原文化主导了中国古代历史发展的进程。从秦朝统一到1840年的2000余年间，中国古代历史的每一个重要发展时期都伴随着草原民族的身影。草原民族在中原地区建立的割据王朝和统一王朝有20余个，统一时间累计1000余年。这些王朝的建立与统治，对古代中国的政治格局产生过重大影响。如政治、经济、军事中心的迁移，就与草原民族与中原农耕民族的关系有着密切关系。草原民族与中原民族的碰撞，既造成了历史上的战争和动荡，同时又为国家的大一统创造了条件。古代历史上中国版图的形成，是与草原民族的历史贡献分不开的，元朝和清朝是中国版图最大的两个王朝。

长期以来，传统史料与传统历史学关心草原的主要原因，是草原对南方农耕世界的历史进程有着巨大的影响。到现在，中国北方民族史研究也把主要精力放在北方民族与历代中原王朝的政治关系上。这就在事实上把草原历史置于一种附庸地位，认定农耕地区的政治形势决定着草原上的政治变化，认为草原民族必须依靠掠夺农耕民族而生存，草原与农耕地区的斗争史就是草原政治体努力寻求获得农耕地区各种资源的有效途径的历史。这显然是由于对游牧经济非自足性做了夸大理解之后形成的错误认识。这种把游牧族群看作农耕社会的掠食者、寄生者，把草原政治体当作农业文明的破坏者、骚扰者的传统观点，把中国历史狭隘地理解为中原历史、中国文化限定为汉文化，显然是违背历史的、错误的观点。它需要通过对草原文化的深入研究逐步加以清除。

草原文化是内涵丰富、形态多样、特色鲜明的复合型文化

草原文化是一种内涵丰富、形态多样、特色鲜明的复合型文化。从精神层面上看，草原民族具有一种与生俱来的天人合一、崇尚自然的宇宙观；具有与大自然谦和相处、永被恩泽的自然观；具有欲取先予、永续利用的生态观和描摹自然、歌颂自然的文化观。从自然层面上看，其生物的多样性、生态景观的丰富性就一个地区而言在国内也是少见的。从历史层面上看，这里是人类先祖的栖息地，历史上的许多北方民族的发祥地；各种文化在传承、变革、相互影响中逐步发展成为以游牧文明为主要特质的复合型文化，即草原文化。

草原文化是地域文化与民族文化的统一。

草原文化又是游牧文化与多种文化的统一。

草原文化还是现代文化与传统文化的统一。

草原文化的基本精神是中华民族最为宝贵的精神财富

研究草原文化就是要挖掘出草原文化的精神,寻找草原人的主体意识,它是支持草原文化保持自身特色延续不辍、支持草原民族生生不息的强大精神力量。

草原文化的基本精神,一是崇尚自然。草原文化是以游牧生产方式为基础的文化形态,而游牧生产是迄今为止唯一以不破坏生态为前提的生产方式。将人与自然和谐相处当作行为准则和价值尺度,成为草原民族最宝贵的文化结晶。

二是践行自由。"逐水草而居"的生活方式为游牧民族提供了相对宽阔的生活天地和自由环境,"自由"的因子已经成为他们生命的重要组成部分,并深深熔铸于其民族性格之中,体现在民族文化的各个方面。

三是英雄崇拜。作为草原文化集大成者的蒙古族是拥有英雄史诗最多的民族之一,崇尚英雄已成为蒙古族的传统。

对草原文化的核心精神,还有专家归纳出4个基本要素,即不甘落后、自强不息、奋发图强的精神;敢于拼搏、善于拼搏、志在必胜的精神;宽厚包容、团结协作、谋求共赢的精神;尊重自然、善待自然、追求人与自然和谐相处的精神。

草原文化的丰富内涵和基本精神显现其深厚的现代文明意义

专家认为，草原文化不仅在历史上对中华文明产生过巨大影响，更重要的是在弘扬中华文化、构建和谐社会、实现中华民族伟大复兴的今天，依然发挥着不可替代的作用。

第一，草原文化是现代文明建设的重要资源。集中体现北方游牧民族性格和气质的草原文化，是现代文明建设的宝贵精神资源；凝聚北方游牧民族智慧的草原文化，为现代文明建设提供重要的思想来源。例如，现代文明建设普遍面临日益严峻的生态环境形势，草原文化固有的先进生态理念彰显出新的生命力和价值，这对于坚持科学发展观、构建社会主义和谐社会实为不可多得的思想源泉。

第二，草原文化是现代文明建设的重要组成部分。在我国社会主义物质文明建设中，草原文化所蕴含和揭示的生态文明意义是十分突出和显而易见的。在当今文化与经济相互交融、文化在综合国力竞争中的作用越来越突出的时代，草原文化在我国物质文明建设领域的作用也越来越显现出来，为地区经济和我国民族经济的发展注入新的活力。

第三，草原文化是现代文明建设的重要形式。在我国民族地区和广大少数民族之中普遍实现现代化，就必须使我国现代文明建设既能坚持社会主义方向，又具有民族形式的多样化。我们有理由认为，草原文化必将以其独特的风格，为我国现代文明建设提供一种重要形式。

草原文化是一种内涵丰富、形态多样、特色鲜明的复合型文化，它是中华文化的重要组成，是中华文明发展的动力源泉；草原文化的基本精神是中华民族最为宝贵的精神财富，弘扬草原文化，对构建和谐社会、实现中华民族的伟大复兴，具有积极的现代文明意义。所以，草原文化研究具有重要的学术价值和理论意义。

专家们指出，如同任何科学研究一样，对草原文化的研究也必然是一个不断拓展、不断深化、不断接近真理的过程。全面、系统、深入地研究草原文化，对丰富中华文明内涵，增强中华民族的向心力和凝聚力，推动各民族团结进步，维护祖国统一，构建和谐社会具有极其重要的意义。

（本文原载于《中国民族报》2005年8月19日第5版）

后　记

在本书即将付梓之际，还想做几点说明。一是本书是由若干文章结集而成的，因此为保持文章的原貌，除个别文章外，对大多数文章未做修改。二是本书的很多文章是在不同场合演讲的基础上形成的，因而难免有些重复之处。也因为此原因，本书取名为讲演录。三是本书的有些讨论文章前后观点也有不尽一致的地方。例如，在我前期的研究中，认为草原文化是属于一种生态类型的文化，而在后期研究中，认定草原文化本质上是一种地域文化；在我前期的研究中，重点阐释的是草原文化的基本精神和内在特质，而在后期的研究中主要是总结和阐释草原文化的核心理念，等等。这说明，我的研究工作前后也有一个不断深化的过程。

我在多年的科研工作和本书的出版过程中，得到刘万华、马永真、乌恩、张志华、毅松、金海、包斯钦、格日乐、陶克套、王磊、苏那嘎、云高娃、刘洪洋等多位同志多方面的支持和帮助,这里一并向他们表示诚挚的谢意!

2016年9月6日